KB137875

논어와
탈현대

논어와 탈현대

초판 1쇄 인쇄 2019년 2월 20일
초판 1쇄 발행 2019년 2월 28일

지은이 이현지·홍승표·정재걸·이승연·백진호
펴낸이 김승희
펴낸곳 도서출판 살림터

기획 정광일
편집 조현주
디자인 김경수

인쇄·제본 (주)현문
종이 월드페이퍼(주)

주소 서울 양천구 목동동로 293, 22층 2215-1호
전화 02-3141-6553
팩스 02-3141-6555

출판등록 2008년 3월 18일 제313-1990-12호
이메일 gwang80@hanmail.net
블로그 http://blog.naver.com/dkffk1020

ISBN 979-11-5930-095-0 (93140)

* 책값은 뒤표지에 있습니다.
* 잘못된 책은 바꾸어 드립니다.
* 이 책은 저작권법에 따라 보호를 받는 저작물이므로 무단 전재와 복제를 금합니다.

논어와
탈현대

이현지
홍승표
정재걸
이승연
백진호
지음

현대의 위기를 넘어서는
문명, 삶, 교육, 국가, 마음공부의
비전 모색

살림터

들어가는 글

이 책은 동양사상과 탈현대 연구회의 동양사상에서 탈현대 사회 건설의 지혜를 찾는 시리즈의 세 번째 결과물이다. 『주역』에서 탈현대 사회를 기획하기 위한 해답을 찾았던 『주역과 탈현대』를 출판한 후에, 『노자』에서 현대 사회를 넘어설 수 있는 탈현대 사회 건설을 위한 사상적인 기반을 모색하는 『노자와 탈현대』를 출판했다. 그다음으로 『논어』에서 새로운 시대를 구상할 수 있는 세계관적인 토대를 찾고자 했다. 그 결과물이 바로 『논어와 탈현대』, 바로 이 책이다.

동양사상과 탈현대 연구회는 1996년부터 지금까지 토요 세미나를 하면서 동서양 경전과 고전을 함께 독서하고 토론해 왔다. 탈현대 사회의 문명, 삶, 교육, 국가, 마음공부 등을 새롭게 기획하고 비전을 제시하는 공부에 주력하고 있다. 동양사상과 탈현대 연구회의 '탈현대'란 현대 사회가 이룬 물적인 풍요와 문명을 부정하지는 않지만, 현대 사회가 직면하고 있는 위기를 넘어서는 새로운 문명의 시대를 말한다.

동양사상과 탈현대 연구회에서는 인공지능, 마음교육, 죽음교육, 여가 등을 주제로 함께 공부했었다. 그 공부의 흔적은 『동양사상에게 인공지능 시대를 묻다』, 『동양사상과 마음교육』, 『동양사상과 탈현대의 죽음』,『동양사상과 탈현대의 여가』 등의 결과물로 세상의 빛을 보았다.『논어와 탈현대』를 출판하기까지『논어』를 함께 윤독하고 토론하는 몇 년의 시간을 즐거운 추억으로 기록했다.

『논어와 탈현대』는 크게 다섯 개의 주제[문명, 삶, 교육, 국가, 마음공부]로 이루어졌다.『논어』의 총 20편마다 다섯 개의 주제에 대해 탈현대의 답을 가장 잘 발견할 수 있는 구절을 인용하고 그 이야기를 중심으로 탈현대 사회를 서술했다. 탈현대 문명은 홍승표 선생님, 탈현대 삶은 이현지 선생님, 탈현대 교육은 정재걸 선생님, 탈현대 국가는 이승연 선생님, 탈현대 마음공부는 백진호 선생님이 썼다. 각자의 전공과 주된 관심 분야를 맡아서 썼고, 서로의 글을 함께 읽고 토론하는 시간을 가졌다. 그래서 개인의 글이라기보다는 함께 쓴 글이라는 느낌이 강하다.

『논어와 탈현대』는『논어』에 대한 이해를 돕기 위한 책이라기보다는『논어』 속에 숨어 있는 탈현대적인 의미, 즉 미래적인 가치를 발굴한 책이다. 또한 현대 사회를 살아가는 우리가 새로운 시대를 어떻게 준비해야 할지에 대한 해답을 찾는 것을 목표로 한 책이라고 할 수 있다. 그런 이유에서 『논어와 탈현대』에서는 『논어』의 원문을 인용하고 해석하는 일은 생략했다. 『논어』 원문에 대한 해석은 이미 다양한 논점에서 결과물이 나왔기 때문에 이 책에서는 동양사상과 탈현대 연구회가 더 잘할 수 있는 역할에 충실하기로 했다.

동양사상과 탈현대 연구회의 관심은 현대 사회가 직면한 문제의 본질을 고찰하고 탈현대의 해답을 모색하는 일이다. 오늘날 우리는 지금까지 고수하던 세계관과 삶의 방식이 초래하고 있는 위기에 직면하고 있다. 『논어와 탈현대』에서 현대를 살아가고 있는 우리가 문명, 삶, 교육, 국가, 마음공부에서 어떤 자세를 가져야 할 것인지에 대해서 고민하고 답을 모색하고 있다. 이 책은 그 고민과 연구 및 노력의 결과물이라고 할 수 있다.

그래서 이 책을 현대의 문제를 넘어서 새로운 시대를 설계하고자 하는 분들에게 권하고 싶다. 현대 사회가 직면하고 있는 위기에 대한 해답을 찾고 싶다면, 그리고 미래사회에 대한 비전을 현실적인 이야기로 구체화하고 싶다면, 이 책이 도움이 될 것이라고 생각한다. 사회학, 교육학, 정치학, 심학을 전공하는 사람이 아니어도 쉽게 이해할 수 있고 공감할 수 있는 이야기를 통해서 탈현대 사회를 기획해 보려고 노력했다.

이 책은 문명, 삶, 교육, 국가, 마음공부 등의 주제별로 읽어도 좋고, 자신이 당면하고 있는 문제나 질문을 목차에서 찾아 읽어도 흥미로울 것이다. 이 책에서는 이 시대를 살아가는 한 사람 한 사람이 스스로의 진정한 존재의 의미를 발견한다면, 이 세상과 우리는 사랑을 실현하는 탈현대 사회로 나아갈 것이라는 점을 말하고 있다. 『논어』에서 발견한 탈현대 사회의 건설을 위한 지혜가 모쪼록 이 책의 저자와 독자의 탈현대적인 삶을 위한 거름이 될 수 있기를 바란다.

2019년 2월
저자들의 마음을 모아서

1. 「학이(學而)」

갑질 없는 신문명

자공이 말했다. "가난하되 아첨함이 없으며, 부하되 교만함이 없으면 어떻습니까?" 공자께서 말했다. "괜찮으나 가난하면서도 즐거워하며, 부하면서도 예를 좋아하는 자만은 못하다."

子貢曰 貧而無諂 富而無驕 何如 子曰 可也 未若貧而樂 富而好禮者也

2016년 9월 1일 경찰은 '우월적 지위를 이용한 불법행위 특별단속'에 나섰다. 소위 갑질을 법적으로 징계하겠다는 것이었다. 물론 최순실이나 정유라 같은 특급 갑질을 단속하진 못했지만, 경찰의 이런 움직임은 우리 사회에서 갑질이 얼마나 횡행하고 있는가를 보여 주는 단적인 예이다.

최순실 국정농단 사건을 보면서 국민이 가장 분개한 것은 최순실 모녀 등의 무소불위의 갑질이다. 내가 가장 화가 났던 것은 류철민(필명 이인화) 교수의 조교에 대한 핍박이었다. 아무런 방어력을 갖고 있지 않은 조교를 협박해서 가짜 답안지를 작성하게끔 한 파렴치한 행위는 같은 교수로서 치가 떨리는 일이었다.

아무런 방어력을 갖고 있지 않은 을에 대한 갑의 횡포는 우리 사회 전체를 뒤덮고 있다. 백화점 종업원, 늙은 수위, 외국인 노동자, 이주 여성, 혼혈아, 가난한 사람들 등 갑의 횡포는 일상생활 깊숙이 침투해 있다.

그러나 갑의 을에 대한 횡포는 한국 사회만의 현상은 아니다. 이것은 현대사와 현대 사회 전체를 지배하고 있다. 코르테스가 이끄는 스페인군이 원주민을 학살하고 아즈텍문명을 멸망시킨 일, 아프리카에서 흑인을 사냥해 와서 노예로 부린 일, 일본군의 남경대학살, 위안부 강제징집, 베트남에서 용맹을 떨친 한국군 등 현대 사회에는 갑의 을에 대한 만행으로 점철되어 있다. 이런 극단적인 사례가 아니더라도 미국과 같은 강대국의 약소국에 대한 핍박, 부유한 사람들의 가난한 사람들에 대한 군림, 젊은이들의 늙은이에 대한 경멸, 백인들의 유색 인종에 대한 우월감 등 강자의 약자에 대한 경멸과 군림은 현대 사회 전반에 넘쳐난다.

현대는 무례한 사회이다. 현대인에게 불가능한 것은 높은 곳에 처해서도 자신을 낮추고, 낮은 곳에 처해서도 비굴하지 않고 당당한 것이다. 현대인에게는 왜 이것이 불가능한 것일까? 자신이 올라간 높이와 자신을 동일시하기 때문이다. 그래서 높은 곳에 도달한 사람은 자신이 너무 대단해서 어쩔 줄 몰라 하고, 낮은 곳에 처한 사람은 자신을 하찮게 여긴다. 상대편에 대해서도 마찬가지 태도를 취한다. 자신보다 높은 곳에 있는 사람에게는 비굴하게 아첨을 하며, 자신보다 낮은 곳에 있는 사람에게는 군림하려 하며 함부로 군다.

현대인은 왜 자신이 도달한 높이와 자신을 동일시할 수밖에 없는 것일까? 그 근원은 현대 인간관이다. 현대 인간관은 인간을 자신을 둘러싼 시간과 공간으로부터 분리된 유한한 개체로 인식한다. 인간이란 장대한 우주에 내팽개쳐진 한줌의 핏덩어리에 불과한 존재이다. 그는 너무도 하찮고 무의미한 존재여서, 의미 있는 존재가 되기 위해 필사적인 노력을 기울여야 한다. 이것이 바로 자아확장투쟁으로서의 현대인의 삶이다. 그러므로 현대인은 자아확장투쟁을 통해 도달한 높이를 자신과 동일시할 수밖에 없다. 높이 올라간 자는 교만하며, 낮은 곳에 머물고 있는 자를 경멸하고, 그들 위에 군림하고자 한다. 낮은 곳에 위치한 자는 비굴하며, 높은 곳에 있는 자를 숭배한다. 이것이 현대사와 현대 사회를 관철하고 있는 갑의 을에 대한 횡포의 비밀이다.

자공은 말한다. "저는 어린 시절 무척 가난하였지만 비굴하지 않았고, 어른이 되어 아주 큰 부자가 되었지만 교만하지 않습니다. 스승님, 저 이 정도면 되었겠지요?" 현대인의 눈으로 보면, 자공은 현대인이 도저히 이를 수 없는 높은 겸손의 경지에 이른 것이다. 그러나 공자는 고개를 가로젓는다. "가하다. 그러나 충분하진 않아. 가난 속에서도 도를 즐기고, 부유함 속에서도 예를 즐기는 것만은 못하구나."

도대체 공자가 말하는 높은 경지에 이를 수는 있는 것일까? 어떻게 이를 수 있는 것일까? 그 답은 인간관의 대전환에 있다. 공자는 모든 인간의 내면에는 하늘로부터 품부 받은 아름다운 본성이 존재한다고 보았다. 이런 견지에서 보면, 내가 부귀하다거나 빈천하다는 것은 나의 본실과는 아무런 관계도 없는 사소한 일에 지나지 않는다.

더군다나 내가 부귀하다고 우쭐거리거나 빈천하다고 움츠러든다면, 이는 가당치 않은 일인 것이다. 부귀하건 빈천하건, 내가 진정으로 해야 할 일은 '도를 즐기는 것'이다. 이렇게 공자는 도탄에 빠져 있는 현대인과 현대 사회에 인류가 나아가야 할 새로운 길을 보여 준다.

현대는 불평등을 해소함으로써 갑을 문제를 해결하고자 한다. 이런 현대적인 노력은 필요하고 의미 있는 일이다. 그러나 이것에만 의존해서는 탈현대에 도달할 수 없다. '너와 나의 높이의 차이가 아무것도 아니라는 사실에 대한 자각', 이것만이 현대의 야만을 해소할 수 있다. 공자는 자공에게 이런 자각을 촉구하고 있는 것이다.

근본에 충실한 삶

유자가 말했다. "그 사람됨이 효성스럽고 우애가 있으면 윗사람을 범하기를 좋아할 자가 적고, 윗사람을 범하기를 좋아하지 않으면 난을 일으키기를 좋아하는 자는 있지 않다. 군자는 근본에 힘쓰니, 근본이 서면 도가 생긴다. 효성과 우애는 인을 행하는 근본이다."

有子曰 其爲人也孝弟 而好犯上者 鮮矣 不好犯上 而好作亂者 未之有也 君子務本 本立而道生 孝弟也者 其爲仁之本與

누군가 "잘 사는 삶을 위해서 최선을 다 하고 있는가?"라고 묻는다면, 당신의 답은 무엇인가? 선뜻 최선을 다 하고 있다고 답할 수도 있을 것이다. 그러나 만약 "잘 사는 삶이란 어떤 것인가?"라고 묻는다면, 답을 쉽게 하기는 어려울지도 모른다. 삶의 방향을 생각하기도 전에 많은 사람들이 가는 방향을 향해서 그냥 달리기만 했다면 잘 사는 삶에 대한 답을 하기는 더욱 어려울 것이다. 우리는 많은 사람들과 같은 방향을 선택하는 것으로, 잘 살고 있다는 위안을 받으려고 했을지도 모른다. 어쨌든 잘 사는 삶이란 무엇인가에 대한 질문은 인생에서 풀어야 할 중요한 과제이다.

「학이편(學而篇)」에서는 잘 사는 삶이란 근본에 충실한 삶이라고 명쾌하게 답하고 있다. 유자(有子)는 효성과 우애로 인을 행하는 것이 삶의 근본이라고 말한다. 삶의 근본이 무엇인가에 대해서는 여러 가지 측면에서 조명이 가능하다. 여기서는 「학이편」에서 말하는 배움, 수신 (修身), 사랑의 측면을 중심으로 그 의미를 살펴보도록 하겠다.

첫째, 삶의 근본은 배움이다. 유가사상에서는 배움의 터전으로서의 삶을 강조하고 있다. 우리의 일상은 매 순간이 배움의 연속이다. 그래서 유학자들은 삶의 매 순간에서 배우고 그것을 익숙해질 때까지 익히는 삶을 살았다. 삶의 매 순간이 배움의 연속이라는 것을 자각하고 배운 것을 익히는 것[學而時習]에서 삶의 기쁨을 찾는다면, 근본에 충실한 삶이라고 할 수 있다.

삶의 진리를 찾아서 젊은 시절에 구도의 길을 떠났던 김기태 선생님은 모든 방황에 종지부를 찍고 참된 자유와 평화를 누리고 있다. 선생님은 "산다는 것은 곧 배운다는 것"이라고 말한다. 누구든 배우려는 마음을 잃어버리면 군림하려고 하거나 지배하려고 하는 마음을 가지게 된다. 삶이란 배움이라는 근본에 충실한 선생님은 내면의 상처와 고통을 호소하는 제자들을 포함한 이 세상 모든 존재와의 만남을 통해서 매 순간 큰 배움을 얻는다고 한다.

삶에 대해서 알 만큼 안다고 자부하는 순간, 삶에서 더 이상 배울 것이 없다고 느끼는 순간, 누군가에게 삶을 한 수 지도해줘야겠다는 마음이 올라오는 순간, 삶의 근본이 흔들리고 있는 것은 아닌지 스스로에게 질문해야 할 것이다.

둘째, 삶의 근본은 수신이다. 「학이편」에서 증자(曾子)는 수신을 세 가지 측면에서 말하고 있다. 날마다 자신을 살피는 수신을 통해서, 삶의 근본을 바로잡아야 한다고 한다. 남을 위하여 일을 도모함에 충성스럽지 못한가[爲人謀而不忠乎]? 벗과 더불어 사귐에 성실하지 못한가

[與朋友交而不信乎]? 배운 것을 복습하지 않는가[傳不習乎]?

유가사상에서는 증자가 말한 수신을 중시한다. 유가사상이 삶의 근본을 배움으로 삼았던 이유도 수신을 통해서 구체화하고 실천할 수 있기 때문이다. 수신이란 무엇인가? 바로 자기 자신과의 진정한 만남을 의미한다. 증자가 말한 수신의 세 가지 측면 또한 외적으로 드러나는 결과에 초점을 맞추는 것이 아니라, 자신의 내적인 성찰이 주된 대상이다.

남을 위하는 일, 벗과의 사귐, 배운 것의 복습은 나 자신과 만날 수 있는 삶의 생생한 현장이다. 이때 나는 다른 사람으로부터 듣는 칭찬을 위해서 남을 위할 수도 있고, 벗의 마음을 얻으려고 달콤한 말을 할 수도 있으며, 머리로만 배우고 나의 삶에 실천하지는 않을 수도 있다. 그러나 그렇게 얻은 칭찬과 우정 그리고 지식은 나를 삶의 근본에 닿지 못하게 방해한다. 어쩌면 그것의 노예가 되어서, 자신을 속이고 다른 사람의 눈치를 보는 삶을 살아야 할 수도 있다. 바로 지옥행에 몸을 싣는 것이다.

셋째, 삶의 근본은 사랑이다. 우리는 사랑을 체현한 공자의 모습에서 구체적인 해답을 얻을 수 있다. 공자는 삶에서 세상 사람들이 원하는 부귀나 명예 등을 좇지 않았다. 그래서 공자의 뜻을 이해하고 숭상하는 곳에서는 공자가 머물다 간 후에 자연스럽게 교화되었고, 일반 사람들이 추구하는 것과 다른 것을 지향했기에 그 뜻을 이해하지 못하는 곳에서는 받아들여지지 않았다. 그의 삶을 관통하는 근본은 사랑이었다.

공자는 사람을 대할 때, 온순하고 어질며 공손하고 검소하며 겸손한 다섯 가지 덕[溫, 良, 恭, 儉, 讓]을 드러냈다고 한다. 이것은 인간관계의 바탕이 되는 덕목이라고 할 수 있다. 자신을 포함해서 세상을 사랑하지 않으면, 삶에서 위의 다섯 가지 덕목은 드러날 수가 없다. 자신과 세상을 깊이 사랑할 때 온화하고 양순한 마음이 피어나고, 너그럽고 착하며 슬기로울 수 있으며, 말이나 행동이 예의 바를 수 있고, 사치하지 않고 꾸밈없이 수수한 모습일 수 있으며, 남을 존중하고 자기를 내세우지 않을 수 있다.

우리가 이 세상에 온 이유는 바로 사랑의 삶을 살기 위해서다. 나 자신과 이 세상을 사랑하기 위해서 그리고 사랑받기 위해서 우리는 여기에 있다. 그러므로 삶의 근본은 사랑이라고 할 수 있다. 사랑하고 사랑받기 위해서 온 이 세상에서 그 근본을 망각하는 것만큼 어리석은 일은 없을 것이다. 지금 이 순간 나 자신, 내 앞에 있는 사람, 나와 가장 가까운 곳에서 내 삶을 공유하는 사람을 있는 그대로 사랑한다면, 삶의 근본에 충실한 삶을 살고 있다고 자부해도 좋을 것이다.

공자의 교육적 인간상—군자(君子)

> 공자가 말했다. "배우고 때때로 익히니 또한 기쁘지 아니한가? 좋은 친구가 있어 먼 곳으로부터 찾아오니 또한 즐겁지 아니한가? 남들이 알아주지 않아도 화가 나지 않으니 또한 군자가 아니겠는가?"
>
> 子曰 學而時習之 不亦說乎 有朋自遠方來 不亦樂乎 人不知而不慍 不亦君子乎

『논어』 「학이편」은 공자의 교육적 인간상을 보여 준다. 그것은 바로 '군자'이다. 혹자는 교육적 인간상은 성인이고 군자는 그 성인을 목표로 수행하는 자가 아닌가 하고 의문을 제기할 수도 있다. 그러나 성인이 교육적 인간상이 된 것은 맹자 이후의 일이다. 공자는 스스로 성인이라고 생각한 적도 없고, 또 공부를 통해 성인이 될 수 있다고 주장하지도 않았다. 그러나 맹자는 수많은 성인들이 존재했고, 공자가 그중에서 훌륭한 까닭은 그 수많은 성인들을 집대성했기 때문이라고 하였다.

「학이편」 첫 구절에 나와 있는 세 가지는 군자의 즐거움을 묘사한 것이 아니다. 흔히 맹자의 군자삼락(君子三樂)과 비교하여 이 구절을 해석하곤 하지만 사실 이 구절은 군자라고 규정할 수 있는 세 가지 조건을 말하고 있다. 그렇게 해석할 때 이 세 구절은 서로 독립되어 해석되고 있지만 실은 앞의 두 구절은 마지막 구절인 군자를 설명하기 위한 것으로 해석할 수 있다. 즉 공부하고 때때로 익히면 즐겁고, 뜻을 함께하는 친구가 멀리서 찾아와도 즐겁지만, 그 친구들이 자신이 공부한 것을 알아주지 않아도 화가 나지 않아야 진정한 군자라고 할 수 있다는 뜻이다.

군자의 반대는 물론 소인이다. 소인은 돈과 권력과 명예를 추구하는 보통 사람이다. 소인은 '나쁜 사람'이 아니라 그저 평범한 사람일 뿐이다. 그래서 공자는 소인을 미워하지 않는다. 그냥 측은하게 여길 뿐이다. 군자가 공부를 하는 까닭은 이익과 명예, 그리고 권력을 얻기 위한 것이 아니라 그보다 더 중요한 가치가 있는 것이 있음을 알기 때문이다. 그것이 바로 인(仁)과 의(義)이다.

공자는 소인을 미워하지는 않았지만 교언영색(巧言令色)을 하는 사람을 미워했다. 그들은 없는 덕을 있는 것처럼 꾸미는 사람[鄕原]이기 때문이다. 실제로 공자는 노나라에서 오늘날 법무부장관에 해당되는 대사구(大司寇)로 취임한 지 일주일 만에 당대의 변설가 소정묘를 즉결 처형하고 3일 동안 시신을 저잣거리에 걸어 놓는 냉혹한 처벌을 단행했다. 예수 또한 모든 사람들을 초대하고 위로했지만 위선자들에게는 경고만을 했다. 마태복음 23장은 말은 이렇게 하면서도 행동은 저렇게 하는 사람, 종교적으로 번지르르하게 말은 하면서 실천은 전혀 하지 않는 사람들에 대해 예수가 분노하는 장면으로 가득 차 있다. 종교는 어떤 사람들이 다른 사람들을 위해 진리를 연기하는 의식이 아니라 하나님이 각 사람을 위해 마련하신 것을 각자가 체험하는 믿음이기 때문이다.

「위정편(爲政篇)」에서 공자는 군자는 그릇이 아니라고(君子不器) 하였다. 기(器)에 대해서 주자가 "각각 그 용도에만 적합하여 서로 통용될 수 없는 것이다"라고 주석을 달았듯이, 군자는 편협한 전문가가 아니라는 뜻이다. 리처드 서스킨드와 대니얼 서스킨드는 『전문직의 미래』라는 책에서 "전문직은 인쇄 기반 산업 사회에서 특별한 수요를 충족시키기 위해 사람들이 만들어 낸 인공물"이라고 정의하였다.

전문성은 기본적으로 배타적이다. 전문성은 의사나 약사, 변호사들이 자기 집단의 이익을 위해 두터운 울타리를 세우는 것이다. 병을 고치는 의사는 배타적이다. 그러나 사람을 고치는 의사는 보다 덜 배타적이며, 세상을 고치는 의사는 전혀 배타적이지 않다. 군자는 세상을 고치는 의사와 같다.

앞에서 언급한 두 서스킨드는 기술 기반 인터넷 사회로 발전해 나아감에 따라, 현재와 같은 전문직은 더 이상 존재할 수 없다고 주장하고 있다. 인공지능과 로봇이 그 전문성을 충분히 대체할 수 있기 때문이다. 그런 측면에서 공자가 주장하는 교육적 인간상으로서의 군자는 인공지능 시대에 적합한 교육적 인간상이라고 할 수 있다.

「헌문편(憲問篇)」에서 공자는 군자는 위로 통달[上達]하고 소인은 아래로 통달한다[下達]고 하였다. 아래로 통달한다는 것은 나누고 분류하고 이름 붙이고 축적하는 것을 말한다. 무엇을 위해서? 물론 이익이다. 「이인편(里仁篇)」 2장에서 지자이인(知者利仁)이라고 할 때 최고의 소인은 인(仁)을 최상의 이익으로 삼는다는 뜻이다. 어쨌거나 소인도 통달하는 것이 있다. 바로 이익의 세계이다. 반면 위로 통달하는 것은 이러한 이익을 위한 분류와 축적을 없애는 것이다. 그래서 그 처음의 백지 상태로 환원하는 것이다. 그래서 노자(老子)는 공부를 하는 것[爲學]은 매일 더 하는 것[日益]이요, 도를 행하는 것[爲道]은 매일 버리는 것[日損]이라고 했다.

또 공자는 「위령공편(衛靈公篇)」에서 군자는 자신으로부터 찾고[求諸己], 소인은 남들로부터 찾는다[求諸人]고 하였다. 이에 대해 맹자(孟子)는 「공손추(公孫丑) 장구(章句) 상(上)」에서 이를 보완하여 "인한 자는 활 쏘는 것과 같으니, 활을 쏘는 자는 자신을 바로 한 후에 발사하여, 발사한 것이 적중하지 않더라도 자신을 이긴 사람을 원망하지 않고, 돌이켜서 자신에게서 찾을 뿐이다"라고 하였다. 소인은 어떤 문제가 생기면 그 원인을 밖에서 찾는다. 그렇기 때문에 자신을 변화시킬 수 없다. 그러나 군자는 그 원인을 자신에게서 찾기 때문에 항상 현재보다 더 나은 인간이 될 수 있다. 이처럼 '돌이켜 자신에게서 찾는다[反求諸己]'는 말은 유학을 유학답게 하는 핵심적인 주장이다. "모든 것이 내 책임이다"라고 말하는 자보다 군자를 더 잘 표현한 말이 있을까?

통치의 근본

공자가 말했다. "나라를 다스릴 때는 매사를 경건하게 하여 백성들이
믿을 수 있도록 하며, 쓰임을 절약하고 백성을 사랑할 것이며, 백성을 부
릴 때에는 때에 맞추어야 한다."

孔子曰 道千乘之國 敬事而信 節用而愛人 使民以時

　나라는 어떻게 다스려야 하는가? 공자는 말한다. 나라를 다스리는
사람은 백성의 믿음을 얻어야 하고, 백성을 사랑해야 하며, 백성을 함
부로 부려서는 안 된다. 어떻게 하면 백성의 믿음을 얻을 수 있는가?
정사를 펼칠 때는 매사를 경건하게 하고 최선을 다하라. 그러면 백성
의 신뢰를 얻을 것이다. 어떻게 하는 것이 백성을 사랑하는 것인가?
나라의 재산은 백성으로부터 나오는 것이니 사치나 낭비로 이를 남용
하지 말 것이며, 농번기는 백성이 농사에 전념해야 할 때이니, 일을 일
으켜 그들의 생업을 방해하는 일이 없도록 하라.
　『논어』에는 훌륭한 통치자상이 자주 등장한다. '백성'이 국가의 주
체가 될 수 없었던 신분제 사회에서 좋은 정치란 결국 훌륭한 통치자
에 의해 구현될 수밖에 없다. 공자는 훌륭한 통치자상을 반복적으로
제시함으로써 살기 좋은 세상을 만들고자 한 것이다. 그렇다면 어떤
통치자가 좋은 통치자인가? 그것은 위 글이 보여 주듯이, 권력을 가

진 '내'가 아니라 권력을 갖지 못한 '백성'을 위한 정치를 펼치는 통치자이다.

백성을 위한 통치, 그것은 구체적으로 어떻게 구현되는가? 조선 후기 실학자 위백규는 공자의 위 구절을 주해하면서 왜 공자는 '치천승지국(治千乘之國)'이라 하지 않고 '도천승지국(導千乘之國)'이라 하였을까? 하고 반문한다. '치'는 정사를 가리키며, '도'는 마음가짐을 말한다. '치'와 '도'의 차이에 주목한 그는 이 구절이 나라를 다스리는 방법이 아니라, 통치자가 가져야 할 마음가짐을 설파한 것이라 해석한다.

또 조선 중기 성리학자 우복 정경세는 임금에게 올린 상소문에서 『논어』의 위 구절을 인용하면서 나라를 다스리는 요체는 경사(敬事), 신(信), 절용(節用), 애민(愛民), 사민이시(使民以時) 다섯에 있다고 말하고, 그러나 이 가운데 가장 으뜸이 되는 것은 '경사'라고 한다. '경사'란 우복의 주해에 따르면 임금이 명을 내림에 한순간도 삼가지 않을 때가 없음을 뜻한다. 한순간도 삼가지 않음이 없다는 것은 무슨 뜻인가? 『집주』에서 '주일무적(主一無適)'이라 주해했듯이, 이 마음을 오롯이 백성에 집중하는 것이다. 이 마음이 오직 백성에게 있어서 한순간도 사사로움이 끼어들지 않도록 하는 것, 이 마음이 곧 백성의 마음과 하나가 되는 상태이다. 만약 이 마음이 백성의 마음과 하나가 되면 백성에게 거둔 재화를 함부로 사용할 수 없는 것은 말할 것도 없고, 백성들의 생업을 빼앗을 수도 없을 것이다. 그 역시 위백규와 마찬가지로 나라를 다스리는 데 가장 중요한 것은 통치 기술이 아니라 통치자의 마음가짐이라 보았던 것이다.

최순실 국정농단 사태로 나라가 전대미문의 위기에 처했다. 일명 박근혜-최순실 게이트로 일컬어지는 이 사태의 핵심은 권력의 사유

화이다. 국민이 위임한 권력을 자신의 것으로 착각하여, 이를 자신의 탐욕을 채우기 위한 수단으로 사용한 것, 그것이 문제인 것이다. 권력이란 인간이 가진 가장 원초적인 욕망이다. 사람이라면 누구나 권력을 잡는 순간, 이 권력을 사유화하고 싶은 욕구에 시달리기 마련이다. 그러므로 위백규와 정경세는 이 다섯 가지 가운데 '경사'를 으뜸이라 하였던 것이다.

　살기 좋은 세상을 만들고 싶은가? 그렇다면 좋은 통치자를 선출하라. 이제 국민에게는 통치자를 선출할 수 있는 힘이 있다. 어떤 통치자가 좋은 통치자인가? 권력을 사사로이 사용하지 않을 자, 자신의 그 욕망을 들여다볼 수 있는 자, 그 욕망이 얼마나 추한지를 알고 이를 물리칠 수 있는 자이다.

일상(日常)을 통한 본성 회복 공부

공자가 말했다. "배우고 그것을 때때로 익히면 기쁘지 않겠는가. 뜻을 같이한 친구가 먼 곳에서 찾아온다면 즐겁지 않겠는가. 사람들이 알아주지 않더라도 서운해하지 않는다면 군자가 아니겠는가."

子曰 學而時習之 不亦說乎 有朋 自遠方來 不亦樂乎 人不知而不慍 不亦君子乎

공자는 한평생 세상을 돌아다니며 사람들에게 자신의 본성을 회복할 것과 다른 사람들에게 사랑의 삶을 살 것을 강조하였다. 공자의 삶에 대한 태도는 『논어』에서 제자와의 대화에 잘 드러나 있다. 공자가 제자와 나눈 대화의 핵심은 인(仁)을 회복하고, 사회 참여를 통해 사람들이 행복하게 살아갈 수 있는 세상을 만드는 것에 관한 내용이다.

공자가 강조한 인은 인간의 본래 모습인 선한 본성[性善]을 총체적으로 가리키는 용어이다. 공자가 제자에게 인을 설명할 때에는 어떤 이념을 주입시키려거나 견해를 갖게 하기 위한 철학적인 주장을 하는 것이 아니라, 자신이 직접 체험한 사실을 바탕으로 질문자의 수준에 맞게 대답을 해 줌으로써 얽매여 있던 관념이 무엇인지를 제자 스스로가 깨달을 수 있도록 해 주는 방식을 취하고 있다.

말이나 생각으로 인을 표현하는 것은 단지 개념이기에, 자신의 본성은 개체 의식이 제거되는 체험을 통해 스스로 확인해야 한다. 그러므로 본성을 회복한다는 것은, 개념을 통한 선과 악이라는 이분법적인 사고의 틀에 구속당하지 않고 행위를 함으로써, 욕심으로 인해 발현되지 않던 자기의 본래 모습인 '사랑[仁]'으로 충만한 삶을 사는 일이다.

이분법적인 사고의 틀, 다시 말해 분별심에 갇힌 삶을 살면 나와 세상은 둘로 나누어져 대립과 갈등이 생겨나지만, 분별심에 휘둘리지 않고 삶을 살면 세상의 모든 것이 나와 차별 없는 존재로 인식되어, 자신의 내면에는 기쁨과 평화가 생겨나 다른 존재에게 사랑을 베푸는 삶을 살 수 있게 된다. 그러므로 차별 없는 마음으로 일상(日常)을 사는 일은 본성 회복을 위해 그 무엇보다도 중요하며, 언제 어느 곳에서든 실천이 가능하다. 일상은 우리가 잠시도 떠날 수 없는 도(道)이기에, 구체적인 일상을 떠나 진리를 구하는 것은 물을 떠나 물고기를 구하는 것과 같다.

눈을 뜨면 맞이하는 부모, 배우자, 자식, 형제, 그리고 밖에 나가면 만나게 되는 친구, 직장 동료 등과 관계를 맺는 일, 그리고 자신이 맡은 업무를 처리하는 일 등은 우리가 늘 행하는 일상이다. 특히 배우자를 사랑으로 대하는 일, 그리고 부모와 형제자매에게 효도하고 우애 있게 지내는 일은 무엇보다도 중요한 일상이자, 인(仁)을 행하는 근본이다. 그러므로 공자는 구체적인 일상을 소홀히 하면서 입으로만 진리를 말하거나, 이론적인 연구에 빠져 문헌 속에서 도를 이해하려는 일을 중요하게 여기지 않았다. 그래서 공자는 "제자(弟子)가 들어가서는 효도하고 나와서는 공손하며, 삼가고 성실하게 행하고 널리 사람들을 사랑하되 인(仁)한 이를 친근히 해야 하니, 이것을 행하고 남은 힘이 있으면 글을 배워야 한다"고 말한 것이다.

공자는 일상에서의 배움과 그것을 익히는 일을 무척이나 즐겁고 기쁜 일로 여겼다. 그렇다면 공자에게 있어 배움은 무엇일까? 현대 사회에 팽배해 있는 몸값 높이기, 출세하기, 명성을 얻기 위해 자신을 꾸미기 등은 공자에게 있어 진정한 배움이 아니다. 진정한 배움은 일상을 통해 자신의 본성을 회복하고 다른 존재에게 사랑을 베풀어 세상을 평화로운 곳으로 만드는 일이다. 그래서 진정한 배움은 자신이 하고 있는 일상에 모든 정성을 쏟을 때 가능하다.

우리가 설거지를 할 때 설거지 이외의 일에 마음을 빼앗기지 않고 오직 설거지만 할 수 있다면, 어느덧 설거지를 하는 주체는 사라지고 주방에는 오직 평화만이 가득하게 된다. 자신이 지금 행하고 있을 일을 목적 그 자체로 사는 일, 이것이 현재의 삶을 평화롭게 만드는 가장 쉬운 방법이다. 자신의 사사로운 마음에 사로잡히지 않고 현재를 사는 일, 그래서 '지금-여기'가 주는 평화를 누리는 일, 이것보다 더 큰 기쁨이 어디에 있겠는가? 그래서 공자는 현재를 사는 일을 배우고 때에 맞게 익히는 일을 누구보다도 기뻐하며 좋아했던 것이다.

부모를 대할 때는 오로지 효도하고, 자신과 관계를 맺는 모든 존재에게는 공손하며, 일상의 의식주(衣食住) 활동을 조화롭게 함으로써 자신의 욕망을 적게 한다. 또 일을 할 때에는 사심 없이 처리하고, 사람들을 대할 때에는 말을 그럴듯하게 꾸미거나 아첨하는 얼굴[巧言令色]을 하지 않으며, 허물을 보면 잘못을 자신에게서 찾고 스승을 찾아가 적극적으로 허물을 고친다. 이처럼 일상의 매 순간이 배움의 기회이다.

일상에서 우리는 사랑하고 좋아하는 사람뿐만 아니라, 미치도록 싫은 사람, 보기만 해도 짜증나는 사람, 무례한 행동을 일삼는 사람 등 하루에도 온갖 부류의 사람들을 만난다. 만약 자신이 평화로운 삶을 조금이라도 원한다면, 다른 사람이 자신에게 어떤 행동을 하든지 상관없이, 문제의 원인을 자신에게서 찾을 수 있어야 한다[反求諸己]. 허물을 자기의 탓으로 돌리고, 상대에 대한 비방과 미움을 내려놓고 만나는 어떤 존재에게도 자신을 낮추고 맞이할 수 있다면, 상대방에 대한 미움과 증오심은 이내 사라지고 내면에는 즐거움이 생겨날 것이다. 비단 이런 부류의 사람들에게조차도 그러한데, 본성 회복 공부에 뜻을 같이한 사람과의 만남이라면 그 즐거움이 얼마나 크겠는가?

그러나 자신만이 아주 특별한 존재라고 여기거나, 다른 사람이 자신을 어떻게 평가할까에 지나치게 관심을 기울인다면, 자신의 삶에 아무런 도움이 되지 않을 것이다. 이런 태도는 자신을 우월감에 빠지게 하여 다른 사람을 멸시하게 만들거나, 자신을 열등감에 휩싸이게 하여 스스로 하찮은 존재로 여기게 만든다. 그래서 자신에게 생겨나던 기쁨과 평화는 순식간에 사라진다. 왜냐하면 우월감이나 열등감은 선한 본성이 드러나는 것을 가로막음으로써 자신과 다른 존재를 불행에 빠뜨리게 하는 가장 근본적인 습관이기 때문이다.

우리에게 드러나지 않던 본성을 다시 회복하기 위해서는 자신의 우월감이나 열등감으로 인해 다른 사람을 비난하던 이유인 부적절한 행동, 게으름, 악함, 못남, 무례함, 이기적인 태도 등이 자기에게도 있음을 인정하고, 상대방에게 향하던 부정적인 시선을 사랑으로 바꾸어 그 사랑으로 자신과 상대방을 대할 수 있어야 한다. 그리고 자신이 가치롭게 생각하는 배려심, 선함, 겸손함, 감사하는 태도 등을 자신보다 열등하다고 생각하는 존재에게서 찾아 그들에게도 사랑을 보낼 수 있어야 한다. 그래서 공자는 "남이 자신을 알아주지 못함을 걱정하지 말고, 내가 남을 알아주지 못함을 걱정해야 한다"라고 하였다.

삶은 우리에게 끊임없이 배움의 기쁨을 선물한다. 삶은 좋은 일만을 통해 우리에게 배움을 주는 것이 아니라, 성공과 실패, 기쁨과 슬픔, 행복과 불행 등 삶의 양면 모두를 통해 우리를 성장시킨다. 그러므로 우리에게 필요한 것은 오직 '현재를 즐기는 일'이다.

현재를 즐기는 방법은 하던 일을 중지하고 가만히 앉아 있거나, 현재 하고 있는 일보다 더 가치롭다고 생각하는 일을 찾아서 행하는 것이 아니라, 현재 하고 있는 일 그 자체를 목적으로 사는 것이다. 일상이 어떤 모습으로 다가오든 우리가 그것을 간택(揀擇) 없이 받아들이고 경험한다면, 삶은 우리에게 더 많은 기쁨과 평화를 선물할 것이다.

2. 「위정(爲政)」

| 탈현대 문명 |

기술자와 전문가가 없는 새 문명

 공자가 말했다. "군자는 그릇처럼 국한되지 않는다."
子曰 君子不器

　막스 베버(Max Weber)는 동양사회가 자생적으로 자본주의를 발흥시
키지 못한 핵심적인 이유로 유교를 지목했다. '군자불기(君子不器)'는 바
로 이런 유교에 대한 인식을 초래한 주요 구절이다. '군자불기'에 대한
비판의 핵심은 현대 사회가 필요로 하는 기술자와 전문직의 양성을
불가능하게 한다는 것이었다.

　현대 사회를 건설하고 유지하기 위해서는 많은 기술자와 전문가가
필요하다. 그러므로 직업교육이 교육의 중심으로 부상해야 한다. 개
신교와 자본주의가 친화성을 갖는 이유도 동일하다. 개신교는 생업을
위한 노동에 성스러운 의미를 부여했다. 또한 기술교육에 대해서도 긍

정적이었고 적극적이었다. 인문교육을 강조한 가톨릭 지역보다 기술교육을 중시한 개신교 지역에서 자본주의가 먼저 발달한 것이 바로 이런 이유라는 것이 베버의 논지이다.

이런 맥락에서 보면, 유교는 개신교와 반대 극단에 위치한다. 유교는 '본성의 실현'을 교육의 궁극 목표로 설정했고, 이를 구체화하는 교육 프로그램을 수립했다. 어떤 기술교육도 유교교육에 포함되지 않았다. 기술교육은 천시되었기에 유학자(儒學者)로 대표되는 당시 지배 계급은 기술교육을 멀리했다. 사회에서 가장 천시당하는 신분의 사람들만이 장인의 형태로 기술을 이어 갔을 뿐이다.

베버의 분석은 적중했다. 미국, 독일, 영국 등 개신교 국가들은 일찍 산업화에 성공했고, 한국과 중국을 비롯한 유교 국가들은 자생적인 산업화에 실패했다. 그래서 유교 국가들은 여타 비서구 국가들과 마찬가지로 산업화된 서구에 의해 유린되는 현대사가 전개되었다.

그러나 탈현대적인 관점에서 보면, 유교와 유교교육에 대한 평가는 급진적인 전환을 이룬다. 현대 사회의 건설을 위해서는 노동자가 필요했다. 그러나 인공지능의 급속한 확산으로 인해 촉발된 탈현대 사회 건설을 위해선 노동자가 필요 없다. 궁극적으로 인간의 모든 노동은 로봇에 의해 대체될 것이다. 현대 사회의 하부구조는 노동자에 의해 건설될 것이지만, 탈현대 사회의 하부구조는 로봇에 의해 건설될 것이다.

그렇다면 탈현대 사회의 소프트웨어는 무엇이 될 것인가? 여전히 현대 세계관이 탈현대 사회의 소프트웨어가 될 것인가? 그렇지 않다. 전현대 세계관이 현대 사회의 소프트웨어가 될 수 없는 것과 똑같은 이유로 현대 세계관은 탈현대 사회의 소프트웨어가 될 수 없다. 사회의 하부구조는 급속히 탈현대적으로 변모되고 있는데, 현대 사회의 소프트웨어인 현대 세계관이 여전히 굳게 지속하고 있다. 이로 인해서, 양자 간의 문명충돌이 격렬하게 일어나고 있고, 이것이 바로 현 인류가 경험하고 있는 문명 위기의 진상이다.

현재의 문명 위기를 해소하고, 탈현대 문명을 열어 가기 위해서 우리는 어떤 노력을 기울여야 할 것인가? 새로운 하부구조와 조화를 이룰 수 있는 새로운 소프트웨어를 장착해야 한다. 새로운 소프트웨어는 탈현대 세계관이다. 우리는 현대 세계관으로부터 탈현대 세계관으로의 세계관의 대전환을 이루어야 한다.

세계관의 대전환의 핵심은 인간관의 전환이다. 인간관의 전환이란 무엇인가? '인간이란 어떤 존재인가? 인간답다는 것의 의미는 무엇인가? 잘 산다는 것은 어떻게 사는 것인가? 삶의 궁극적인 목적은 무엇인가?', 이런 질문에 대한 답변의 근본적인 전환을 이루는 것이다. 현재와 미래의 관점에서 보면, 이런 질문에 대한 현대적인 대답은 해괴하다는 느낌, 인간을 너무 얄잡아 본다는 느낌을 지울 수 없다.

만일 인간을 이성적인 존재라고 규정한다면, 알파고는 인간보다 더 인간적인 존재로 평가될 것이다. 만일 그 사람의 소유와 소비의 정도로 그 사람의 인간다움을 평가한다면, 이건 너무 인간을 하찮게 여기는 것이 분명하다. 삶의 목적이 더 좋은 대학에 입학하고, 더 좋은 직업을 차지하고, 더 많은 부와 권력을 누리는 것에 지나지 않는다면, 이건 너무 허망하다.

공자는 말한다. '인간은 그릇이 아니다.' 인간이란 그것을 훨씬 넘어서는 존재이다. 인간은 겸손할 수 있으며, 너그러울 수 있고, 사랑할 수 있는 멋진 존재이다. 그리고 이런 자신의 본성을 실현하는 것이야말로 인간다움의 의미이며, 삶의 궁극적인 목적이다. '인간은 그릇이 아니다'라는 공자의 언명은 바로 탈현대 사회의 소프트웨어가 될 수 있다. 우리는 서로 공감하고, 관용하고, 사랑하는 가운데, 멋진 신세계를 일구어 나갈 수 있다. 현대 세계관과의 이별, 그리고 탈현대 세계관으로의 진입, 그 입구에 공자가 있다.

'참나'와 만나는 삶

공자가 말했다. "그 하는 것을 보며, 그 이유를 살피며, 그 편안히 여김을 살펴본다면, 사람들이 어떻게 자신을 숨길 수 있겠는가! 사람들이 어떻게 자신을 숨길 수 있겠는가!"

子曰 視其所以 觀其所由 察其所安 人焉廋哉 人焉廋哉

공자는 사람의 됨됨이, 즉 그 사람으로서의 품성이나 인격을 알기 위해서는 그 사람이 하는 행동을 보고, 왜 그렇게 했는지를 살피고, 무엇에 편안해하는가를 관찰하면 된다고 한다. 만약 공자가 현대인의 됨됨이를 지켜보면, 무의미한 것을 좇으면서 가장 소중한 것을 헌신짝처럼 여기는 자세에 깜짝 놀랄 것이다. 현대인의 삶이 어떻기 때문일까?

현대인은 더 많이 가지고 더 많이 소비하기 위해서 매우 분주한 삶을 산다. 우리가 사는 세상이란 제한된 자원을 대상으로 경쟁하고 갈등하는 전쟁터라고 인식하는 현대인은 치열한 경쟁에서 살아남기 위해서, 어릴 때부터 친구와 심지어 형제와도 경쟁을 한다. 더 높고 견고한 에고의 탑을 쌓기 위해서 가장 소중한 사람과의 시간마저도 희생하기를 마다하지 않는다.

현대인은 이렇게 모든 것을 희생하면서 미래의 경제적 안락과 풍요를 추구하는 삶을 선택하는 것을 현명한 삶이라고 착각한다. 갓 돌이 지난 유아부터 문화센터에서 사교육을 받고, 학생들은 자신의 몸값을 높이려고 수많은 스펙을 쌓고, 청춘들은 연봉이 높은 직장에 들어가기 위해 연애를 포기하기도 한다. 그런 대열에 합류하여 열심히 달리는 동안 현대인은 삶에 최선을 다하고 있다고 생각하며 안도감을 느낀다.

그 과정에서 자신의 본성을 상실하고 자신의 내면과 만날 기회를 스스로 포기하면서 무작정 달리기만 한다. 결국 현대인은 불나방이 죽음을 알면서도 불로 뛰어들 듯이, 에고의 탑을 높이 쌓는 현대적인 삶에 탐닉한다. 한국 사회와 같이 급속한 발전을 이룬 사회에서는 이러한 현상이 더욱 심각하다. 한국 사회의 평범한 초등학생의 일상은 망가진 현대인의 삶의 단면을 잘 보여 준다.

피곤한 몸으로 일어나 학교에 가면 오후 2~3시까지 수업을 듣고, 아이들은 간단한 간식으로 허기를 채우면서 학원 버스로 바로 학원으로 간다. 2~3곳의 학원을 전전하며 선행 학습이나 예체능 학습을 한다. 늦은 시간까지 숙제를 하다가 피곤에 지쳐서 하루를 마무리한다. 그렇게 빡빡한 하루를 보낸 아이들은 자기가 왜 공부를 해야 하는지, 왜 학원을 가야 하는지도 모르는 채, 피곤하고 반복되는 일상을 산다.

제대로 노는 문화를 경험하지 못한 아이들은 게임에 빠지고 세상과 소통하기보다는 가상 세계에 몰입하기 십상이다. 이런 상황에서 아이들이 사람다움의 품성을 잘 기르기는 불가능하다. 현대인들이 직면하고 있는 타인과 소통의 어려움이나 공동체의 일원으로서 직면하는 어려움의 이유는 바로 여기에 있다.

반면, 탈현대 사회는 현대의 물질적인 풍요를 토대로 현대 사회와는 다른 새로운 패러다임을 가진다. 탈현대 사회에서 사람들은 노동으로부터 해방되고, 삶의 대부분을 여가로 활용할 수 있으며, 공동체를 위해서 협력하는 것에 관심을 가진다. 이런 사회에서 사람들은 더 많이 가지거나 더 많이 소비하는 것에는 관심이 없다.

　자연스럽게 탈현대인은 '나는 누구인가'에 대한 해답을 찾는 일을 삶의 중심에 두게 된다. 즉, 탈현대인의 삶에서 가장 중요한 일은 자기 성찰이다. 탈현대인은 삶의 매 순간을 자기 자신을 만나고 경험하는 '나는 누구인가'에 대한 해답을 찾는 기회로 여긴다. 탈현대인은 에고가 '나'라고 착각했던 현대인의 삶과 달리 '참나'를 만나는 삶을 산다. 공자가 말한 그 행동하는 바와 행동의 원인 그리고 편안히 머무는 것을 통해서, 사람 됨됨이를 보여 주는 탈현대적인 삶의 모델로 프란치스코 교황을 꼽을 수 있다.

　교황이라는 가톨릭의 세계에서는 가장 거대한 에고의 탑에 올랐지만, 그것으로부터 완전히 자유로운 프란치스코의 일상은 감동 그 자체이다. 프란치스코는 80세가 되는 생일날 노숙자 8명을 바티칸에 초대하여 함께 아침식사를 했다. 그는 노숙자들과 함께 자신의 생일을 즐김으로써 그들이 직면한 삶의 무게를 공감하고 위로했을 것이다. 그가 노숙자들과 함께하고 그곳에서 편안히 머문 것은 '나는 누구인가'라는 스스로의 질문에 '나는 사랑이다'라고 답한 것이다.

평생교육의 이상(理想)

공자가 말했다. "나는 열다섯 살에 배움에 뜻을 두었고, 서른 살에 스스로 일어섰으며, 마흔 살에는 유혹 당하지 않았고, 쉰 살에 하늘의 명령이 무엇인지 알았으며, 예순 살에는 귀가 순해지고, 일흔 살이 되어서는 내 마음이 내키는 대로 했지만 진리에서 벗어나지 않았다."

子曰 吾十有五而志于學 三十而立 四十而不惑 五十而知天命 六十而耳順 七十而從心所欲 不踰矩

『논어』에 나오는 공자의 말은 대략 지천명인 오십 대 이후의 것이다. 그렇지만 오십 대의 말과 육십 대의 말, 그리고 칠십 대의 말은 확실히 차이가 있다. 위의 말에서 공자가 스스로 고백하였듯이 깨달음의 수준이 다르기 때문이다. 그런 점에서 이 말은 확실히 공자가 일흔이 넘어서 제자들 앞에서 술회한 말이다.

현대 교육심리학에서는 이 말을 하나의 발달과업으로 이해할 수 있을 것이다. 그러나 각 단계는 각 연령층에서 성취해야 할 과업으로 볼 수도 있지만, 거꾸로 각 연령층에서 주의해야 할 점을 나타내고 있는지도 모른다. 예컨대 15살은 저항의 시기이다. 이때 배움에 뜻을 두기가 가장 어려운 시기이다. 왜냐하면 배움이란 수용성을 의미하기 때문이다. 학문(學問)이란 문자 그대로 묻는 것을 배우는 것이다. 또

서른 살에는 자립하기 어렵다. 왜냐하면 매사에 만족하기 어렵기 때문이다. 강한 야망은 스스로 만족하는 것을 어렵게 만든다. 마흔 살에는 유혹이 많다. 권력이나 지위에 대한 유혹뿐만 아니라 특히 성적 욕구로 인한 유혹이 많다. 쉰 살에는 많은 것을 성취했기 때문에 천명을 들을 수가 없다. 천명은 자신이 아무것도 아니라는, 오직 에고가 사라져야 얻을 수 있는 것이기 때문이다. 예순 살에는 노여움이 많아진다. 그래서 남이 자신에 대해 무슨 말을 하는지 끊임없이 관심을 가지게 된다. 일흔 살에는 이상(理想)이 사라져 욕심이 많아진다. 노추(老醜)라는 말이 그래서 생겼다.

종심소욕불유구(從心所欲不踰矩)라는 말은 적극적인 자유를 의미한다. 소극적인 자유는 부정하고 저항함으로써 얻어지는 자유이다. 소위 자아 팽창 시기인 사춘기의 아이들이 매사에 반대하고 저항함으로써 자신의 독립성을 획득하려는 것과 같이 매우 유치한 수준의 자유이다. 중세의 질곡을 벗어던진 현대 문명의 자유가 바로 그런 자유이다. 그러나 적극적인 자유는 매사를 긍정하고 수용하는 데에서 얻어진다. 적극적인 자유는 외부에서 주어지는 것이 아니라 자신의 노력만큼, 자신의 그릇만큼 커지는 것이다. 예컨대 다른 문화의 음식에 대한 거부감이 작은 만큼 여행의 자유가 커지는 것과 같다. 그래서 종심소욕불유구는 공자가 말하는 조화[和]와 같다.

종심소욕불유구와 같은 경지가 「자한편」에도 나온다. 공자가 말한 절사(絶四)의 경지가 그것이다. 즉 공자는 의도하고 기필하며 고집하는 '나'라는 마음을 끊었다고 하였다[子絶四 毋意, 毋必, 毋固, 毋我]. 주자는 의(意)란 움직이는 정(情)이 어떤 지향을 갖고 꾀하고 헤아리는 것이라고 했으며, 기필한다는 것은 반드시 그러리라고 기대하는 것이라고 했다. 무엇을 어떻게 하려고 하는 마음이 있으면 그것이 반드시 되어야 한다고 기필하게 되고 고집하게 된다. 그리고 그렇게 되지 않았을 때 노여움과 미움의 감정이 일어나게 된다. 이러한 것의 원인은 결국 '나'라고 하는 생각에서 비롯되는 것이다.

'무아(毋我)'는 「태백」에서 증자가 안회를 묘사한 부분에서 자세하게 드러난다. "능하면서 능하지 못한 사람에게 물으며, 학식이 많으면서 적은 사람에게 물으며, 있어도 없는 것처럼 여기고, 가득해도 빈 것처럼 여기며, 자신에게 잘못해도 따지지 않는다[以能問於不能 以多問於寡 有若無 實若虛 犯而不校]." 이 구절에 대해 사씨는 무아의 경지에 가까운 자가 아니면 능하지 못하다고 하였다.

장자(莊子)가 허리띠가 편하면 그것을 의식하지 않게 된다고 했듯이 무엇을 의식한다고 하는 것은 편하지 못하기 때문이다. 딱딱한 음식을 씹어 이가 아프게 되면 그것을 의식하게 되듯이, 마음에 불편한 것이 있으면 상념이 계속 일어나게 된다. 마음이 내키는 대로 따라도 법도에 어긋나지 않았다고 하는 것은 마음이 마음을 의식하지 않을 정도로 편안하다는 것을 뜻한다. 내 마음이 일어나는 대로 그것을 의식하지 않고 지켜보지 않는 것은 어린아이의 마음이다. "마땅히 머무르는 바 없이 마음을 내라[應無所住而生其心]"는 『금강경(金剛經)』의 구절과 같다. 성인은 기필을 꼭 그런 것이 아니라고 여겨 다툼이 없지만, 소인은 꼭 그런 것이 아닌 것을 기필함으로 다툼이 많다[聖人以必不必 故无兵 衆人以不必必之 故多兵]. 성인은 마땅히 자신에게 돌아올 복을 꼭 그런 것이 아니라고 여기고 우연히 만난 화를 올 것이 왔구나 하고 생각한다. 반면 사람들은 화는 우연이라고 생각하고 복은 필연이라고 생각한다.

덕치의 효용

공자가 말했다. "덕으로 다스린다는 것은 마치 북극성이 제자리에 있는데도 뭇 별들이 그것을 에워싸는 것과 같다."

孔子曰 爲政以德 譬如北辰 居其所而衆星共之

"신하를 예로써 대하였고, 선한 사람은 아름답게 여겼으며, 능력이 부족한 사람은 안타까워했다." 효종 4년, 대사간 김익희는 왕에게 올린 상소문에서 세종을 성군으로 추앙하며 이렇게 묘사했다. 그의 주장에 따르면, 당시 북벌의 포부를 안고 왕위에 오른 효종은 '자신의 의견만 고집하는 병통이 있고, 분노를 다스리지 못하며, 너그럽지 못해 자신 뜻에 조금만 어긋나도 억울한 죄명을 씌워 내치는' 독선적인 왕이었다. 또 '대간들에게 개, 돼지라고 폭언을 일삼는가 하면, 재상이나 시종신이 바른 말을 하면 시장 터에 내세워 종아리를 치고, 파직하여 귀양을 보내기도 했다.' 삼전도의 굴욕을 씻고자 북벌을 표방하며 왕위에 오른 효종은 양란으로 쇠진한 조선을 구하기 위해 김자점을 비롯한 척신을 몰아내고 대동법을 시행하는 등 경제개혁에도 박차를 가했지만, '덕'보다는 '벌'을 앞세운 이 같은 통치는 여든 살이 넘은 노신으로 하여금 항명의 붓을 들게 했던 것이다.

왕이 넉보다 벌을 앞세운다는 것은 어떤 의미인가? 김익희의 표현을 빌리면 그것은 '신하를 적으로 돌리는 것이며, 신하와 다투어서 그들을 꺾어 보이겠다는 것'이다. 벌에 저항하는 자는 적이 될 것이며, 벌에 굴복하는 자는 자신의 뜻을 굽힐 수밖에 없기 때문이다. 그러므로 공자는 말한다. "백성을 형벌로 다스리면 그들은 형벌을 모면하려고만 하고 수치를 알지 못한다[齊之以刑, 民免而無恥]"고. 오히려 "그들을 예로써 대할 때 수치를 깨닫고 선한 사람이 된다[齊之以禮, 有恥且格]"고. 벌을 두려워하여 자신의 믿음을 펼치지 못하는 신하는 좋은 신하가 아니다. 벌주는 임금에게 아부하여 권력을 얻고자 하는 자는 좋은 신하가 아닐뿐더러 천하의 간신이다. 그러나 이미 벌을 피하기에 급급한 신하는 수치조차 알지 못하니 자신이 간신이라 한들 알 리가 없다. 그런 사람들이 다스리는 나라가 어떻게 좋은 나라가 될 수 있겠는가?

세종 임금이 신하를 예로써 대하고, 선한 사람을 아름답게 여기며, 능력이 부족한 사람을 안타까워한다는 것은 어떤 의미인가? 선하면 선한 대로, 능력이 없으면 능력이 없는 대로 그가 모든 사람을 예로써 대했음이니, 그의 치하에서는 쓰이지 않을 사람이 없고, 소중하지 않은 사람이 없었던 것이다. 어떻게 스스로 선한 사람이 되지 않을 수 있겠는가? 효종은 통치 10년 만에 북벌의 꿈을 펼치지 못한 채 세상을 떠났다. 재위 기간 동안 그의 머릿속을 지배했던 것은 북벌이었다. 그러나 그 북벌이란 것이 결국 백성을 위한 것이라 아니라 자신이 겪은 모욕을 '설욕'하기 위한 것이었기에, 신하는 '개, 돼지'가 되었고, 바람 앞의 등불처럼 웅크려야 했다. 사랑이 없는 이상이 얼마나 무의미한 것인지를, 또 맹목적인 이상 추구라는 것이 얼마나 허망한 것인지를 그가 잘 보여 준 것이다.

세종 또한 북벌을 단행했다. 그러나 그의 북벌은 여진족의 약탈로부터 무고한 백성들의 삶을 지키기 위한 것이었다. 그랬기 때문에 4군 6진을 개척하기 위해 이주한 농민에게는 양인에게는 관직을, 노비는 면천을 시켜 주는 등 노역에서부터 세금 면제에 이르기까지 각종 특혜를 제공했으며, 포로로 잡혀 온 여진족 또한 땅을 주어 정착하게 했던 것이다. 그의 북벌은 설욕을 위한 것도, 자신의 욕망을 위한 것도 아니며, 오직 백성을 위한 것이었기에 사람들은 그를 위해 죽음을 두려워하지 않았고, 오래도록 성군이라 추앙하며 귀감으로 삼은 것이다.

독재자는 자신의 권력을 유지하기 위해 법을 만든다. 그 법이 잔인하고 공포스러운 것은 국민이 그를 지지하지 않음을 알기 때문이며, 그들의 저항을 두려워하기 때문이다. 그러나 아무리 공포스러운 법이라 할지라도 그 법이 독재자를 지켜 주지는 못한다. 오직 법망을 피하기에 급급한 사람이 독재자를 충심으로 따를 리 없기 때문이며, 이미 수치를 잃어버린 사람이 그를 배신하지 않을 리 없기 때문이다.

그러므로 모든 통치자는 가슴에 새겨야 할 것이다. 만약 덕으로 백성을 다스리면, 백성이 목숨을 바쳐 그를 지키려 할 것임을, 또 만약 벌로써 그들을 굴복시키려 한다면, 그들은 스스로 적이 되어 그를 칠 기회만을 노리게 될 것임을.

배움에 뜻을 두고
사랑을 꽃피우는 여정

공자가 말했다. "나는 열다섯 살에 배움에 뜻을 두었고, 서른 살에 스스로 일어섰으며, 마흔 살에는 유혹 당하지 않았고, 쉰 살에 하늘의 명령이 무엇인지 알았으며, 예순 살에는 귀가 순해졌고, 일흔 살이 되어서는 내 마음이 내키는 대로 했지만 진리에서 벗어나지 않았다."

子曰 吾十有五而志于學 三十而立 四十而不惑 五十而知天命 六十而耳順 七十而從心所欲不踰矩

이 말을 통해, 공자가 한평생 동안 노력한 삶의 여정이 무엇인지를 잘 알 수 있다. 그것은 배움에 대한 확고한 뜻을 세우고, 본성을 회복하는 일에 평생을 노력했으며, 진리에 눈뜬 이후에는 다른 존재를 돕는 일에 최선을 다했다는 것이다.

공자는 "아침에 도를 들으면 저녁에 죽어도 좋다"고 할 만큼 도를 아는 일에 강한 열망을 가지고 있었다. 과연 우리는 공자처럼 아침에 도를 들으면 저녁에 죽어도 좋다고 할 만큼 도에 마음을 둔 적이 있는가? 우리는 자신이 얻고자 하는 행복에, 진리에, 평화에 얼마나 많은 관심과 노력을 기울이고 있는가?

오늘날 우리는 공자가 살았던 시대보다 경제적으로 더 풍요롭고,

진리에 대한 방대한 정보와 지식을 가지고 있음에도 불구하고 왜 우리 주변에서는 본성을 회복하려는 뜻을 세우는 사람, 다른 사람의 견해에 의존하지 않고 바른 방법으로 본성 회복의 공부를 하는 사람, 명예욕과 권력욕과 재물욕에 흔들리지 않고 진리를 추구하는 사람, 자신의 본성을 깨달은 사람, 진심으로 다른 사람의 말을 깊이 공감하고 상대방이 처한 아픔을 자신의 아픔처럼 느껴 주는 사람, 평화를 위해 자신의 삶을 불태우는 사람을 만나기 어려운 것일까? 이에 대한 답(答)은 아주 간단하다. 그것은 우리가 자신의 본성을 회복하는 일을 삶의 중요한 일로 여기지 않기 때문이다.

공자가 열다섯 살에 배움에 뜻을 두었다는 말은, 본성 회복 공부, 다시 말해 성인(聖人)이 되겠다는 뜻을 세웠다는 것이다. 뜻을 세우는 것은 공부의 목적을 확고하게 정하는 일이다. 왜냐하면 목적이 분명해야지만, 그것에 이르기 위한 모든 노력이 목적을 실현시켜 주는 밑거름이 되기 때문이다. 우리가 자신의 본성, 행복, 평화를 회복하느냐 회복하지 못하느냐 하는 것은, 전적으로 그것에 대해 얼마나 확고하게 뜻을 세우느냐에 달려 있다.

서른 살에 스스로 일어섰다는 말은, 내면의 목소리나 다른 사람의 의견에 휘둘리지 않고 자신의 힘으로 올바른 본성 회복을 위한 공부를 해 나갈 수 있었다는 말이다. 공자가 서른 살에 설 수 있었던 것은, 열다섯 살에 세운 성인이 되겠다는 자신의 뜻을 확고하게 밀고 나갔기 때문일 것이다.

마흔 살에 유혹당하지 않았다는 말은, 재산욕, 명예욕, 권력욕 등 외적인 상황에 흔들림이 없이 진리를 추구할 수 있었다는 말이다. 공자의 말처럼 진리를 향한 마음이 아주 확고하여, 거친 밥을 먹고 물을 마시며 팔을 굽혀 베더라도 항상 즐거움이 그 가운데에 있어서, 옳지 못한 부유함이나 귀함 같은 것은 뜬구름과 같이 여길 수 있었기 때문이다.

쉰 살에 하늘의 명령이 무엇인지 알았다는 말은, '깨달음의 체험', 즉 자신의 본성을 알았다는 말이다. 자기는 나라는 생각에 휘둘리는 개체가 아니라, 만물일체를 자기로 삼는 사랑의 존재임을 자각했다는 말이다. 공자는 마흔 살 때부터 미혹됨이 없었기에, 모든 외적인 추구가 사라졌다. 그래서 그에게 깨달음의 체험이 일어날 수 있었던 것이다. 왜냐하면 오직 도에 대한 열망만이 가득할 때, 어느 순간 그 열망마저도 저절로 사라지고 '지금-여기'와 계합하는 체험을 하게 되기 때문이다.

예순 살에 귀가 순해졌다는 말은, 자신에게 들려오는 이런저런 말이나 평가를 자신의 행위를 돌아보는 계기로 받아들일 수 있었다는 말이다. 또 상대방의 고민을 들을 때 그 말을 자신의 문제처럼 가슴 깊이 공감하며 듣고, 진심으로 그들의 문제를 해결할 수 있도록 도울 수 있었다는 말이다.

일흔 살이 되어서는 내 마음이 내키는 대로 했지만 진리에서 벗어나지 않았다는 말은, 자신이 어떤 일을 하더라도 그 일이 다른 존재를 돕는 일이었음을 말하고 있는 것이다. 다시 말해서, 자신이 하는 행위 하나하나가 자신과 다른 존재의 평화를 위한 일이었다는 말이다.

공자는 오늘날 중학생 정도의 나이에 배움에 뜻을 두고, 한평생 도를 아는 일에 최선을 다했다. 공자가 이룬 업적은 세속적인 일에 마음을 두고 사는 사람에게는 무척 어려운 일처럼 보인다. 아니, 도에 뜻을 둔 사람에게조차도 무척 어렵게 느껴지는 일임이 분명하다. 그러나 우리가 분명히 알아야 할 것은, 열다섯 살에서 일흔 살까지의 삶의 여정은 이천오백 년 전의 공자의 여정이지 현재를 살아가는 우리의 여정이 아니다.

우리는 공자의 여정에 얽매일 필요도 없고, 또 그 단계를 밟을 필요도 없다. 우리는 이천오백 년 전의 사람들보다 이해력이 높고, 그들보다 이천오백 년이라는 기간 동안 축적된 진리에 관한 방대한 정보를 DNA 속에 간직하고 있다. 그러므로 자기 자신이 어떤 상황 속에 있든, 성인이 되고자 하는 뜻을 확고하게 세우고 조금만 본성 회복을 위한 공부를 한다면, 쉽게 자신의 본성을 회복할 수 있을 것이다. 그리고 그 이후에는 반드시 다른 존재가 평화를 얻을 수 있도록 도울 것이다.

인간의 역량이 저마다 다르듯이, 우리가 삶을 통해 이룰 수 있는 업적도 서로 다르다. 금(金)의 가치는 무게에 있는 것이 아니라 순도에 있듯이, 저마다 자신의 역량과 삶의 맥락에서 본성을 회복하고 다른 존재를 위해 봉사하는 삶을 살아가는 것이 중요하다. 그리고 이 일은 곧장 실천할 수 있다. 자신의 사사로운 생각으로 인해 과거와 미래에 마음이 빼앗기지만 않는다면, 우리는 사랑 속에서 '지금-여기'의 삶을 살아가고 있음을 알게 될 것이다.

공자가 『시경』에 있는 시 삼백 편의 뜻을 한마디 말로 대표하여, '생각에 사사로움이 없다[思無邪]'고 말했지만, '생각에 사사로움이 없다'는 말은 『시경』뿐만 아니라, 공자의 모든 가르침, 심지어 세상의 모든 영적 스승들의 가르침을 요약할 수 있는 말이다. 결국 공부란 자신의 사사로운 마음 없이 다른 존재를 대하는 일이다. 왜냐하면 생각에 사사로움이 없다는 것은, 우리의 본성인 '사랑'으로 관계를 맺고 있다는 뜻이기 때문이다.

사사로운 생각이 늘 우리에게 문제가 됨에도 불구하고, 사실 사사로운 생각을 없애려고 노력할 필요가 없다. 왜냐하면 자신의 내면에 어두운 부분이라고 여겨지는 무지, 나약함, 게으름, 미움, 악함 등에 대한 생각은, 실제로는 존재하는 것이 아니기 때문이다. 어둠은 빛과 함께 공존할 수 없듯이, 우리가 자신의 삶에 사랑을 꽃피우기만 한다면 이런 것들은 한순간에 사라지기 때문이다.

자신과 자기 주변에 있는 어둠을 걷어 내는 방법은, 자신과 자기 주변에 사랑의 빛을 비추는 일이다. 자신이 아무리 작은 빛이라도 밝히기만 한다면, 자신에게서뿐만 아니라 자기 주변에서 일어나는 부정과 부패, 권력을 이용하여 타인을 괴롭히는 행위, 약자에 대한 무시와 갑질 등은 곧장 사라질 것이다.

3. 「팔일(八佾)」

| 탈현대 문명 |

탈현대 문명을 위한 새 바탕

자하가 물었다. "'예쁜 웃음에 보조개가 예쁘며 아름다운 눈에 눈동자가 선명함이여! 흰 비단으로 채색을 한다.' 하였으니, 무엇을 말한 것입니까?" 공자가 말했다. "그림 그리는 일은 흰 비단을 마련하는 것보다 뒤에 하는 것이다."

子夏問曰 巧笑倩兮 美目盼兮 素以爲絢兮 何謂也 子曰 繪事後素

현재는 현대 문명으로부터 탈현대 문명으로의 문명 대전환기이다. 인간 소외의 심화, 인간관계의 악화, 생태계의 붕괴 등으로 대표되는 현대 문명 위기는 나날이 심화되고 있다. 어떻게 해야 할 것인가? 지금 인류는 탈현대 문명의 그림을 그려야 한다. 그렇다면 당장 우리는 무엇을 해야 할 것인가? 공자는 말한다. "그림 그리는 일은 흰 비단을 마련하는 것보다 뒤에 하는 것이다." 탈현대 문명 건설을 위한 바탕으로서의 흰 비단은 무엇일까? 인류의 존재혁명을 이루는 것이다.

현대 문명은 개별 에고의 바탕 위에 건설되었다. '개인'이라는 말에서 드러나는 개별 에고란 현대 인간관의 전형이다. 현대는 '시간적으로 그리고 공간적으로 자신을 둘러싸고 있는 세계와 분리된 개체'로 인간을 인식한다.

세계로부터 분리된 개체로서 인간을 인식하는 현대 인간관의 관점에서 보면, 인간은 원천적으로 유한하고, 무의미하며, 무력한 존재이다. 인간은 출생 시부터 사망 시까지만 존재한다고 여기고, 출생 전에도 사망 후에도 그는 존재하지 않는다고 생각한다. 그러므로 현대인은 자신을 유한한 존재라고 여기고, 광대한 세상과 비교하면 인간은 너무나 미소한 존재라고 생각한다. 만일 오늘 내가 급사한다고 하더라도 우리 옆집 사람들조차 나의 죽음을 알지 못할 것이다. 현대인은 있으나 마나 한 무의미한 존재로 자신을 여기는 것이다. 현대적인 관점에서 보면, 거대한 세상은 나를 밀가루 반죽 주무르듯이 농락할 수 있다. 하지만, 나는 세상에 대한 어떤 영향력도 미칠 수 없는 무력한 존재이다.

유한성, 무의미감, 무력감은 이미 실존철학에서 명쾌하게 밝혀졌듯이 현대인의 피할 수 없는 실존 상황이다. 이것은 아주 고통스러운 감정이어서, 현대인은 여기서 벗어나기 위해 필사적으로 강박적인 노력을 기울이게 된다. 이런 현대인의 삶을 필자는 '자아확장투쟁으로서의 삶'이라고 명명한 바 있다. 현대인은 돈, 권력, 인기, 외모, 학력 등 성공과 승리의 사다리의 더 높은 곳에 도달하기 위해 필사적인 노력을 기울인다. 이것들의 획득이 현대적인 삶의 목적이 된다.

현대 문명의 차원에서 보면, 이런 현대인의 강박적인 노력은 문명 건설의 원동력이 되었다. 강한 성취동기는 노동자에게서 많은 에너지를 끌어낼 수 있기 때문이다. 그러나 탈현대 문명의 차원에서 보면, 이런 현대인의 강박적인 노력은 무의미한 것이다. 현대적인 삶의 특징인 '자아확장투쟁으로서의 삶'의 바탕 위에 탈현대 문명을 건설하는 것은 불가능한 일이다. 탈현대 문명 건설을 위해서는 노동 동기를 유발시켜야 하는 것이 아니기 때문이다. 탈현대 문명 건설은 이 시대의 절박한 요구이며, 이를 위해서는 새로운 바탕이 필요하다.

탈현대 문명 건설을 위한 새로운 바탕은 무엇인가? 탈현대 인간관이다. 탈현대 인간관이란 인간을 바라보는 어떤 관점인가? 탈현대 인간관은 인간이란 온 우주를 자신 안에 품고 있는 위대한 존재라고 보는 관점이다. '나'라는 분리의 감옥에서 벗어나 모두가 '하나임'을 자각한 존재가 바로 탈현대인이다. 탈현대적인 관점에서 보면, 인간은 무언가를 자신에 덧입혀야만 가치를 가질 수 있는 그런 하찮은 존재가 아니다. 그는 충만한 존재이며, 사랑하고, 용서하며, 겸손하고, 감사하며, 아름답게 미소 지을 수 있는 멋진 존재이다.

탈현대 문명 건설을 위한 가장 긴급한 일은 현대 인간관으로부터 탈현대 인간관으로의 인간관의 대전환을 이루는 것이다. 모든 인간 속에 내재해 있는 탈현대 인간, 즉 '참나'가 깨어나서 활동하도록 하는 일이다. '참나'가 깨어나서 활동하도록 하기 위해 기울이는 노력을 수행이라고 한다. 이것이 바로 탈현대 문명의 그림을 그리기 전에 마련해야 하는 새로운 바탕이다.

사랑으로 사는 삶

공자가 말했다. "윗자리에 있으면서 너그럽지 않으며, 예(禮)를 행함에 경(敬)하지 않으며, 초상에 임하여 슬퍼하지 않는다면 내가 무엇으로 그를 관찰하겠는가?"

子曰 居上不寬 爲禮不敬 臨喪不哀 吾何以觀之哉

공자는 사람의 품격을 확인할 수 있는 다음 세 가지 측면을 말했다. 윗자리에 있으면서 얼마나 너그러운가? 예를 행할 때 공경을 담아서 하는가? 상(喪)을 당해서 애통한 마음으로 임하는가? 이상 공자가 말한 사람의 품격은 바로 사랑으로 삶을 살고 있는지가 관건이다. 사랑이 결여된 윗사람으로서의 삶, 사랑이 탈락된 예의, 사랑이 실종된 상례는 품격을 상실한 현대인의 자화상이다. 그 모습을 살펴보자.

첫째, 윗자리에 있는 사람이 사랑으로 충만하면, 아랫사람들에게 너그럽고 관용을 베풀 수 있다. 그러나 오늘날 현대 한국 사회의 윗자리에 있는 사람들을 생각해 보면, 그들의 이미지는 암담하다. 최근 한국 사회에는 '꼰대'라는 말로 윗자리에 있는 사람을 비하하여 표현하고 있다. '꼰대질'이란 자기 경험을 일반화하여 상대에게 강요하는 행위를 말한다. 이것은 상대에 대한 사랑의 실종이며 자기가 옳다는 아집이다.

현대 사회의 윗자리에 있는 사람들은 자기 자리를 지키기 위해서, 아랫사람들에게 희생을 강요하기도 하고 무례한 요구를 서슴지 않는다. 조직의 리더는 성과를 더 내라고 경쟁을 부추기고 아랫사람의 밥줄을 쥐고 흔들려고 한다. 자신의 윗자리를 지키기 위해서 아랫사람들에게 인색하고 엄격하며 혹독하게 굴지만, 그렇게 아랫사람을 닦달하면 할수록 그의 윗자리는 위태로워진다. 아랫사람을 사랑으로 대하지 않는 윗사람을 위해서 자신을 희생하고 더 노력할 아랫사람은 있을 수 없고, 권력의 힘으로 강요하는 희생은 오래가지 못하기 때문이다.

둘째, 현대 사회에서 예의 정신은 그 빛을 잃어버리고 있다. 힘이 있는 자가 없는 자를 얕잡아 보고 함부로 대하는 '갑질'이 사회적인 이슈가 되고 있다. 사실 예가 완전히 파괴된 '갑질'을 통해서 그 사람의 품격에 문제가 있다는 것을 인식하기는 쉽지만, 공자가 말한 바와 같이 예를 행하는 데 공경이 결여되어 있는 것을 통해서 품격을 관찰하기란 쉽지 않다.

겉으로는 "선생님, 선생님~" 하지만, 근본적으로 교사를 신뢰하지 않아서 자녀 앞에서 교사를 험담하는 학부모는 자신과 자녀를 동시에 망친다. 그리고 표면적으로는 국가 간 협약을 표방하지만, 약소국에게 무기를 팔기 위한 전략을 펴는 강대국은 종국에는 세계를 멸망으로 몰아 갈 것이다.

셋째, 현대인의 초상은 그 어느 시대보다 화려하다. 집안의 위력을 과시하는 줄지어 선 화환과 넓은 영안실, 수많은 문상객, 고가의 수의는 있지만, 아이러니하게도 초상이 화려한 만큼 슬픔이 크지는 않다. 상례를 치르는 본질은 애도이며, 애도란 죽은 자에 대한 사랑이 드러나는 것이다.

　가톨릭 신자뿐만 아니라 그를 알고 있는 대부분의 사람으로부터 존경을 받은 김수환 추기경은 자신의 관을 평범하고 소박하게 하라는 유지를 남겼다. 그의 아호 '옹기'처럼 장례는 소박하고 간소하게 치르는 것을 원칙으로 했다고 한다. 그래서 그를 기리는 특별한 기념관도 설립하지 않기로 했다. 그는 세상을 떠나는 마지막 순간에 각막을 기증하고, 그를 사랑하는 1만 명이 넘는 사람들의 눈물 배웅을 받았다. 김수환 추기경을 깊은 애도로써 보내 드린 사람들은 그 순간 사랑의 삶을 온전히 체험했을 것이다.

질문[問]의 중요성

 임방이 예의 근본을 묻자 공자가 말했다. "훌륭하다, 질문이여!"
林放問 禮之本 子曰 大哉問

학문(學問)이란 질문하는 것을 배운다는 뜻이다. 임방은 노나라 사람으로 주변 사람들이 예를 실행하며 번거로운 문식(文飾)만을 일삼는 것을 보고 예의 근본이 여기에 있지 않을 것으로 생각하고 의심을 품었다. 요즘 말로 하면 제사상을 차릴 때 사과를 배의 오른쪽에 놓아야 하는지 왼쪽에 놓아야 하는지에 대해 논쟁하는 것을 예로 생각했던 것이다. 이처럼 질문은 사람들이 당연히 여기는 것에 대한 의심에서 시작된다.

공자는 「술이편」에서 "알고 싶어 안달하지 않으면 열어 줄 수 없고, 애태우지 않으면 말해 줄 수 없다. 한 모퉁이를 예로 들어 주었는데 나머지 세 모퉁이를 알지 못하면 다시 일러 주지 않노라"라고 하였다. 여기서 분(憤)은 마음이 통하기를 구하나[心求通] 얻지 못하는 모습이요, 비(悱)는 입으로 말하고 싶어 하되 능하지 못한 모습이다. 즉 모두 화를 낸다는 뜻이다. 또 계(啓)는 그 뜻을 열어 줌[開其意]이요, 발(發)은 말문을 열어 줌[達其辭]이다. 이는 불교의 줄탁동시(啐啄同時)와 같이 가르침과 배움이 적절한 때가 있음을 나타내는 구절이라고 할 수 있다.

알고 싶어 안달하고 애태우는 분과 비는 교육의 기본 전제라고 할 수 있다. 또한 한 가지 가르침으로 다른 것을 유추하지 못하면 더 이상 가르치지 않는 것 역시 교육의 기본 전제인 것이다. 그럼에도 불구하고 현대 교육은 학습 의욕이 전혀 없는 학생들을 집단으로 모아 놓고, 그들에게 학습동기라는 것을 부여한 뒤 억지로 지식을 전달하려 하고 있다. 이것은 서구에서 처음 시작된 현대 공교육이 노동자 계급의 자녀들을 공교육의 대상에 포함시키면서 비롯된 것이다. 즉 가급적 적은 비용으로 많은 학생들을 가르치게 되면서 나타난 현상인 것이다.

그러나 지식의 습득으로서의 현대 교육은 인터넷의 발달로 더 이상 의미를 갖지 못하게 되었다. 이제 우리는 언제 어디서나 원하는 지식을 습득할 수 있다. 그렇다면 이러한 시대에 필요한 능력은 무엇일까? 그것은 알고 싶어 안달하여 질문을 할 수 있는 능력이다. 학문(學問)이라는 뜻이 본래 '질문하기를 배우는 것'인 것처럼, 이제 질문할 수 있는 능력이 답을 하는 능력보다 훨씬 더 가치가 있는 시대가 되었다.

〈와이어드〉의 공동 창간자이며, 『기술의 충격』, 『통제 불능』 등을 집필해 기술사상가로 불리는 케빈 켈리(Kevin Kelly)는 신작인 『인에비터블 미래의 정체』에서 앞으로 30년 동안 나올 상품과 용역의 일반적인 추세를 12가지 동사로 제시하였다. 즉 '되어 가다, 인지화하다, 흐르다, 화면을 보다, 접근하다, 공유하다, 걸러 내다, 뒤섞다, 상호작용하다, 추적하다, 질문하다, 시작하다'라는 12개 동사들은 서로 의존하고 서로를 가속화하는 힘으로 함께 움직일 것이라고 주장한다. 그중 '질문하다'와 관련하여 그는 다음과 같이 말했다.

미생물과 콘크리트 재료 같은 사실들은 거대한 문명을 계속 지탱하고 있을 것이다. 하지만 우리 삶과 신기술의 가장 소중한 측면들, 가장 역동적이고 가장 가치 있고, 가장 생산적인 측면들은 그 변경에, 불확실성, 혼란, 유동성, 질문이 거주하는 가장자리에 놓여 있을 것이다. 답을 내놓는 기술은 여전히 필수적인 것으로 남아 있을 것이고, 그에 따라 답은 어디에나 있고, 즉각적이고, 신뢰할 수 있고, 거의 무료가 될 것이다. 그에 반해 질문을 생성하는 기술이야말로 더욱 가치를 지니게 될 것이다. 질문 생성 기술은 쉬지 않는 우리 종이 탐험할 수 있는 새로운 대륙, 새로운 분야, 새로운 산업, 새로운 상표, 새로운 가능성을 생성하는 엔진이라고 올바로 인식될 것이다. 한마디로 질문하기는 답하기보다 더 강력하다.

켈리와 같이 질문은 인류가 탐험할 새로운 분야에 대한 것일 수도 있다. 그러나 보다 중요한 질문은 자기 자신에 대한 것이다. 공자가 물었듯이 "인이 멀리 있는가[仁遠乎]?"와 같은 질문이 중요하다. 인은 멀리 있지 않다. 인은 자기 자신에게 있는 것이니 돌이켜 찾는다면 바로 찾을 수가 있다.

가장 두려운 것은 백성이다

왕손가가 공자에게 물었다. "안방(귀신)에 아첨하는 것보다 부엌(귀신)에 아첨하는 것이 나은 듯한데 어떻습니까?" 공자가 말했다. "그렇지 않습니다. 하늘에 죄를 지으면 빌 곳이 없습니다."

王孫賈問曰 與其媚於奧 寧媚於竈 何謂也 子曰 不然 獲罪於天 無所禱也

「팔일편」은 노나라 제후 계손씨가 제 뜰에서 팔일무를 추게 하는 것을 보고 공자가 탄식하는 데서 시작된다. 팔일무는 천자(天子)만이 행할 수 있는 예악이다. 『예기』「명당위(明堂位)」에 "주공(周公)이 큰 공을 세웠으므로, 성왕은 노나라만은 대대로 천자의 예악으로 제사지내게 하였다"라는 구절이 보인다. 『예기』에 따르면 계손씨가 제 뜰에서 팔일무를 추게 한 것은 이미 성왕이 허락한 일이었다. 그러나 공자는 성왕이 비록 허락했다 하더라도 이를 사양해야 마땅하며, 노나라만이 천자의 예악을 쓰는 것은 잘못이라고 하였다. 전란이 계속되던 군웅할거(群雄割據)의 시대, 인간들의 들끓는 욕망을 공자는 미워한 것이다.

예에 대한 문답은 『논어』에 가장 많이 등장하는 것 가운데 하나이다. 그럴 수밖에 없었던 것이 공자에게 있어서 예란 매우 포괄적인 개념으로, 때로는 예제(禮制)를, 때로는 형식적인 절차를, 때로는 예에 깃든 인간의 마음을, 그리고 때로는 문화 그 자체를 지칭하는 것이기도 했기 때문이다.

더구나 더 문제였던 것은 훗날 공자의 '본의(本意)'가 그의 계승자들 사이에 중요한 과제로 부상할 만큼, 예에 대한 공자의 해석은 상반되는 경우가 많았다. 본래부터 형식과 정신이라는 이중적 구조를 가질 수밖에 없는 예를 두고, 공자는 때로는 형식이나 제도를, 때로는 마음이나 정신을 더 강조했기 때문이다. 그 대표적인 예가 예의 근본을 묻는 임방에게는 '예는 사치하기보다는 차라리 검소해야 하고, 상사(喪事)에는 형식을 갖추기보다 차라리 슬퍼하라[禮與其奢也寧儉 喪與其易也寧戚]'고 하면서도, 자공이 곡삭례(告朔禮)에 양을 바치는 절차를 없애려고 하자, "너는 그 양을 아까워하느냐? 나는 그 예를 사랑한다[女愛其羊 我愛其禮]"라고 하며, 절차를 무시하는 자공을 나무란 것이다.

그렇다면 공자가 추구한 예란 어떤 것이었을까? 그것은 그가 "나는 주나라를 따르겠다[吳從周]"라고 한 것에서 유추해 볼 수 있다. 주나라 예제는 하나라와 은나라 예제를 근간으로 한 것이다. 하와 은은 어떤 나라인가? 하나라 우왕은 치수(治水) 사업을 위해 13년간, 그것도 세 번이나 자기 집 앞을 지나치면서도 아내와 자식을 찾지 않았던 근면한 성군이었으며, 은나라 탕왕은 짐승의 생명조차 소중히 했던 덕성스러운 왕이었다. 공자는 그런 왕이 다스리는 나라를 꿈꾸었기에, 그 나라의 예제를 계승한 주나라를 모범으로 삼았던 것이다.

왕손가는 위나라 권신(權臣)이다. 그는 공자가 극진한 예로 임금을 섬기자, 자리를 탐하여 임금에게 아첨한다고 보고, 힘없는 임금보다 힘 있는 자신에게 아첨하라 조언한 것이다. 그러나 단호하게 '불연(不然)', 즉 그렇지 않다고 공자는 대답했다. 그가 진실로 섬긴 것은 임금도 권신도 아니며 오직 천(天), 즉 백성이기 때문이다. 임금이나 권신의 미움은 피할 수 있지만, 백성에게 미움을 받으면 피할 곳이 없기 때문이라고 공자는 단언한다.

「팔일편」에도 체제(禘祭)를 비롯하여 여러 제례에 대한 이야기가 등장한다. 제사의 대상은 신(神)이며, 신에게 제사지낼 수 있는 권력이 곧 현실의 권력이다. 공자가 사라져 간 제례를 복원하고자 한 것은 현실의 권력을 밝혀서 잃어버린 질서를 복원하기 위한 것이지만, 그 질서의 복원은 궁극적으로 백성의 삶을 위한 것이었다.

황교안 대통령 권한 대행의 과잉의전을 사람들은 '황제의전'이라 부르면 비난한다. 과잉의전이 황교안 본인의 뜻인지, 또는 그 수행자들의 과잉충성에서 비롯된 것인지는 알 수 없다. 어쨌든 사람들이 의전의 부당함을 말하는 것은 그 의전에는 권력의 실제 모습이 담겨 있기 때문이다.

과잉의전, 황제의전에는 무엇이 담겨 있는가? 권력을 바라는 자의 아첨과 그것을 추구하는 자의 탐욕이다. 거기에는 공자의 지적처럼 '백성'이 빠져 있다. 그러나 백성이 없는 권력, 백성에게 미움을 받는 권력이 어떻게 지속될 수 있겠는가? 초유의 박근혜 탄핵사건은 그것을 잘 보여 주었다. 권력을 가진 자가 섬겨야 할 대상은 오직 국민일 뿐이다.

예(禮)란 형식이 어우러진 본성의 발현

임방이 예(禮)의 근본을 묻자, 공자가 말했다. "훌륭하다, 질문이여. 예
는 사치하기보다는 차라리 검소하여야 하고 상(喪)은 형식적으로 잘 다
스려지기보다는 차라리 슬퍼하여야 한다."

林放問 禮之本 子曰 大哉問 禮 與其奢也 寧儉 喪 與其易也 寧戚

　　임방이 예의 근본을 묻는 질문에 대해 왜 공자는 훌륭하다고 답했
을까? 그것은 임방이 예가 형식적인 것에 치우쳐 실속은 없이 겉치레
만 그럴듯하게 꾸미는 당시의 사회 풍토를 보고, 예의 근본에 관해 의
문을 제기했기 때문이다.

　　예란 어떤 상황 속에서 우리의 본성인 사랑이 그 상황에 적합한 형
식과 어우러져 드러나는 것[時中]이다. 길을 가다가 자신이 존경하는
사람을 만났을 때 머리를 꼿꼿이 세우고 성의(誠意) 없이 인사할 사
람은 없을 것이다. 상대를 존중하는 마음이 조금이라도 있다면, 어느
누구를 만난다 하더라도 존중에 상응하는 형식적인 행위가 함께 수
반될 것이다. 물론 이때의 형식은 시대와 지역과 상황과 대상에 따라
전혀 다를 수 있다.

　　반면, 존중하는 마음 없이 어떤 사람에게 외양적인 격식을 갖추어
인사를 한다고 하더라도, 그것은 우리의 본성이 발현된 것이 아니기

에 결코 예(禮)가 될 수 없다. 그래서 공자는 "사람으로서 인(仁)하지 못하면 예를 어떻게 할 수 있겠는가?"라고 말한 것이다.

우리의 본성은 선한 것이기에, 사사로운 생각이나 감정에 휘둘리지만 않는다면 내용과 형식을 조화롭게 갖추어 행위할 수 있다. 자신의 본성을 알지 못하는 상태에서 유학에서 말하는 삼백 가지의 예의(禮儀)와 삼천 가지의 위의(威儀)를 모두 익혀 그것을 실천한다고 하더라도, 그것은 진정한 예가 될 수 없다. 왜냐하면 인간의 본성을 알지 못하는 상태에서의 형식적인 규범과 절차는, 예의 근본인 사랑이 탈락되어 있어 사회적인 과시욕이나 허례허식에 빠질 가능성이 높기 때문이다. 모든 원과 도형을 그리기 위해서는 한 개의 컴퍼스와 자만 있으면 충분하듯이, 사사로운 생각에 휘둘림 없이 본성을 발현한다면, 수백 수천 가지가 되는 형식에 굳이 얽매이지 않아도 상황에 맞게 행위할 수 있을 것이다.

형식이 지나치게 중시되면 그 근본을 잃게 되고, 내용을 지나치게 중시하면 외적인 규범을 소홀히 하게 된다. 예는 형식과 내용이 적절하게 조화를 이루어야 하는 것이지만, 만약 하나를 취해야 한다면, 공자는 내용이 근본을 이루어야 한다고 말한다. 그래서 공자는 예가 형식에 치우쳐 사치하기보다는 차라리 검소해야 함을 강조한 것이다. 이것은 형식이 어느 때보다도 중요한 상(喪)을 치르는 일에서조차도, 형식적인 절차보다는 '슬퍼함'이 근본이 되어야 한다고 말한 것이다.

사랑하는 사람의 죽음이나, 자신에게 아주 가까운 누군가가 세상을 떠났을 때, 정해진 상례의 절차에 따라 '태연하게' 상을 치를 수 있는 사람이 누가 있겠는가? 비록 상례의 절차를 모른다고 하더라도 마땅히 슬픈 일에 슬퍼하는 것은 너무나 당연한 이치인 것이다. 그러므로 상을 치름에서 반드시 필요한 것은 슬퍼함이지 형식적인 절차가 아닌 것이다.

유학에서는 인간의 본성인 사랑이 상황에 적합한 형식으로 드러나게 하기 위해, 성(誠)과 경(敬)으로써 행위할 것을 요구한다. 성(誠)은 사계절의 운행처럼 마음이 진실되어 거짓이 없는 상태를 말한다. 성인(聖人)의 경우에는 어떤 상황에도 참되게 행위할 수 있지만, 평범한 사람의 경우에는 사사로운 생각에 휘둘리면서도 문득문득 그것을 알아차림으로써 순간순간 진실하게 행위를 할 수 있다. 이 양자의 실현은 참됨이 지속적으로 이루어지느냐 문득문득 이루어지느냐의 차이는 있지만 그 순간의 참됨은 서로 같다.

경(敬)은 스스로를 부족하다고 생각하는 인간이 성인처럼 되고자 노력하는 태도이다. 후대 유학자들은 경을 네 가지 관점에서 설명하였다. 첫째, 경은 몸을 단정하게 함으로써 엄숙한 태도를 유지하는 것[整齊嚴肅]이다. 둘째, 밖으로 향하는 마음을 거둬들여 자신을 만나며, 그 밖의 일에는 마음을 두지 않는 일[心收斂不用一物]이다. 셋째, 자신이 하는 일을 매 순간 자각 속에서 하는 것[常惺惺]이다. 넷째, 현재 하고 있는 일에 집중하여, 다른 일이나 결과에 마음을 두지 않는 일[主一無適]이다. 한마디로 말해서, 경은 경건하고 삼가며 조심스러운 마음으로 참됨[誠]을 실천하고자 하는 태도이다.

사실 현대를 살아가는 우리는 성(誠)이니 경(敬)이니 하는 개념에 얽매일 필요가 없다. 명나라의 유학자인 왕양명의 말처럼, 우리가 진실하게 행위하면 그 행위 속에 이미 경이 포함되듯이, 다만 현재 하고 있는 일을 참되게 하는 것이 중요하다.

차를 끓일 때는 오직 차를 끓이고, 운전을 할 때에는 오직 운전만을 하며, 세수를 할 때에는 오직 세수를 한다. 그리고 청소를 할 때에는 오직 청소를 하고, 책을 읽을 때에는 오직 책을 읽으며, 아이와 놀 때에는 오직 노는 일만을 한다. 이처럼 현재 행하고 있는 일을 가장 소중한 일로 여기고 그 일만을 100% 사는 일. 이것이 우리가 참되게 행위하는 방법이다.

우리는 다른 사람에게 사랑을 베풀기 위해 어떤 수행의 단계를 훈련받거나 사랑하는 방법을 익히기 위해 노력을 기울일 필요가 없다. 무슨 일이든 참되게 하면 하늘을 감동시킨다고[至誠感天] 했듯이, 매일 만나는 가족, 친구, 이웃, 선생님, 직장 동료, 꽃, 새, 곤충, 나무, 돌, 책상, 구름 등 어떤 존재에게든 사사로운 생각에 휘둘림 없이 참되게 대한다면, 자신의 주변에는 '형식이 어우러진' 사랑이 가득 피어날 것이다.

4. 「이인(里仁)」

원망이 없는 신문명

 공자가 말했다. "이익에 따라 행동하면 원망이 많다."

子曰 放於利而行 多怨

　미국은 결사코 한국에 사드 배치를 하겠다고 하며, 중국은 결단코 한국에 사드 배치는 안 된다고 맞서고 있다. 한국과 미국이 사드 배치를 서두르자, 중국은 한국의 사드 배치에 대한 보복조치를 취하고 있다. 한국은 보복조치를 취하는 중국을 원망하고, 중국은 사드 배치를 추진하는 한국을 원망한다. 수많은 이해관계로 얽혀 있는 국제관계는 하루도 바람 잘 날이 없다. 서로의 이해관계가 맞으면 그들은 동맹이니 뭐니 하며 헤헤거리지만, 내일이라도 당장 적으로 돌아설 수 있다.

　이익의 추구를 목적으로 하는 기업체는 물론이려니와 국가도 개인도 현대 사회에서는 각자 자신의 이익을 추구한다. 공자가 말했다. "소인은 이익에 밝다[小人 喩於利]." 그러니까 현대 사회에서는 개인도, 기업체도, 국가도 모두 소인이며, 현대 사회는 소인의 사회이다.

현대 사회에서 모든 행위의 주체는 왜 이익을 추구하는 것일까? 자신을 시공간적으로 분리된 개체라고 생각하기 때문이다. 이런 현대적인 관점을 받아들이고 나면, 나에게 있어서 너는 어떤 본래적인 의미도 없는 존재가 된다. 네가 나에게 어떤 의미를 갖게 되는 것은 너의 존재가 나에게 이익이나 손해가 될 경우에 한정된다. 그래서 나와 이해관계가 존재하는 경우에만 나는 너와 관계를 맺게 된다. 그 결과, 현대 사회에는 사랑의 관계가 존재할 수 없다.

각 행위주체가 자신만의 이익을 추구하기 때문에, 자신에게 이익이 된다면 상대편을 해치는 것도 서슴지 않는다. 수백 년 전 노예 사냥꾼들은 아프리카에서 평화롭게 생활하는 젊은 흑인 남녀를 생포해서 미국의 농장주들에게 팔아넘기는 만행을 저질렀다. 유럽에서 미국으로 이주한 사람들은 평화롭게 생활하던 아메리카 원주민들의 땅을 빼앗고 그들을 내쫓았다. 오늘날에도 가난한 노동자들의 임금을 착취하는 수많은 악덕 기업주들이 있다.

현대는 이렇게 이상한 사회다! 상대편에 슬픔을 안기더라도 나의 이익을 취하고자 하는 현대는 슬픈 사회다. 나의 이익만을 취하고자 한다면, 원망이 많을 것이라고 공자는 말했다. 그래서 현대 사회는 온갖 원망으로 들끓는다. 너에게 원망을 안기면서, 내가 행복하고자 한다면, 그것이 가능하겠는가? 현대는 이렇게 불가능한 방법으로 행복을 추구하며, 그래서 너도나도 모두 불행을 떠안는다. 어찌 현대를 이상한 사회라고 말하지 않겠는가!

탈현대인의 행동 배후는 이(利)가 아니라 인(仁)이다. 그래서 현대 사회는 소인의 사회이며, 탈현대 사회는 군자의 사회이다. 탈현대인은 알고 있다. 내가 행복할 수 있는 유일한 방법은 너에게 행복을 선물하는 것이라는 것을…. 창조적인 관계는 사랑의 관계라는 것을….

탈현대 사회에는 다툼이 없고, 원망이 없다. 탈현대인은 행복하다. 사랑해서 행복하고, 사랑받아서 행복하다. 사람은 깊이 사랑받기를 원한다. 그러나 현대인은 깊이 사랑받지 못한다. 왜일까? 현대인에게는 사랑할 수 있는 능력이 없기 때문이다. 우리가 사랑할 수 없으니까, 결국 우리는 사랑받지 못하는 것이다. 그 결과로 현대 사회에는 원망이 넘쳐난다.

현대인은 왜 사랑할 수 없을까? '참나'에 무관심하고, '참나'가 잠들어 있기 때문이다. 진정한 사랑은 '참나'의 활동이다. 그러므로 '참나'가 잠들어 있으면, 우린 사랑할 수 없다. 현대인의 관심은 오로지 외물에만 기울여진다. 그러니까 '참나'는 깨어나 활동할 수 없고, 우린 사랑할 수 없으며, 사랑할 수 없으니까 사랑받을 수 없다. 현대인은 이익을 추구하지만, 결국 현대인이 떠안는 것은 원망과 불행일 따름이다.

탈현대인의 관심은 나와 너 안에 살고 있는 '참나'를 깨어나게 하는 것이고, 우주만물에 편재해 있는 도를 깨닫는 것이다. 그의 '참나'가 깨어나는 순간, 우린 사랑할 수 있는 멋진 존재가 된다. 우리가 사랑할 수 있을 때 우린 사랑받을 수 있다. 탈현대인은 이익을 추구하지 않는다. 그러나 탈현대인은 스스로도 행복하며, 이웃에게 행복을 선물한다. 그래서 탈현대는 이익을 추구하지 않지만, 모든 사람들이 사랑 속에 편안하게 있는 '안인(安仁)'의 사회인 것이다.

행복한 공동체의 지혜

공자가 말했다. "마을의 인심이 인후한 것이 아름다우니, 인심이 좋은
마을을 선택하여 살지 않는다면 어떻게 지혜롭다 하겠는가?"
子曰 里仁爲美 擇不處仁 焉得知

임대아파트에 사는 친구를 '휴먼시아 거지'라고 부르는 초등학생들
이 있다고 한다. '휴먼시아'는 한국주택공사에서 건설한 임대아파트를
포함하는 아파트 브랜드 가운데 하나이다. '휴먼시아'가 못사는 아파
트라는 이미지 때문에 실제로 몇 년 전부터 브랜드의 사용을 중단한
사실을 보면, 철없는 아이들이 친구를 놀리는 말이라고 대수롭지 않
게 생각할 수만은 없을 것 같다.

임대아파트 인근 초등학교 입학식 시즌이 되면, 자기 아이를 가난
한 아이들과 함께 공부하도록 할 수 없다며 전학을 요청하는 학부모
의 방문이 비일비재하다고 한다. 또 임대아파트와 담을 사이에 둔 아
파트 단지의 주민이 임대아파트 아이들이 자기 아파트의 놀이터에서
놀지 못하도록 하라고 관리사무소에 민원을 넣는 일도 익숙한 이야기
다. 이러한 어른들의 행동은 아이들이 친구를 '휴먼시아 거지'라고 놀
리도록 만들었을 것이다. 아이들이 우정과 친구에 대한 사랑을 배우
기 전에 가난한 친구와 부자 친구를 구별하도록 가르친 어른들을 어

떻게 지혜롭다고 할 수 있겠는가?

사랑이 결여된 사례는 기업사회에서도 쉽게 발견할 수 있다. 바로 조직 내 서비스 암행감찰을 시행하는 것이다. 조직원들이 친절하게 사람들을 맞이하는지, 전화 응대를 공손하게 하는지, 행정 서비스를 원활히 하는지 등을 암행감찰하는 것이다. 암행감찰 기간 동안에 조직원들은 누가 암행감찰자인지 모르기 때문에 순간순간을 감시당하는 기분으로 긴장할 수밖에 없다.

이런 암행감찰을 처음 경험하는 신입사원은 감찰 기간이 시작되면 모든 사람이 암행감찰자처럼 느껴져 사무실에 사람이 들어오는 누구든 처음엔 의심부터 할지도 모른다. 또 암행감찰 기간 중에는 전 조직 구성원이 자기가 타깃이 될까 봐 전전긍긍하는 시간을 보내야 할지도 모른다. 조직의 효율성을 높이고 배려와 친절이 피어나는 곳으로 만들기 위한 방법으로 실수와 불친절을 벌점이나 처벌로 통제하는 조직의 리더를 과연 지혜롭다고 할 수 있겠는가?

현대 사회는 인류의 역사상 '행복'에 대해서 가장 관심을 많이 가지는 사회라고 해도 과언이 아니다. 그만큼 현대인들이 불행하기 때문일 것이다. 한 가지 아이러니한 사실은 현대인이 맹렬하게 '행복'을 원하지만 그것에 다가갈 수 없는 방법으로 '행복'을 추구한다는 점이다. 현대인은 성공, 부, 명예, 지위, 학벌 등을 통해서 '행복'에 도달하려고 한다. 그러한 질주의 과정에서 공동체는 뒷전으로 밀리고 자연스럽게 모든 관계는 파괴된다. 모든 것을 걸고 질주하는 동안 자기 자신을 잃어버리게 되고, 어렵사리 성공, 부, 명예, 지위, 학벌 등을 손에 넣는다고 하더라도 그것들은 행복한 삶을 선사해 주지 않는다. 현대 사회에서는 최고의 성공, 부, 명예, 지위, 학벌 등을 손에 넣자마자 불행으로 추락한 사람을 발견하기가 쉽다. 왜냐하면 현대인들이 '행복의 문'이라고 생각하는 것들은 '사랑의 희생'을 담보로 하기 때문이다.

공자는 행복한 공동체의 지혜로 인(仁)을 말하고 있다. '인(仁)한 마을을 선택하여 살지 않는다면 어떻게 지혜롭다 하겠는가?'라고 한 뜻은 행복을 이루는 지혜는 바로 인(仁)이라는 것을 역설적으로 강조한 것이다. 여기서 '마을'이란 공동체의 대명사이다. 가족에서부터 출발하여 이웃, 기업, 국가 등의 모든 공동체가 행복해지는 지혜는 인(仁), 바로 모든 것을 널리 평등하게 사랑하는 것이다.

안인(安仁)과 이인(利仁)

공자가 말했다. "인하지 못한 사람은 오랫동안 곤궁한 데 처할 수 없으며, 장기간 즐거움에도 처할 수 없다. 인자는 인을 편안히 여기고 지자는 인을 이롭게 여긴다.

子曰 不仁者 不可以久處約 不可以長處樂 仁者 安仁 知者 利仁

약(約)은 곤궁함을 말한다. 인하지 못한 사람은 오랫동안 곤궁하면 반드시 넘치고[久約必濫], 오랫동안 즐거우면 반드시 빠지게 된다[久樂必淫]. 넘친다는 것은 하지 말아야 할 금도(禁道)를 넘는 것이며, 빠진다는 것은 중독이 되어 벗어날 수 없다는 뜻이다. 반면에 인한 사람은 마음에 안과 밖이 없어[心無內外] 곤궁과 즐거움을 둘로 여기지 않아 어느 것이든 편안하게 여긴다.

수영을 처음 배우는 사람은 몸을 물에 뜨게 하려고 몸에 잔뜩 힘을 주고 버둥거리지만 그럴수록 오히려 몸이 물에 가라앉는다. 그러나 마침내 수영을 배우고 나면 몸에 힘을 뺄 수 있어 물과 하나가 되어 흘러갈 수 있다. 이처럼 물과 하나가 되어 편안하게 흘러가게 되면 수영을 하는 것이 걷는 것과 같아진다.

위의 인용문에서 우리가 관심을 가져야 하는 것은 지자(知者)가 인을 이롭게 여긴다는 구절이다. 유가에서는 인의(仁義)와 이익(利益)을 상반되는 것으로 가르친다. 공자는 "군자는 의에 밝고 소인은 이익에 밝다"[君子 喩於義 小人 喩於利]라고 말한 바 있다. 의(義)란 주자의 해석과 같이 천리의 마땅함[天理之所宜]이고, 이(利)란 인정이 하고자 하는 바[人情之所欲]이다. 이익을 추구하는 것이 인정이 하고자 하는 바이기 때문에 그것을 나쁜 것이라고 하기는 어렵다. 그럼에도 유가의 수양론은 어떻게 하면 이익을 버리고 인의를 추구하느냐에 집중되어 있다.

그러나 이익은 인간의 본능적 욕구이다. 소인은 자신의 욕망에 따라 이익의 눈으로 세상을 보는 사람이다. 그러한 소인 중에서 지자(知者)는 부귀(富貴)의 이익보다는 공명(功名)의 이익을, 공명의 이익보다는 인의(仁義)의 이익을 아는 사람이다. 반면 인자의 세계는 인의의 세계이다. 이 세계에서는 이익도 인의의 안목으로 바라보는 대상일 뿐이다.

몇 년 전 아까운 나이에 세상을 떠났지만 『논어』의 이 구절에 반한 친구가 한 사람 있었다. 그는 안인(安仁)의 세계는 보통 사람이 도달하기 불가능한 경지라고 생각하여, 우리와 같은 보통 사람은 이인(利仁)의 경지에 만족해야 한다고 생각하였다. 그리고 교육의 목적 역시 안인보다는 이인을 목표로 삼아야 한다고 주장하였다. 이인이란 어떤 것이 이익인지 따져 보면 누구든지 잘 알 수 있는 것이기에, 분석하고 비교하는 것을 잘하는 현대 교육과도 잘 맞는다고 생각하였던 것이다.

그러나 이 구절에 대한 사씨의 주석에서 "안인은 하나요, 이인은 둘이다[安仁則一 利仁則二]"라고 하였듯이, 이인을 통해서는 결코 자신과 대상이 둘이 아니라는 것을 이해할 수 없다. 어떤 것이 이익인지 따져 보는 것으로는 결코 인을 이해할 수 없다는 뜻이다. 앞의 수영 비유를 다시 들자면 이인으로는 결코 물과 하나가 될 수 없어 발로

땅 위를 걷는 것과 같이 헤엄칠 수 없다. 또 다른 비유를 들면 이인은 마치 다시 바다로 돌아가기를 원하는 파도와 같다. 자신이 바다와 분리되어 있다는 생각이 다시 바다와 하나가 되고 싶다는 갈망을 만들어 낸다. 하지만 그러한 갈망으로는 결코 바다와 하나가 될 수 없다. 오히려 바다와 하나가 되겠다는 갈망을 멈추었을 때, 비로소 자신이 한 번도 바다와 분리된 적이 없다는 것을 깨달을 수 있는 것이다.

우리는 언제나 전체에서 분리된 적이 없다. 단지 분리되어 있다는 꿈을 꾸고 있을 뿐이다. 분리 독립된 개체라는 꿈속에서 우리는 자유의지를 가지고 부귀와 명예 대신 인의를 선택할 수 있다. 제프 포스터는 『경이로운 부재』에서 이를 다음과 같이 묘사하고 있다.

> 스스로 선택한다는 이야기, 자신이 분리되고 고정불변한 개인이라는 이야기, 자신을 중심으로 자신의 삶이 돌아가고 있다는 이야기, 자신이 모든 일을 하고 있다는 이야기, 자신이 이 모든 일을 하고 있다는 이야기가 떨어져 나가면, 당신은 이런 것들이 어떻게 존재하게 되었는지 진실로 알 길이 없습니다. 선택권이라는 것이 떨어져 나가면, 자신이 어떻게 여기에 있게 되었는지 알 길이 없습니다. 어떻게 이런 일이 벌어졌는지 알 수가 없습니다.

이야기가 떨어져 나간다는 것은 꿈에서 깨어나는 것과 같다. 꿈에서 깨면 '나'는 더 이상 존재하지 않는다. 그냥 삶이 살아지고 있을 뿐이다. 이것이 안인(安仁)의 세계이다.

자리에 연연하지 말라

공자가 말했다. "자리가 없음을 걱정하지 말고 자리에 맞을 것을 걱정하며, 자신을 알아주는 이가 없음을 걱정하지 말고 알려질 만하기를 구해야 한다."

孔子曰 不患無位 患所以立 不患莫己知 求爲可知也

실학의 집대성자, 다산 정약용이 긴 유배생활을 보내야 했던 강진의 다산초당에는 유명한 '사경(四景)'이 있다. 해배(解配)를 앞두고 자신의 삶의 흔적을 남기고자 새겨 둔 글자인 정석(丁石), 맑은 약수가 흘러나왔다는 약천(藥泉), 그 위에서 찻잎을 말리고 직접 차를 끓였다는, '차를 끓이는 부뚜막'이라는 뜻의 다조(茶竈), 네모난 연못을 파고 중앙에 바닷가에서 가져온 돌로 봉을 쌓아 만든 연못, 연지석가산(蓮池石假山)이 그것이다.

다산초당 입구에 다산기념관이 건립되고, 초가였던 지붕이 기와로 단장을 한 지금, 산허리 한 자락에 위치한 초당은 여전히 초라하기 짝이 없다. 아마 그 옛날, 다산이 기거했을 때에는 유배자가 겨우 그 한 몸을 쉴 수 있는 황량한 곳이었을 것이다. 그러나 다산은 이곳에 사경을 만들고 안분(安分)하였다.

사경이라 하여도 다조는 거저 평평한 돌일 뿐이고, 연못으로 떨어지는 물줄기는 비류폭포라는 거창한 이름에는 어울리지 않는다. 조선 시대 정원 양식을 대표하는 석가산을 흉내 낸 연못 또한 우리 눈에는 한줌 돌무덤으로 보일 뿐, 석가산이라 이름 붙이기에는 너무나 볼품이 없다. 그래도 다산은 즐거이 돌을 날랐을 것이다.

모든 것을 잃고 유폐된 이 후미진 산기슭에서 다산은 어떻게 세상에 나갈 용기를 냈을까? 어떻게 사경을 만들고, 약초를 재배하며, 희망을 품을 수 있었을까? 제자들이 자라기는 했지만, 어떻게 일문이 몰락하는 슬픔을 견디며, 남편으로서, 또는 아버지로서 자신을 지킬 수 있었을까?

"자리를 잃었다고 한탄하지 말고 그 자리가 주어졌을 때 감당하지 못할까 근심하며, 남이 알아주지 않는 것을 한탄하지 말고 남을 감복하게 할 인간이 되자." 어쩌면 다산은 스스로에게 그렇게 되뇌지 않았을까? 18세기, 암울한 정치 현실 속에서 수많은 지식인들이 좌절을 거듭할 때, 그가 스스로를 포기하지 않을 수 있었던 것은 세상을 원망하지 않고, 오직 '세상을 향해 말할 수 있는 자신'이 되기 위해 끊임없이 자신을 독려했기 때문이 아닐까? 그리고 그처럼 자신을 독려할 수 있었던 것은 그가 만난 가난하다 못해 비참한 백성, 그 백성들에 대한 사랑이 아니었을까? 지금도 초당을 방문하는 자들에게 당시를 회고하게 하는 '사경'은 그가 얼마나 필사적으로 자신과 싸웠는가를 말해 주는 듯하다.

순조 34년, 다산은 비록 위독한 순조를 치료하기 위한 것이라고는 하나, 73살의 나이로 왕의 부름을 받는다. 아마 그는 이것이 자신의 정치적 소견을 피력할 절호의 기회라 여기고 여행길에 올랐을 것이다. 그러나 서울에 채 당도하기도 전에 다산은 왕의 부음을 듣는다. 독대의 기회는 사라지고, 이제 그의 정치적 이상이 영원히 이루어질 수 없는 꿈이 되었음을 그 또한 깨달았을 것이다. 그럼에도 그는 이 시기 『상서고훈』의 개수(改修) 작업을 멈추지 않았다. 『상서』는 훌륭한 임금과 그의 치적을 기록한 정치서이다. 그는 절망 속에서도 결코 희망을 버리지 않았던 것이다. 아니, 설령 희망이 없다 하더라도 그는 조선을 위해 자신이 할 수 있는 일을, 그것이 무엇이든 하고자 했을 것이다. 그가 원한 것은 결코 '자리'가 아니었기 때문이다.

21세기인 지금도 정치가들은 때때로 은퇴를 선언하고 낙향한다. 그러나 그 낙향을 마지막까지 지킨 사람은 거의 없다. 기회만 주어지면, 그들은 그것이 어떤 기회든 그 기회를 핑계로 화려하게 정계로 복귀하고자 한다. 물론, 그들은 그것이 국민들의 열망에 부응하기 위함이며, 더 좋은 사회를 만들기 위한 것이라고 말한다. 과연 열망한 국민은 누구이며, 그들은 이 사회를 위해 무엇을 했는가?

2017년 5월 9일, 19대 대통령 선거를 앞두고, 국민들의 뇌리에서 잊힌 정치가들이 속속 등장했다. 그들에게 나라의 위기는 오직 자신의 복귀를 위한 기회에 불과했을 것이다. 국민의 고통을 말하는 그들에게 국민이 분노하는 것은 그들의 '탐욕'을 알기 때문이다. 그들은 자신에게 어울리지 않는 '자리'를 탐하며, 국민이 자신을 알아주지 않는다고 개탄한다. "자리를 탐내기 전에 자리에 맞는 인간이 돼라. 남이 알아주기를 바라지 말고, 남이 알아줄 만한 인간이 돼라." 그들에게 하고 싶은 말이다.

하나로 꿰뚫는 사랑

공자가 말했다. "삼아! 나의 도(道)는 한 가지 이치가 만 가지 일을 꿰뚫고 있다." 증자가 "예!" 하고 대답했다. 공자가 나가자, 문인들이 "무슨 말씀입니까?" 하고 물으니, 증자가 대답했다. "선생님의 도는 충서일 뿐입니다."

子曰 參乎 吾道一以貫之 曾子曰 唯 子出 門人問曰 何謂也 曾子曰 夫子之道 忠恕而已矣

공자가 말하는 '한 가지 이치'는 인(仁)이다. 인은 불교의 불성(佛性), 기독교의 사랑과 같이 인간의 선한 본성을 일컫는 말이다. 인이 '만 가지 일을 꿰뚫고 있다'는 말은, 모든 일을 할 때 사랑[仁]으로 행해야 함을 말하는 것이다. 우리 모두는 배우는 사람으로 태어나, 배우는 사람으로 살다가, 배우는 사람으로 생을 마감한다. 그러므로 우리가 태어나 해야 할 일은 진정한 사랑이 무엇인지를 아는 일이고, 죽을 때까지 해야 할 일은 사랑을 실천하는 일이다.

공자는 "인을 실천하는 것을 스승에게도 사양하지 않았다"고 할 만큼 인의 실천을 자신의 소임(所任)으로 여겼다. 그리고 "배우는 사람은 밥을 먹는 동안에도 인을 떠나지 않고, 급하고 구차한 때에도 반드시 인을 하며, 위급한 상황에도 반드시 인을 한다"라고 하며, 제자들에게 인을 잠시도 떠나서는 안 된다고 말했다. 왜냐하면 인을 체득해야지만 자신의 본성인 무조건적인 사랑을 실천할 수 있기 때문이다. 물론 인을 실천하는 이유는 '널리 다른 존재에게 은혜를 베풀고, 고통 속에 빠져 있는 사람들을 구제하는[博施濟衆]' 성인(聖人)으로서의 삶을 살기 위한 것이다.

증자[參]는 문인들에게 공자의 도를 '충서(忠恕)'라고 말한다. 마음은 안과 밖이 없음에도 불구하고, 증자가 마음을 안과 밖으로 나누어 설명하는 것은 개체 의식에 휘둘리는 문인들의 이해를 돕기 위한 것이다.

자기 자신이 무엇을 생각하는지, 상대방을 대할 때 진심으로 대하는지, 남이 보지 않는 곳에서 정성껏 인을 실천하는지, 그리고 자기에게 생겨나는 생각이나 감정이 망상(妄相)임을 알고 손님 대하듯이 하는지, 조그마한 실수나 잘못으로 인해 생겨나는 자괴감과 수치심을 회피하지 않고 따뜻한 사랑으로 맞이하고 보내는지 등 다른 사람이 알지 못하는 어떠한 상황이라도 자기 자신은 낱낱이 알고 있다. 그러므로 자신에게 충실한 것, 그리고 자신을 있는 그대로 솔직하게 만나는 것, 이것이 충(忠)이다.

서(恕)는 자기의 마음을 미루어 다른 사람의 마음을 헤아리는 것이다. 상대방의 심리 상태나 상황이 어떤지를 알려면 자신이 상대방의 입장에서 생각해 보면 상대방이 현재 어떤 기분인지, 무엇이 절실히 필요한지 등을 쉽게 알 수 있다. 공자의 "자기가 하기 싫어하는 일을 다른 사람에게 시키지 말라[己所不欲 勿施於人]"는 말과, "자기가 서고자 하면 다른 사람을 서게 하고, 자기가 통달하고자 하면 다른 사람을 통달하게 한다[己欲立而立人 己欲達而達人]"라는 말은 서(恕)를 가장 잘 표현한 말이다.

　우리는 주변에서 자기가 하기 싫은 일을 다른 사람에게 시키거나, 좋은 환경을 만들기 위해서 꼭 필요한 일이라며 다른 사람에게 그 일을 하도록 강요하는 경우를 종종 볼 수 있다. 만약 그것이 정말로 좋은 일이라면, 먼저 자기가 하면 된다. 만약 그 일이 상대방에게 꼭 필요한 일이라고 느낀다면, 따뜻한 말과 부드러운 행동으로 권유할 수 있다. 그러나 그 일을 하고 하지 않고의 결정은 온전히 상대방에게 맡겨야 한다. 왜냐하면 아무리 그 일이 상대방에게 꼭 필요한 자유를 얻는 일이라고 할지라도, 그것을 선택하느냐 선택하지 않느냐를 스스로 결정할 수 있도록 허용하는 것이 상대방에게 진정한 자유를 보장해 주는 일이기 때문이다. 우리 중에 과연 누가 다른 사람에게 강요당하는 일을 하고 싶어 하거나 좋아할 사람이 있겠는가? 만약 우리가 상대방을 진정으로 자신처럼 여긴다면, 공자가 말한 '한 가지 이치가 만 가지 일을 꿰뚫는' 도(道)를 어느 곳에서든 실천할 수 있을 것이다.

　정명도(程明道)는 「식인편(識仁篇)」에서, '의서(醫書)에 손발이 마비된 것을 인하지 않은 것[不仁]'이라는 말이 인을 가장 잘 형용한 것이라고 하며, "인자(仁者)는 모든 존재를 자신과 한 몸으로 여긴다"고 말했다. 손발이 마비되면 자신의 일부인 손발을 자신과 분리된 것으로 느끼듯이, 주변의 어떤 존재라도 자신과 분리되거나 차별되는 객체로 여긴다면 자신의 본성이 발현되는 상태가 아니라는 것이다. 그러면서 그는, 대립을 사라지게 하는 방법은 '자신을 반성하여 참되게[誠] 하는 것'이라고 말한다.

　우리가 참되어 다른 존재와의 대립이 사라지면, 우리의 본성인 사랑이 흘러나오는데, 이때의 사랑은 그 무엇보다 강력하다. 이 사랑으로 자신을 대하면 자신의 열등감과 우월감이 사라지고, 이 사랑으로 상대방을 대하면 상대방의 날카로운 태도와 혼란스러운 감정은 부드러움과 평화로움으로 바뀐다. 이것이 나와 나 아닌 것의 차별이 사라진 우리의 본래 모습인 '사랑'이다.

우리는 공자의 탄식을 풀어 줄 수 있는 사람이 되어야 한다. "하루라도 그 힘을 사랑[仁]하는 데 쓴 사람이 있는가? 나는 사랑을 실천하기에 힘이 부족한 사람을 아직 보지 못했다. 아마도 그런 사람이 있을 터인데 나는 아직 그런 사람을 만나지 못했다."

5. 「공야장(公冶長)」

| 탈현대 문명 |

존경심의 반석 위에 세워지는 탈현대 문명

> 공자가 말했다. "안평중은 남과 사귀기를 잘하는구나! 오래되어도 공경하니."
>
> 子曰 晏平仲善與人交 久而敬之

　무례함이라는 전염병이 지구촌을 휩쓸고 있다. 강한 나라인 중국은 더 강한 나라인 미국에게는 한마디도 못하면서, 약한 나라인 한국에게는 온갖 무례한 행동을 자행하고 있다. 최순실의 어린 딸은 목욕탕에서 때를 미는 아주머니의 뺨을 때렸다고 한다. 사랑해서 결혼한 부부관계에서조차도 서로를 무시하고 함부로 대하는 경우가 많다. 그래서 싸우고 이혼하는 부부들이 많다.

　현대인의 무례함의 정점은 자신에 대한 무례함이다. 현대인은 자신을 존경하고 사랑하지 않는다. 심지어는 자신에 대한 관심조차도 없다. 현대인은 '나는 지금 잘 지내고 있나?'라고 묻지 않는다. 자신을 힘겨운 상황에 몰아넣는 것이 다반사이다.

현대인이 할 수 없는 것은 무엇일까? 존경과 존중이다. 학생은 선생님을 존경할 수 없고, 선생님은 학생을 존중할 수 없다. 자녀는 부모를 존경할 수 없고, 부모는 자녀를 존중할 수 없다. 남편은 아내를 존경할 수 없고, 아내는 남편을 존경할 수 없다. 아파트 주민은 경비원을 존경할 수 없고, 경비원은 주민을 존경할 수 없다. 고객은 상인을 존경할 수 없고, 상인은 고객을 존경할 수 없다. 대통령은 국민을 존경할 수 없고, 국민은 대통령을 존경할 수 없다.

그 결과, 이 세상에는 고통이 넘친다. A와 B가 서로를 존경할 수 없을 때 누가 행복을 얻을까? 아무도 행복을 얻을 수 없으며, 양측 모두가 떠안는 것은 고통뿐이다. 그럼에도 왜 현대인은 상대편을 존경할 수 없을까? 그 근본적인 이유는 '네가 너무 하찮은 존재'이기 때문이다.

현대인은 왜 '나는 너에게' 또는 '너는 나에게' 하찮은 존재라고 생각할 수밖에 없는 것일까? 왜 이런 기이한 관념에 얽매여서 서로 고통을 주고받는 것일까? 그것은 현대인의 뇌리를 지배하고 있는 현대 세계관의 영향 때문이다. 현대 세계관의 핵심은 '모든 존재는 자신을 둘러싸고 있는 시공간으로부터 분리된 개체'라는 생각이다. 그래서 모든 존재는 바다 위에 무수히 생겨났다가 사라지는 물거품과 같이 허망하고 하찮은 존재인 것이다. 현대 세계관의 관점에서 보면, 나도 너도 이런 허망하고 하찮은 존재에 불과하다. 그러므로 현대인은 너를 존경할 수 없으며, 나 스스로도 존경할 수 없는 것이다.

공자는 말했다. "안평중은 남과 사귀기를 잘하는구나! 오래되어도 공경하니." 안평중은 오랜 벗을 공경할 수 있었다. 어떻게 공경할 수 있었을까? 그것은 탈현대 세계관의 관점에서 벗을 바라보았기 때문이다. 탈현대 세계관의 핵심은 '모든 존재는 아무리 미물이라고 하더라도 영원한 시간과 무한한 공간을 자신 안에 품고 있는 위대한 존재'라고 하는 생각이다. 그러므로 탈현대 세계관의 관점에서 보았을 때, 우주 안에 하찮은 존재는 없다. 그러므로 내가 너를 바라보는 정상적인 시선은 '존경'인 것이다.

만일 내가 너를 존경할 수 있다면, 네가 나를 존경할 수 있다면, 이 세상에는 어떤 일이 일어날까? 우리 모두는 상대편과 창조적인 관계를 맺게 되고, 세상은 사랑과 행복이 넘쳐날 것이다. 그렇다면 왜 우리는 군이 현대 세계관에 빠져서 서로가 서로에게 고통을 주는 지옥과 같은 세상을 살아가고 있는 것일까?

그 이유는 현대인은 현대 세계관을 '현대의 세계관'이라고 생각하지 않고, 유일한 '세계관'이라고 착각하기 때문이다. 일례로 현대인은 자신이 죽고 나면 무(無, nothing)가 된다는 하나의 해석을 '하나의 해석'이라고 생각하지 않고, '죽음에 대한 사실'이라고 생각한다. 그러나 이것은 명백한 착오이다. 신앙심이 돈독했던 서구의 중세인들은 현세보다 죽음 이후의 내세를 더 중요하게 생각했다.

현대 세계관이 현대인의 의식을 지배하는 '하나의 세계관'이라는 점은 증명이 가능하다. 전현대 사회에서는 불교 세계관, 유교 세계관, 기독교 세계관 등과 같은 전현대 세계관이 역사적으로 분명히 존재했다. 즉, 세계관은 결코 상수가 아니고 변수인 것이다. 이런 관점에서 보면, 현대 세계관에 대해서 우린 어떤 평가를 내릴 수 있을까? 전현대 말이자 현대 초의 문명 전환기를 맞아서, 전현대 세계관은 시대에 뒤떨어진 그래서 폐기해야만 할 세계관으로 전락했다. 마찬가지로, 현대 말이자 탈현대 초의 문명 대전환기를 맞이하고 있는 현시점에서 볼 때, 현대 세계관은 시대에 뒤떨어진 그래서 폐기해야만 할 세계관으로 전락했다.

현대 세계관이라는 낡은 안경을 벗어 버릴 수 있느냐 없느냐가 우리 문명이 놀라운 비약을 이루느냐 멸망하느냐의 관건이 될 것이다. 서로를 깊이 존경하는 가운데 개인과 개인 간, 집단과 집단 간, 인간과 자연 간에 화목하게 살아가는 멋진 신문명으로 나아갈 것인가, 아니면 서로에게 무례하게 대하며 문명의 대파국에 이르게 될 것인가를 결정지을 것이다.

나와의 만남

> 공자가 말했다. "어쩔 수 없구나! 나는 아직 자신의 허물을 보고서 내심
> (內心)으로 자책하는 자를 보지 못했다."
> 子曰 已矣乎 吾未見能見其過而內自訟者也

공자는 인간에 대한 깊은 애정과 믿음을 가진 사상가였다. 그가 교육을 통해서 혼란한 세상을 바로잡을 수 있다고 생각했던 것과 평생 제자를 가르치는 일을 게을리하지 않은 것이 그런 이유일 것이다. 그런 그가 인간에 대한 희망을 포기하고 "어쩔 수 없구나!"라고 탄식했다. 인간의 어떤 면이 공자를 그렇게 절망하게 만들었던 것일까? 공자는 자신의 잘못을 스스로 내면 깊이 통찰하는 사람을 보지 못했다고, 세상이 끝난 것처럼 한탄했다.

공자의 탄식은 자신의 허물을 보면 안으로 깊이 성찰해야만 한다는 메시지를 전달하기 위한 것이다. 자신의 허물을 보면 안으로 깊이 성찰한다는 것은 '나와의 만남'을 이루는 것을 말한다. 우리가 어떤 방법으로 나와 만나야 할까?

첫째, 자신의 허물에 대해서는 엄격하게 따지라고 한다. 우리는 살면서 자주 자신의 허물과 직면한다. 삶에서 자신의 허물과 만났을 때, 공자가 스스로에게 엄격해야 한다고 말한 이유는 무엇일까? 아마

대부분의 사람이 자신의 허물에는 관용적으로 대처하기 때문이다. 심지어 스스로 허물이라는 것을 알면서도 인정하지 않고 그렇게밖에 할 수 없었음을 합리화하려고 하기도 한다. 그런가 하면, 남의 허물에 대해서는 엄격하고 작은 허물이라도 발견하면 비난할 기회를 놓칠까 안절부절못하기도 한다.

공자가 그토록 만나고 싶었던 '안으로 자신과 소송하는 자[內自訟者]'란 자신의 허물을 눈감아 주지 않고 소송하듯이 바로잡고자 하는 사람이다. 공자는 자신의 허물에 대해 그렇게 엄격해야 그 허물로부터 벗어날 수 있다는 것을 말하고 싶었던 것이다. 또한 그렇게 엄격하려면 나와 만나지 않고는 불가능하다는 것도 강조하는 것이 아닐까?

둘째, 자신의 내면과 진실로 만나라고 한다. 우리는 세상의 눈을 다 속일 수는 있어도 자신의 마음을 속일 수는 없다. 그럼에도 불구하고 현대인은 자신의 내면과 만나는 일에 소홀하다. 현대의 삶이란 늘 바쁘고 숨 가쁘다. 그런 일상에 젖어 있다 보면, 현대인은 자신의 내면으로 시선을 돌릴 겨를이 없다. 그저 다른 사람들이 달리고 있는 방향으로 함께 열심히 달리기만 한다.

달리는 방향이 어디로 가고 있는 것인지 질문할 틈도 없이 달리고 달리다가 멈추는 순간 아까운 인생을 허비했다는 것을 알게 된다. 더 놀라운 사실은 다수의 현대인은 달리기만 하다가 한번 멈춰 서 보지 못하고, 인생을 허비했다는 것마저 알지 못하고 삶을 마친다. 자신의 내면과 진실로 만나는 순간, 내가 달리는 이유도 찾을 수 있고 달리는 방향이 맞는지도 알 수 있지 않을까?

셋째, 자신의 삶에 깊이 관심을 가지는 유가사상의 수기(修己)를 의미한다. 수기(修己)란 내 몸과 마음을 닦는 것, 즉 스스로 수양하는 것이다. 자신의 몸과 마음을 갈고닦아서 더 나은 삶의 경지로 끌어올리는 것이다. 자신의 삶을 따뜻한 시선으로 지켜보고 자신을 잘 돌보는 것이다.

현대인은 삶의 겉모습을 가꾸고 꾸미는 일에 에너지를 많이 쏟고 있다. 그럴싸한 겉모습으로 자신을 포장하기 위해서 모든 것을 희생하기도 한다. 건강을 잃을 정도로 일하기도 하고, 학업 스트레스 때문에 자신을 해치기도 하며, 타인들의 시선을 사로잡는 몸매를 위해서 평생 다이어트를 하기도 한다.

얼핏 보면 현대인은 자신을 참 열심히 돌보는 것처럼 보인다. 그러나 현대인이 관심을 가지는 겉모습은 가꾸고 꾸밀수록 자신을 잃게 한다. 왜냐하면 현대인의 자신에 대한 관심은 자신을 진정으로 사랑하는 것이 아니기 때문이다. 진정 자신을 사랑한다면 다른 사람들의 눈을 채우기 위한 외면에 관심을 기울이기보다는 자기 내면의 소리에 귀 기울여야 하지 않을까?

너무 애쓰지 말라

자공이 말했다. "저는 남이 나에게 가하기를 원하지 않는 일을 남에게 가하지 않으려고 합니다." 공자가 말했다. "사야, 그것은 네가 미칠 바가 아니다."

子貢曰 我不欲人之加諸我也 吾亦欲無加諸人 子曰 賜也 非爾所及也

자공은 매우 열성적인 제자였다. 머리도 좋았다. 공자는 여러 차례 자공을 칭찬하고 함께 시와 예를 논할 수 있겠다고 하였다. 그런 자공이 남이 나에게 가하기를 원치 않는 것을 남에게 가하지 않겠다고 하자 공자는 말했다. "그것은 네가 할 수 있는 일이 아니다." 이 말은 두 번째로 자공의 열성을 꺾는 말이었다. 그전에 공자는 자공을 불러 자신을 안회와 비교하라고 하였다. 자공은 자신을 하나를 들으면 둘을 아는[聞一知二] 정도이지만 안회는 하나를 들으면 열을 아는[聞一知十] 경지라 감히 비교할 수 없다고 하였다. 자공의 대답에 공자는 고개를 끄덕이며 나와 너는 안회만 못하다고 하였다. 자공은 이러한 스승의 지적이 스스로 자신의 능력만 믿고 너무 앞서 나가는 것을 막으려는 교육적 처사라고 인정하였다. 그런데 이번에 공자가 한 말은 자공을 좌절시키기에 충분했다. 공자는 자공을 사랑하지 않았던 것은 아닐까?

공자는 자공을 사랑했다. 이 말은 자공을 좌절시키려는 것이 아니라 좌절로부터 구하기 위한 말이었다. "너무 애쓰지 마라." 이것이 공자가 자공에게 해 주고 싶은 말이었다. 살면서 우리가 할 수 있는 일이 있고 할 수 없는 일이 있다. 그럼에도 우리는 대부분 우리가 할 수 있는 일이라고 생각하고 살아간다. 그러면서 많은 시련과 좌절을 겪는다. 그러나 공자는 그것이 부질없는 일임을 깨달았다. 공자는 내가 살아가는 것이 아니라 삶이 나를 살아가는 것임을 깨달았던 것이다.

물론 살아가면서 내가 노력해야 할 일도 있다. 아침에 출근하다가 가스 불을 끄지 않고 왔다는 것을 알아차리는 순간 얼른 버스에서 내려 택시를 타고 집으로 돌아가 가스 불을 꺼야 한다. 그렇지만 내가 출근한 사이에 집에 도둑이 든 것은 내가 어쩔 수 없는 일이다. 이런 일은 내가 애써서 될 일이 아니다. 그것은 삶에 맡겨야 한다.

내가 걸어가는 것이 아니라 삶이 걸어가는 것이다. 삶에게 모든 것을 내어 맡기는 것은 물론 나의 에고이다. 내어 맡기는 것이 많을수록 에고는 작아진다. 에고가 점점 작아져 그 '기능'만 남았을 때 우리는 그 사람을 성인이라고 부른다. 그 기능이란 최소한의 생명을 유지하기 위한 노력을 말한다. 아디야 산티는 삶에 내어 맡기는 것을 운전석에서 내리는 일이라고 하였다.

여러분이 운전석에서 내리기만 하면 삶이 저 혼자서도 자신을 운전해 갈 수 있다는 것을 알게 되고, 또 삶은 언제나 스스로 운전해 가고 있음을 깨닫게 된다. 여러분이 운전석에서 내리면 삶은 훨씬 더 쉽게 자신을 운전해 갈 수 있다.

자신이 할 수 있는 일은 아무것도 없다는 앎이야말로 우리가 얻을 수 있는 가장 중요한 깨달음이라고 할 수 있다. 아마도 모두가 내려놓으려고, 내맡기려고 애써 본 경험이 있을 것이다. 하지만 애씀과 내맡김은 서로 배타적인 개념이다. 애쓰고 있는 한 내려놓을 수 없는 법이다. 그 무언가를 없애려고 애씀으로써 여러분은 무의식적으로 거기에 현실성을 보태 주는 셈이다.

우리가 자신과 세상에 대해 가지는 모든 관념들은 결국 있는 그대로의 사물에 대한 저항일 뿐이다. 우리가 에고라 부르는 것은 그저 우리 마음이 있는 그대로의 삶에 저항하는 데에 쓰고 있는 장치에 지나지 않는다. 그런 관점에서 에고는 존재하는 것에 대한 저항이다. 실재를 보는 눈이 열리면서 우리는 삶의 의미를 발견하려는 에고의 욕망으로부터 자유롭게 된다. 삶으로부터 분리된 사람만이 의미를 찾아 헤맨다. 삶에서 분리된 사람만이 목표를 찾아다닌다. 삶의 의미나 존재의 목표를 찾으려는 열망은 궁극적으로 꿈꾸는 상태, 즉 내가 누구인지에 대한 진정한 앎도 없고 자신의 진정한 본성을 알지 못하는 상태로부터 비롯된다.

젊은이들이 그리워하는 통치자

공자가 말했다. "늙은이는 편안하게 하고, 벗들은 서로 믿도록 하며, 젊은이는 품어 주도록 하겠다."
子曰 老者安之 朋友信之 少者懷之

지하철 3호선 안국역 4번 출구로 나와 5분 정도 걸으면 운현궁이 있다. 조선 26대 왕인 고종이 즉위하기 전에 살았던 잠저(潛邸)로, 고종의 아버지 홍선대원군의 집이다. 사대부의 집이었던 이곳을 고종이 즉위하면서 대폭 신축하여 '궁'이라 부르게 한 것이다.

운현궁 정문을 들어서면 경호원이 머물렀던 수직사가 있고, 이 수직사를 지나치면 노안당(老安堂)이 보인다. 이곳은 운현궁의 사랑채에 해당하는 곳으로, 홍선대원군이 집정할 당시 실제로 국정을 논했던 곳이다. '노안'은 『논어』 '노자안지(老者安之)'에서 가져온 것으로, 고종이 자신의 노년을 편안하게 하였다는 경하(慶賀)의 의미와 노인이 편안한 세상을 만들라는 기대를 담고 있다.

실제로 홍선대원군은 노인이 편안한 세상에 깊이 공명하였던 모양으로, 1870년(고종 7년)에는 충남 홍주목의 동헌에 안회당(安懷堂)이라는 편액을 하사했다. 1870년 당시 목사 한응필이 1678년(숙종 4년)에 선립된 이 선불을 개축하면서, 안회당이라는 편액을 하사한 것이다.

노안당이 '노자안지', 즉 노인에 무게를 둔 것이라면, 안회당은 이 구절 전체를 포괄하여 '늙은이는 편안하고, 벗들은 서로를 신뢰하며, 젊은이는 사랑받는 세상'을 만들라, 즉 선정을 베풀라는 염원을 담고 있다.

상갓집 개를 자처하며 수모와 인고의 세월 끝에 권력을 잡은 흥선대원군은, 부패한 안동김씨 세력을 몰아내고 서원을 철폐하는 등 대대적인 개혁을 단행하였지만, 열강의 침탈을 막아내지는 못했다. 안회당에 의탁한 그의 꿈은 급변하는 시대의 파도를 넘어서지 못했던 것이다. 그것은 동시에 유가적 이상사회의 좌절을 의미했으며, 실제로 이후 유학은 구시대의 유물로 치부되며, 한국 사회에서 자취를 감추기 시작했다.

무엇이 문제였을까? 열강의 침탈을 막기에는 때가 너무 늦었던 것일까? 조선의 회생을 가로막는 기득권 세력이 지나치게 강했던 것일까? 그도 아니면 그가 추구했던 '노자안지'의 이상이 '근대'라는 시대에 부응하기에는 이미 낡은 것이었기 때문일까? 고종 즉위 후 그는 국가 실권을 장악하였고, 아들을 대신하여 권력을 휘둘렀다. 세도정치로 실추된 왕의 위엄을 되찾기 위해 경복궁을 중건하였고, 종친의 권력을 강화하기 위해 그들을 대거 등용하였으며, 아들을 사이에 두고 며느리와 권력을 다투었다.

어쩌면 그래서 사람들은 '노자안지'의 이 구절을 두고 또 다른 해석을 하였는지도 모른다. '노인은 나를 편안하게 여기고, 벗들은 나를 신뢰하며, 젊은이는 나를 그리워한다.' 노인이 편안해하는 사람, 벗이 신뢰하는 사람, 그리고 젊은이들이 오래도록 그리워하는 사람, 공자는 그런 사람이 되고 싶었던 것이 아닐까? 또 그런 사람이 나라를 다스릴 때 비로소 그 나라는 노인이 편안하고, 벗이 서로 믿으며, 젊은 이들을 품어 줄 수 있는 나라가 되는 것이 아닐까?

19대 대통령선거를 앞두고 언론은 '정책이 실종되고, 각 후보는 표심을 자극하는 좌·우라는 구도 프레임에만 초점을 맞추고 있다'고 비판하였다. 각 대선 캠프들이 구도 프레임에 연연하는 것은 정책보다 그 쪽이 표심을 자극하기에 유리하다고 판단하기 때문이다. 그러나 이 비판은 전혀 새로울 것이 없다. 한국 유권자들은 언제나 '우리와 저들'이라는 구도에 더 쉽게 반응하였고, 19대 선거 또한 정권 획득을 위해 이 전례를 답습하고 있을 뿐이다. 그들에게 정책이란 '우리와 그들'을 구분하는 하나의 척도에 불과했다.

왜 사람들은 정책을 보지 않는가? 그 이유는 간단하다. 지금까지 후보자들이 더 나은 세상을 약속하며 내걸었던 무수한 공약들, 여성을 위한 공약, 청년을 위한 공약, 노인을 위한 공약 등은 대부분 지켜지지 않았으며, 어떤 것은 처음부터 지켜지지 않을 것이었다. 그들의 공약 또한 표심을 자극하기 위한 도구에 지나지 않았던 것이다.

흥선대원군은 원대한 포부를 품었다. 공자가 이루고자 했던 세상, 그런 세상을 자신이 이 조선이라는 나라에 실현하고자 하였다. 그러나 그 원대한 포부는 꿈으로 끝났다. 그것이 꿈으로 끝날 수밖에 없었던 것은 열강의 침탈 때문일 수도 있으며, 부패한 기득권 때문일 수도 있고, 이미 쇠약해 버린 현실 탓일 수도 있다. 하지만 그것이 전부는 아닐 것이다. 그의 세상을 향한 꿈은 결국 그의 '욕망'이었을 뿐, 그 속에는 공자가 말한 사랑, 인(仁)이 결여되어 있기 때문이다. 그는 노인을 편안하게 하고자 하였지만 노인이 편히 여길 수 있는 사람은 아니었으며, 벗이 믿을 수 있는 세상을 만들고자 하였지만 벗이 믿을 수 있는 사람은 아니었고, 젊은이를 품어 주는 세상을 만들고자 하였지만 젊은이들이 그리워할 수 있는 사람은 아니었다. 그것이 흥선대원군이 좌절한 이유였다.

통치자들이여! 좋은 세상을 만들고 싶은가? 그렇다면 좋은 세상을 만들겠다고 약속하기 전에 노인이 편히 여기고, 벗이 믿어 주며, 젊은이들이 오래도록 그리워할 수 있는 사람이 돼라.

세상에 살되 세상에 물들지 말라

안연과 계로가 공자를 모시고 있었는데, 공자가 말했다. "어찌 각기 너희들의 뜻을 말하지 않는가?" 자로가 말했다. "수레와 말과 가벼운 갖옷을 친구들과 함께 써서 해지더라도 유감이 없고자 합니다." 안연이 말했다. "자신의 잘함을 자랑함이 없으며 공로를 과장함이 없고자 합니다." 자로가 "선생님의 뜻을 듣고자 합니다"라고 하자, 공자는 말했다. "늙은이를 편안하게 해 주고, 붕우(朋友)를 미덥게 해 주고, 젊은이를 감싸 주는 것이다."

顔淵季路侍 子曰 盍各言爾志 子路曰 願車馬衣裘 與朋友共 敝之而無憾 顔淵曰 願無伐善 無施勞 子路曰 願聞子之志 子曰 老者安之 朋友信之 少者懷之

우리 모두는 나름의 포부를 지니고 살아간다. 어떤 사람은 세상의 모든 재화를 끌어모으는 것이고, 어떤 사람은 세상을 호령할 수 있는 권력을 잡는 것이며, 또 어떤 사람은 자기의 가족과 아무런 탈 없이 행복하게 살아가는 것이다. 그렇다면 당신의 포부는 무엇인가? 당신의 가슴속에는 남을 돕고자 하는 마음이 얼마나 있는가? 당신의 포부가 무엇이든 상관없이, 마음 한편에 다른 사람을 도와야 한다는 생각이 있다면 지금 당장 실천해 보면 어떨까?

우리는 다른 사람을 돕는 일은 자신이 물질적으로 풍족할 때 가능한 일이라 여기고, 돕는 시기를 미루곤 한다. 사실, 남을 돕는 일은 반드시 물질적인 것을 통해서만 가능한 것이 아님을 알면서도 말이다. 주변 사람들에게 보내는 따뜻한 미소, 경직된 분위기를 부드럽게 만드는 유머, 힘들어하는 사람들에게 건네는 따뜻한 말 한마디, 일하면서 만나는 사람에게 베푸는 작은 친절 등 우리에게 다른 사람을 존중하는 마음이 조금이라도 있다면 현재 자신의 상태에서도 다른 사람을 돕는 일은 얼마든지 가능할 것이다.

위의 글은 이천오백 년 전 자신의 본성 회복과 아름다운 사회를 만들기 위해 노력하는 스승과 제자 간의 아름다운 대화를 담고 있다. 다른 사람과 자신의 삶을 나누고자 하는 세 사람 모두, 현재 자신의 수준을 정확하게 파악하고 자신이 무엇을 통해 나눔을 실천해야 하는지를 분명하게 알고 있다.

계로는 보통 자로로 불리는 공자보다 아홉 살 적은 제자이다. 자로는 자신의 포부를 '가장 아끼는 물건을 다른 사람과 나누어 쓰더라도 마음에 유감이 없고자 한다'라고 말한다. 우리 가운데 자동차, 옷, 컴퓨터, 골프채 등 자신이 가장 애지중지하는 물건을 다른 사람과 쉽게 나눌 수 있는 사람이 과연 얼마나 될까? 물론 필자도 "그렇게 할 수 있다!"라고 당당하게 말할 자신이 없다. 비록 자로의 포부가 우리들이 실천하기에는 쉽지 않은 일이기는 하지만, 나눔은 자신에게 필요 없는 것을 나누는 것이 아니라, 자로의 말처럼 자신에게 소중한 무엇인가를 나누는 일이다.

불교에서는 아무런 조건 없이 다른 사람을 돕는 일을 보시(布施)라고 말한다. 보시는 "오른손이 한 일을 왼손이 모르게 하라"는 예수의 말처럼, 내가 무엇인가를 베풀었다는 생각 없이 하는 것이다. 자기의 몸에 생긴 상처를 스스로 치료하면서 잘했다고 자랑하는 사람은 아마도 없을 것이다. 이처럼 우리가 서로 분리된 존재가 아님을 자각한다면 돕는다는 생각 없이 다른 존재를 도울 수 있을 것이다.

자로의 품은 뜻이 아주 고상하고 어려운 일임에도 불구하고, 물질적인 나눔은 다른 사람의 삶을 질적으로 바꾸어 놓지는 못한다. 왜냐하면 존재가 질적으로 변화하기 위해서는 스스로가 자신의 본성이 무엇인지를 탐구하고 자신이 육체에 한정된 개체가 아님을 자각해야 하기 때문이다. 그러므로 자신이 진리에 눈을 뜨고 자신이 경험한 평화를 다른 사람에게 전해 주는 일, 그래서 상대방이 자기 삶에 주인이 될 수 있도록 도와주는 일, 이것이 다른 존재에게 질적으로 변화할 수 있는 기회를 제공하는 가장 값진 보시인 것이다.

자신의 본성을 알기 위해서는 모든 관심을 자신의 내면으로 향하고, 자신에게 생겨나는 생각과 감정을 있는 그대로 만나야 한다. 공자의 제자 중에 이 일을 가장 잘해 낸 제자가 바로 안연이다. 안연은 '하나를 들으면 열을 아는', 공자가 가장 아끼고 사랑한 제자였다. 그러나 그는 안타깝게도 일찍 세상을 떠났다. 공자는 안연이 죽자, "아! 하늘이 나를 버렸구나. 하늘이 나를 버렸구나." 하며, 지나치게 곡(哭)을 할 정도로 애통해했다.

안연은 몹시 가난한 생활 속에서도 즐거움을 잃지 않을 만큼 자신의 본성 회복 공부를 좋아했고, 화를 다른 사람에게 옮기지 않았으며, 잘못을 되풀이하지 않을 만큼 각성 속에서 살았다. 그런 그가 품은 포부는, '자신의 잘함을 자랑하지 않고, 공로를 과장하지 않는 것'이었다. 비록 안연은 석 달 동안 인(仁)을 어기지 않을 수 있었음에도 불구하고, 나와 너를 구분 짓는 분별심에 영향을 받았기에 자신이 행하는 일에 대한 의도와 집착이 일어났던 것이다. 그렇지만 그는 그 사실을 분명히 알았다. 이처럼 자신에게 생겨나는 의도나 집착을 없애는 방법은, 그것이 일어난다는 사실을 명확히 알고, 의도와 집착을 있는 그대로 자각하는 것이다.

공자는 인간의 선한 본성을 누구보다도 강하게 신뢰했다. 그는 진흙탕과 같은 세상을 바꾸어 보려고 그 누구보다도 노력했다. 그럼에도 불구하고 세상을 등진 은자(隱者)들로부터 많은 조롱을 당했다. 공자는 은자의 조롱에 대해, "내가 이 사람들과 함께하지 않으면 누구와 함께하겠는가? 세상에 도가 있으면 내가 바꾸려고 하지 않을 것이다"라고 말하며, 세상 사람들과 뒤섞이며 그들을 구제하고자 애썼다. 자신의 가족이 물에 빠져 허덕이고 있는데, 가만히 보고만 있을 사람이 우리들 가운데 누가 있겠는가? 공자에게 있어 세상 사람들은 자신의 가족이나 마찬가지였다.

도를 구하는 일은 일상의 일을 떠나 따로 있는 것이 아니다. 그리고 도를 깨달았다고 해서 특별히 해야 할 일도 없다. 자신이 늘 해 오던 그렇지만 소홀히 한 일상, 공자의 포부처럼, 자신이 누군가를 돕는다는 생각도 없이 자기 주변에서 만나는 힘없는 어른들에게 공손하게 행동하고, 별 볼 일 없는 친구를 믿음으로 대하며, 철없고 버릇없는 아랫사람을 자신의 자식처럼 따뜻하게 대하는 일, 이런 일들이 집을 떠나거나 현실을 등질 필요 없이 우리가 실천할 수 있는 최상의 도(道)인 것이다.

자신의 공부가 돈오(頓悟)의 방법이든 점수(漸修)의 방법이든, 사랑의 길이든 각성의 길이든, 도에 관심이 있든 관심이 없든 상관없이, 우리가 할 일은 세상 사람들과 함께 서로 사랑[仁]을 나누는 일이다. 우리는 공자처럼 가슴속에 사랑을 품고 세상에 살되 세상에 물들지 않는 존재가 되어야 한다. 세상 사람들과 함께 사랑을 나누는 사람! 그 사람이 바로 '당신'이면 어떨까?

6. 「옹야(雍也)」

| 탈현대 문명 |

뽐내지 않는 사회

공자가 말했다. "맹지반은 공을 자랑하지 않았다. 패주하면서 군대 후미에 처져 있다가, 장차 도성 문을 들어가려 할 적에 말을 채찍질하며 '내 감히 용감하여 뒤에 있는 것이 아니요, 말이 전진하지 못하여 뒤에 처졌을 뿐이다'라고 하였다."

子曰 孟之反不伐 奔而殿 將入門 策其馬曰 非敢後也 馬不進也

맹지반은 2,500년 전을 살아간 탈현대인이다. 탈현대 사회는 탈현대인으로 구성된 사회이며, 자신의 공을 자랑하지 않는 사회이다.

TV 대선토론을 보고 있자니, 각 후보들은 자기 자신을 치켜세우고 상대편을 깎아내리려고 한다. 자신의 장점을 부각시키려고 하고, 상대편의 단점을 파고든다. 그들 어느 누구도 겸손하지 않다. 그들 각자는 현대적인 의미에서 뛰어난 사람들이지만, 탈현대적인 관점에서 보면 모두 소인들이다. 그들 속에서 현대인과 현대 정치의 전형을 본다.

맹지반(孟之反)은 춘추 시대 노(魯)나라 사람이며, 대부(大夫)를 지냈다. 이름은 측(側)이고, 지반은 자다. 애공(哀公) 11년 제(齊)나라와 싸울 때 패하여 후퇴하게 되었는데, 맨 끝에서 공격하는 적을 막다가 성문이 다 닫힐 때쯤 말을 채찍질하며 겨우 들어오면서 말하기를, "뒤에 떨어지고 싶어서가 아니라 말이 빨리 달리지 않았다"고 말했다.

맹지반은 강한 책임감을 갖고 목숨을 다해 패퇴하는 군사를 보호했지만, 자신의 공을 내세우지 않았다. 그는 지극히 겸손한 사람이며, 진정한 군자다. 노자는 '공을 이루었지만 거기에 머물지 않는다[功成而弗居]'고 말했는데, 맹지반이 바로 그와 같은 사람이다.

탈현대인에게는 어떻게 이것이 가능하며, 현대인에게는 왜 이것이 불가능한가? 현대인은 자신을 세계와 근원적으로 분리된 개체로 인식한다. 그것이 공(功)이건 과(過)이건, 즉각 그것과의 동일시가 이루어진다. 만일 아인슈타인이 현대인이었다면, 그는 자신이 이룬 엄청난 물리학적인 공적으로 인해 발광해 버렸을 것이다. 실제로 니체는 발광했다.

니체까지는 아니더라도 서울대 수석 입학이나 미스코리아 당선 같은 작은 성취로도 사람들은 기뻐 날뛰는데, 아인슈타인은 어떻게 그렇게 큰 업적을 세우고도 겸손할 수 있었을까? 밥 딜런은 선약이 있어서 노벨상 시상식에 불참한다고 했다. 현대인인 내가 노벨상 수상 통보를 받았다면 기뻐서 발광을 했을 것인데, 밥 딜런은 어떻게 이렇게 담담할 수 있을까?

그것은 그들이 진정한 군자이기 때문이요, 탈현대인이기 때문이다. 탈현대인을 기뻐 날뛰게 하는 것은 불가능하다. 왜냐하면 그들은 자신이 세운 공적과 자신을 동일시하지 않기 때문이다. 어느 페르시아 시인의 언명처럼, 그들은 자신이 '하늘이 부는 피리의 한 구멍'이라는 것을 자각하고 있기 때문이다.

탈현대 사회는 맹지반, 아인슈타인, 밥 딜런과 같은 탈현대인으로 구성된 사회이다. 그들은 자신이 이룬 공을 뽐내지 않으며, 또한 자신이 덮어쓴 오명을 굳이 벗어나려 하지 않는다. 최진실은 자신을 향하는 악플로 아주 큰 고통을 받았고, 결국 자살했다. 하지만 일본의 고승인 하쿠인 에카쿠[白隱慧鶴, 1686~1769]는 엄청난 오명을 덮어썼지만 동요하지 않았다.

이웃 총각과 사랑에 빠져 혼전 임신을 한 옆집 처녀가 부모에게 추궁을 당하는 과정에서 얼결에 자신을 임신시킨 사람이 옆집에 살고 있는 하쿠인 스님이라고 말해 버렸다. 처자의 부모는 그를 찾아가 힐난했고, 추문은 일본 전역으로 퍼져 나가 그는 곤경에 빠졌다. 현대인이라면 이 부당한 오명을 벗어나려고 발버둥 쳤을 것이고, 만일 뜻대로 되지 않았다면 분사했을지도 모른다.

그러나 하쿠인 선사는 이 뜻밖의 추문에 동요하지 않았다. 그는 추문이 가져다준 조용한 시간을 즐겼고, 처녀 부모가 스님에게 안겨 준 아기를 정성스럽게 키웠다. 결국, 처녀가 사실을 고백해 누명이 벗어졌고, 추문도 걷혔으며, 건강하게 자라던 아기는 부모에게로 돌아갔다. 현대인에게는 엄청난 고통을 초래했을 이 사건이 하쿠인 선사에게는 아무런 상처도 주지 않았다.

배우기를 좋아하는 삶

애공이 물었다. "제자 가운데 누가 학문을 좋아합니까?" 공자가 말했다. "안회가 학문을 좋아하여 노여움을 남에게 옮기지 않고, 잘못을 두 번 다시 저지르지 않았는데, 불행히도 명이 짧아 죽었습니다. 그리하여 지금은 없으니 아직 학문을 좋아한다는 자는 듣지 못하였습니다."

哀公 問 弟子孰爲好學 孔子對曰 有顔回者好學 不遷怒 不二過 不幸短命死矣 今也則亡 未聞好學者也

『논어』의 첫 구절은 "배우고 그것을 때때로 익히면 기쁘지 않겠는가!"로 시작한다. 공자는 배움을 삶의 가장 큰 즐거움으로 꼽는 사상가이며 실천가이다. 그런 공자에게 노나라의 애공이 제자 가운데 누가 배우는 것을 좋아하는지 묻자, 공자는 안회가 바로 그런 사람이라고 답한다.

안회는 어떤 사람인가? 안회는 스승인 공자가 말한 '자기를 이기고 예로 돌아가는[克己復禮]' 인(仁)을 실천하고, 도와 하나가 되는 삶을 살았던 사람이다. 공자는 안회의 인물 됨됨이를 "그 마음이 3개월 동안 인(仁)을 떠나지 않았고, 그 나머지 사람들은 하루나 한 달에 한 번 인에 이를 뿐이다"라고 평했다.

이런 안회가 배우기를 좋아하는 근거로 공자는 두 가지를 말한다.

그 가운데 하나는 불천노(不遷怒)이다. 안회는 노여움을 남에게 옮기지 않았다. 다른 하나는 불이과(不二過)이다. 안회는 잘못을 두 번 저지르지 않았다. 안회가 배움을 좋아하는 근거로 공자가 주목하고 있는 불천노와 불이과에 녹아 있는 삶의 지혜를 살펴보자.

노여움은 사람을 미치게 하기 십상이다. 그래서 대부분의 사람들은 노여움이 일어나면 자연스럽게 그것의 노예가 되어 삶을 온통 노여움으로 물들이고, 자신을 포함해서 주변 사람까지 불행으로 몰고 간다. 노여움에 미치면 자기 자신을 만나지 못하고, 자신을 미치게 한 대상으로 시선을 돌린다. 그리고 노여움의 원인을 그 대상에서 찾는 데만 주력한다. 결국 노여움은 증폭되어 스스로의 삶을 망가뜨린다.

나는 박사학위 논문이 순조롭게 통과되지 않았을 때, 세상을 다 잃은 것처럼 억울해하면서 이런 결정을 내린 심사위원들에게 화가 났다. 처음에는 통과를 반대한 심사위원만 원망하다가, 그다음에는 그런 의견을 받아들인 다른 심사위원에게까지 화가 났고, 마지막에는 가깝게 지내던 대학원 선배를 포함한 모든 학과 구성원들에게 화가 났다. 그 화를 밖으로 표출하지는 않았지만, 그 후로 많은 인간관계가 파괴되었다.

15년이 지난 지금 생각해 보면, 박사학위 논문의 통과가 한 학기 미루어지는 바람에 나는 논문을 더 발전시킬 수 있었고, 한 학기 동안 박사 후 연수를 지원받기 위한 연구계획서를 준비할 수 있었다. 다시 그 순간으로 돌아가서 똑같은 상황을 맞이한다면, 그렇게 세상을 잃은 일인 것처럼 억울해하고 모두에게 화가 날지 모르겠다.

다만 분명한 것은 그 노여움을 이곳저곳으로 옮길 수밖에 없었던 것은 내가 노여움에 사로잡힌 나를 자각할 수 없었기 때문이었다는 점이다. 안회가 노여움을 남에게 옮기지 않았던 것은 삶의 매 순간 자신의 마음을 자각하고 있었기 때문이다. 이것이 바로 배우기를 좋아하는 사람이 노여움을 만났을 때 발휘하는 삶의 지혜이다.

공자가 찬탄한 또 다른 안회의 삶의 자세는 잘못을 두 번 저지르지 않는 것이다. 즉, 누구나 잘못을 할 수는 있지만 배우기를 좋아하는 사람은 자신의 잘못을 아는 순간 다시 잘못을 반복하지 않도록 스스로 바로잡는다는 뜻이다. 배우기를 좋아하는 사람의 자세로 잘못을 저지르지 않는 것이 아니라, 잘못을 두 번 하지 않는 것을 말하는 뜻을 생각해 봐야 한다. 잘못을 알고 바로잡는 것이 그만큼 쉽지 않기 때문이 아닐까?

나는 자주 어머니에게 같은 잘못을 반복한다. 올해 74살인 나의 어머니는 쇼핑을 즐기는 긴 역사를 가지고 있다. 언제나 살 품목을 정해 놓고 그 품목을 손에 넣고 나면 다음 품목을 마련한다. 며칠 전 어머니는 올해 부처님 오신 날을 맞이하여 하얀 블라우스를 구입하겠다고 설레는 표정으로 자랑하셨다. 하얀 블라우스를 쇼핑할 계획으로 기분이 좋은 어머니에게 나는 "하얀 블라우스도 사고 좋~겠네!"라고 비아냥거렸다.

그렇게 톡 쏘고 나서 마음이 좋지 않아서, 블라우스는 내가 선물하겠다고 문자를 보냈다. 어머니는 자신의 소비생활의 혁신을 각오하는 의미로 자식들의 휴대폰에 자신을 왕소금이라고 저장하도록 하였다. 삶의 매 순간 어머니는 자신의 입장에서 최선을 다하고 있는 것일지도 모른다. 그럼에도 불구하고 나는 어머니의 입장을 이해하려고 하기보다는 나의 기준으로 어머니의 삶을 재단하고 마음대로 비난하는 잘못을 반복한다.

이런 잘못을 반복하는 이유는 삶의 매 순간을 배움의 기회로 삼지 않고, 배움을 자기 삶에서의 실천과 분리한 채 자신을 자각하지 않기 때문이다. 안회의 경지를 따라잡지는 못하겠지만, 배우기를 좋아하는 안회의 삶의 자세를 배우고 싶다. 노여운 일이 없는 삶이 아니라 노여움에 지배되지 않는 삶과, 잘못을 저지르지 않는 삶이 아니라 잘못을 두 번 하지 않는 삶이 배우기를 좋아하는 사람이 누릴 수 있는 삶의 경지이다.

중용(中庸)의 의미

공자가 말했다. "중용의 덕이 지극하구나. 사람들이 오래 하는 이가 드
물구나."
子曰 中庸之爲德也 其至矣乎 民 鮮久矣

중용(中庸)에서 중(中)은 지나치거나 모자라지 않는 것을 말하고, 용
(庸)은 일상적이고 평범한 것을 지칭한다. 즉 일상생활에서 지나치거
나 모자라지 않게 살아감이 곧 중용이다. 그런데 『중용(中庸)』이라는
책에서는 어리석은 부부도 중용을 능히 할 수는 있지만, 그 지극함에
이르러서는 성인도 다 하지 못한다고 말하고 있다.

군자(君子)의 도(道)는 비(費)하고 은(隱)하다. 부부(夫婦)의 어리석음
으로도 참여하여 알 수 있으나, 그 지극함에 이르러는 비록 성인(聖
人)이라도 또한 알지 못하는 바가 있으며, 부부의 불초(不肖)함으로
도 능히 행할 수 있으나, 그 지극함에 이르러는 비록 성인이라도 또
한 능하지 못한 바가 있다. 천지(天地)의 큼으로도 사람이 오히려 섭
섭히 여기는 바가 있는 것이다.

군자의 도는 불본 숭용을 말한다. 비(費)는 작용의 넓음[用之廣]을,

은(隱)은 본체의 은미함[體之微]을 말한다. 중용은 일상생활에 넓게 작용하고 있지만 그것을 잘 알아차리기는 어렵다는 뜻이다. 중용은 말 그대로 용렬(庸劣)한 지금 현재의 나에 머무르는 것이기 때문에 어리석은 부부도 능히 할 수 있다. 그러나 지금 여기에 있기가 얼마나 어려운 일인가? 그래서 성인이라도 지극한 경지에 이르러서는 능하지 못한 것이다. 공자 자신도 "중용을 택하여 1개월도 지키지 못한다"고 하고, 또 "천하국가를 균평히 다스릴 수 있고, 작록을 사양할 수 있으며, 흰 칼날을 밟을 수 있으되, 중용은 능히 할 수 없다"고 말한 바 있다. 중용을 실천하기가 이렇게 어려운 이유는 무엇일까?

중용에서 용(庸)이란 평범한 것, 혹은 용렬함을 말한다. 그리고 중이란 중심, 즉 내 마음이 시간적 공간적으로 가운데 있음, 즉 '지금 여기'에 있음을 말한다. 곧 중용이란 내 마음이 평범하고 용렬한 상태에 머물러 있음을 말한다. 왜 내 마음이 평범하고 용렬한 상태에 머물러 있는 것이 그렇게 어려울까? 보통 사람들은 지금 여기의 용렬한 나 자신에 만족하지 못한다. 끊임없이 더 바람직한 나, 추구해야 할 나를 향해 나아가려 한다. 또 거꾸로 만족스럽지 못한 나를 만든 원인이 무엇인지 찾아보려고 한다. 그렇기 때문에 내 마음은 항상 과거와 미래를 왕복하며 지금 여기에 존재할 수 없는 것이다.

중용의 대상은 결국 이 마음이다. 마음을 잘 관찰해 보라. 마음은 양 극단으로 움직인다. 마음은 탐닉에서 억압으로 다시 억압에서 탐닉으로 끝없이 움직인다. 이처럼 양 극단으로 끌려가는 바로 그것이 유일한 악(惡)이다. 그것은 항상 지나치거나[過] 모자라기[不及] 때문이다. 양쪽으로 끌려가지 않고 중심에 있으려면 어떻게 해야 할까?

마음은 끊임없이 일어난다. 일어나는 마음을 막을 도리는 없다. 끊임없이 일어나는 마음을 막으려는 노력은 바닷물을 손으로 퍼내려는 것과 같이 어리석은 일이다. 다만 그 일어나는 마음과 동일시하지 않는 것이 중요하다. 톨레는 마음이 일어나는 모습을 지켜보는 것을 쥐구멍에서 쥐가 나오는 것을 지키는 고양이에 비유하여 설명하였다. 고양이가 열심히 쥐구멍을 바라볼 때 쥐는 구멍으로 나오지 않는다. 그러나 고양이가 잠시 구멍에서 눈을 떼는 순간 순식간에 쥐가 튀어와 온 방을 헤집고 다니다가 다시 구멍 속으로 사라지곤 한다. 이 고양이가 바로 우리 마음속에 있는 지켜보는 마음이다.

우리는 누구나 마음속에 일어나는 마음을 지켜보는 빛이 있다. 그 빛이 바로 참나이다. 라마나 마하리쉬는 이를 무대 위에 켜 있는 등불로 비유하여 설명하고 있다.

연극이 진행되는 동안은 물론이고 연극이 시작되기 전이나 연극이 끝난 뒤에도 항상 그곳에 켜져 있다. 마찬가지로 내면의 등불인 진아(眞我)도 그 자신은 늘지도 줄지도 않으면서 에고에게나, 지성에게나, 기억, 마음에게도 빛을 보내 주고 있다. 깊이 잠든 상태에서는 에고에 대한 느낌이 전혀 없는데, 이때에도 진아는 어디에도 치우침이 없이 계속 스스로 빛을 발하고 있다.

결단력이 있으며, 도리에 밝고, 뛰어난 재능을 가진 자

계강자가 (공자에게) 물었다. "자유는 정치를 맡길 만합니까?" 공자가 말했다. "자유(자로)는 결단력이 있으니 정치를 한들 무슨 문제가 있겠습니까?" 말하기를 "사는 정치를 맡길 만합니까?" 공자가 말했다. "사(자공)는 도리에 통달하였으니 정치를 한들 무슨 문제가 있겠습니까?" 말하기를 "구는 정치를 맡길 만합니까?" 공자가 말했다. "구(염구)는 재능이 많으니 정치를 한들 무슨 문제가 있겠습니까?"

季康子問 仲由可使從政也與 子曰 由也果 於從政乎何有 曰賜也 可使從政也與 曰 賜也達 於從政乎何有 曰 求也 可使從政也與 曰 求也藝 於從政何有

계강자는 노나라의 국정을 전횡했던 계손씨의 종주(宗主)로 공자와 동시대를 살았던 인물이다. 『논어』에는 그가 공자에게 정치를 묻는 장면이 자주 등장하여 제자였을 것이라 추정하는 사람도 있지만, 그가 추구한 정치이념은 공자가 미워 마지않았던 '부국강병'이었다. 단, 공자 문하의 많은 인재들이 그의 가신이 되었으며, 공자 또한 만년에 지친 몸을 의탁한 곳은 그가 집정하던 노나라였으니, 공자의 심한 힐난에도 불구하고 그가 공자를 어느 정도 존경하였을 것임은 부인할 수 없다.

위 장면은 계강자가 공자에게 제자들의 자질을 물은 것으로, 공자는 제자들의 장점을 들어 가며 적극적으로 추천하고 있다. 어떤 사람이 정치를 할 만한 사람인가? 결단력이 있는 사람, 도리에 밝은 사람, 그리고 재능이 많은 사람이라면 정치를 해서 무슨 문제가 있겠는가?

흔히 동네 깡패 출신이라 전해지는 자로는 지나치게 강직한 것이 흠이라 할 만큼 자신이 옳다고 생각하는 일에 주저함이 없었다. 공자와 '천하 주유'를 함께하며, 공자의 호위를 책임졌던 그는 위나라의 이길 수 없는 내전에 뛰어들어 자신의 주군을 지키려다 목숨을 잃었다. 자공은 그의 생각에 앞서는 행동으로 끊임없이 공자에게 꾸지람을 들었지만 실제로 가장 사랑한 제자이기도 했다.

위나라 사람으로 시대의 흐름을 읽는 뛰어난 심미안을 지닌 자공은 외교 수완이 뛰어났을 뿐 아니라 이재(理財)에도 밝아서 공자학단을 유지하는 자금책이기도 했다. 공자는 구제(舊制)를 답습하기보다는 개혁하려 했던 그의 과단성을 나무라기도 했다. 그러나 공자 사후 장례 일체를 담당했던 것도 자공이었으며, 육 년이나 공자묘를 지켰던 사람도 자공이었다.

공자가 뛰어난 재능의 소유자로 추천했던 염구는 계강자의 가재(家宰)가 되어 오랫동안 권력을 누렸다. 다른 제자들이 공자의 가르침을 구현하고자 했던 반면, 그는 계강자의 부국강병책을 충실하게 따랐다. 백성들에게 중과세를 부과하여 계씨 가문의 재정을 튼튼히 하는 한편 제나라의 전쟁도 승리로 이끌었던 것이다. 특히 그의 중과세 정책은 백성들의 부담을 가중시키는 것으로, 공자는 가혹한 계강자의 통치를 멈추게 하기는커녕 그를 도와 백성의 삶을 고달프게 했다 하여 염구를 배척하기에 이른다.

과감함은 결단력이 필요할 때는 좋은 무기가 되지만, 때때로 무모하여 자신의 생명을 빼앗기도 하며, 사물의 이치를 꿰뚫는 심미안은 분쟁을 조정하고 나라를 부강하게 하는 힘이 되기도 하지만, 만약 그것을 사사로운 이익을 위해 사용하면 모두에게 독이 될 것이다. 뛰어난 재능 또한 마찬가지이다. 염구가 그랬듯이 권력에 아부하는 뛰어난 재능은 백성들의 삶을 고단하게 할 뿐이다.

어느 날 제자 맹무백이 공자에게 물었다. "자로는 어진 사람입니까." 공자는 말했다. "자로는 큰 제후국의 병권을 맡길 만하지만 어진지는 모르겠다." 맹무백이 또 물었다. 그렇다면 "염구는 어떠합니까." 마찬가지로 공자는 말한다. "염구는 제법 큰 고을이나 가문의 재상이 될 수는 있지만 어진지는 모르겠다."

둘 다 제자들의 자질을 물은 것이지만, 맹무백의 물음과 계강자의 물음은 전혀 다른 것이다. 계강자가 정치를 할 수 있는 '능력'을 물었다면, 맹무백은 능력보다는 사람 그 자체를 물었던 것이다. 그랬기 때문에 계강자에게는 제자들의 장점을 열거하며 적극적으로 추천했던 공자도 이 물음 앞에서는 '잘 모르겠다'고 즉답을 회피했다. 실제로 훗날 뛰어난 재능의 소유자라 칭찬했던 염구는 계강자의 가문을 번성하게 하였지만 백성들에게는 가혹한 정치를 하여 공자를 분노하게 했던 것이다.

대통령 선거가 다가올 때마다 사람들은 공약을 내세우고 자신만이 대한민국을 위기에서 구할 '능력'을 가지고 있다고 말한다. 그러나 염구가 그랬듯이 '능력'이 무슨 소용이 있겠는가? 그 사람이 어질지 못하다거나 그 사람이 사람을 사랑하지 않는다면, 그 모든 능력은 오히려 사람들의 삶을 고달프게 할 뿐이다. 그러므로 그가 정치를 할 만한 결단력이 있는지, 또는 도리에 밝은지, 또는 다양한 재능의 소유자인지를 묻기 전에 먼저 그가 사람을 사랑하는 어진 사람인지를 물어야 할 것이다.

도(道)의 문

공자가 말했다. "누가 밖에 나갈 때에 문을 경유하지 않을 수 있겠는가?
그런데 어찌하여 이 도(道)를 따르는 이가 없는가?"

子曰 誰能出不由戶 何莫由斯道也

　고등학교 2학년 때 아버지께서 돌아가셨다. 그때 아버지의 죽음을
바로 곁에서 지켜보며 죽음에 대해 깊은 두려움을 갖게 되었다. 그
이후 죽음에 대한 두려움은 늘 나를 지배했다. 누군가에게 어렴풋이
'깨달음'이라는 말을 듣게 되었을 때, 깨닫기만 하면 죽음을 극복할
수 있을 것이라는 믿음을 갖게 되었다. 그러면서 그 믿음과 함께 삶은
극복해야 할 고난의 연속이라는 생각에 사로잡히게 되었다.

　다른 사람이 보기에는 나의 노력이 별 것 아니게 보일 수도 있지
만, 내성적이고 겁이 많던 내가 깨닫기 위해 할 수 있었던 일은, 무작
정 경전을 읽는 일과 어떤 사람을 만나더라도 기죽지 않을 정도의 경
험을 쌓는 일이 고작이었다. 그러나 사십의 나이가 될 때까지 스스로
만든 많은 고통 속에서 생활하며, 깨닫기 위해 내가 할 수 있었던 일
들을 다했다.

　그러다가 김기태 선생님을 만나, 약 삼 년을 배웠다. 여름 어느 날
밤 김기태 선생님이 모기를 잡기 위해 방바닥을 쳤을 때, '픽' 하는 소

리와 함께 나의 머릿속에 있던 온갖 개념들이 일시에 사라졌다. 깨달은 사람에 대한 수많은 견해들, 삶에 대한 선입견들, 책에서 얻은 진리라는 관념들, 그리고 너무나 못마땅해했던 나 자신에 대한 비난들….

그러나 시간이 지나면서 고등학교 때부터 품었던 '깨달아야 한다'는 그 생각만은 다시 되살아나 나의 머릿속에서 떠나지 않았다. 그이후 선생님의 강의는 크게 도움이 되지 않았다. 강의의 앞부분만 들어도 무슨 말씀을 할 것인지를 짐작할 수 있었기 때문이었다. 물론 그 당시 내가 그분의 말씀을 이해했다고 생각한 것은, 훗날 잘못된 것임을 알았다.

그 무렵, 무심선원 김태완 선생님의 인터넷 강의를 듣기 시작했다. 그러나 무수히 많은 영성에 관한 서적을 읽었고, 김기태 선생님에게 배웠음에도 불구하고 나의 무지로 인해 그분의 설법을 한마디도 이해할 수 없었다. 내가 만약 깨달았다면, 김기태 선생님의 강의를 진실로 이해했다면, 김태완 선생님의 설법을 이해하지 못할 리가 없는 데도 말이다.

나는 무슨 말인지도 이해하지 못한 채, 일 년 정도를 이어폰을 끼고 밤낮으로 인터넷 설법을 들었다. 그러나 그 일조차도 나의 갈증을 해소해 주지 않았다. 더 큰 혼란과 갑갑함이 나를 감쌌다. 초등학교 교사로 재직하던 나는 수업을 마치면 깨달음을 위해 무엇을 해야 할지도 모른 채 책상에 앉아 무작정 책을 뒤적이다 깜깜한 밤이 되어야만 집에 돌아오곤 했다. 책을 읽는다기보다는 무엇을 해야 할지 몰라 너무나 갑갑함 속에서 그냥 그러고 있었던 것이다. 그때 나는 그 어느 때보다 설방석인 상태였다.

그러던 어느 날 밤, 대혜종고와 제자 간의 편지글을 모아 놓은 『서장』이라는 책을 뒤적이다가 나와 똑같은 의문을 품고 있는 제자에게 답변하는 대혜종고의 말이 눈에 들어왔다.

"깨달아 들어감을 찾는 그것이 바로 도(道)를 가로막는 병[知解]이다."

나는 눈이 번쩍 뜨였다. 한순간 환하게 밝아졌다. 그 순간 나는 알았다. 내가 누구인지, 나는 잠시도 도를 떠난 적이 없고 떠날 수도 없다는 사실을. 그리고 어느 누구도, 어느 무엇도 나를 구속하고 있지 않았다는 사실을.

이 너무나 단순한 사실을 안 순간 너무나 어이가 없어 헛웃음이 나왔다. 그리고 이 단순한 사실을 알기 위해 그토록 오랫동안 삶을 극복해야 할 고난의 연속으로 생각하며 심각하게 살아왔다는 사실에 눈물이 핑 돌았다. 그러나 내가 그토록 의문시했던 문제를 한순간에 안 기쁨은 다른 모든 기쁨을 합한 것보다도 더 큰 것이었다. 온 세상이 환했고, 나는 대낮보다 환한 밤을 환희로 가득 찬 채 집으로 돌아왔다.

그 이후, 나에게서 깨닫고자 하는 마음이 사라졌다. 도에 대한 궁금증도, 죽음에 대한 두려움도 한순간에 사라졌다. 과거나 미래의 생각으로 고통당하는 일도 끝이 났다. 너무나 단순한 사실임에도 불구하고 예전에 나는 이 사실을 믿지 않았다. 그래서 늘 과거와 미래에 마음을 기웃거렸다. 더 나은 내가 되기 위한, 완벽한 삶을 살기 위한 문이 어딘가에 존재할 것이라 생각하며, 현재의 일에는 전혀 관심을 두지 않았다. 무슨 일을 할 때면 그 일이 가져다줄 좋은 결과만을 기대하며, 미래에 대한 희망으로 항상 현재를 희생시켰다.

이제는 안다. 도의 문은 '지금-여기'에 있다는 것을.

현재 일어나는 일이 아무리 하찮고, 보잘것없고, 겪기 힘든 고통일지라도, 이 일만이 '진짜'이며 도(道)라는 사실을. 그리고 도는 노력을 통해 얻는 것도 아니며, 우리는 처음부터 도의 문 밖에 있지도 않고, 심지어 들어가야 할 도의 문조차도 존재하지 않는다는 사실을.

7. 「술이(述而)」

| 탈현대 문명 |

공자의 꿈

공자가 말했다. "심하도다. 나의 쇠함이여! 오래되었다. 내 다시는 꿈속에서 주공(周公)을 뵙지 못하였다."

子曰 甚矣吾衰也 久矣吾不復夢見周公

주공(周公)은 어떤 사람인가? 주공은 주 문왕(文王)의 넷째 아들이고, 무왕(武王)의 이복동생이다. 주(周)나라를 창건하고 안정시킨 공신이다. 무왕을 도와 상(商)나라의 마지막 왕 주(紂)를 멸망시키고, 동이(東夷)의 반란을 평정하였으며, 무왕이 죽은 뒤에는 어린 조카 성왕(成王)을 도와 주 왕조의 기틀을 확립하였다.

공자는 왜 주공을 사모하였을까? 주나라의 예(禮)에 바탕한 질서를 확립한 주역이 바로 주공이기 때문이다. 공자와 주공은 동일한 천명을 부여받았다. 그것은 모든 윤리와 도덕이 무너진 혼란스러운 사회,

그래서 민중이 고통받는 사회에 새로운 질서를 수립하는 것이었다. 그래서 사람들이 평화롭게 그리고 인간답게 살아갈 수 있도록 하는 것이 그들이 부여받은 천명이었고, 그들이 공유하는 꿈이었다.

당시 사회 상황을 고려한다면, 이것은 거의 실현 불가능한 꿈이었다. 그러나 주공은 불굴의 의지와 정성으로 불가능해 보이는 이 꿈을 실현했다. 이것이 공자가 주공을 깊이 사모했던 이유였다. 오백 년이 넘는 세월이 흐르고, 천하는 다시 혼란에 빠졌다. 끝없는 전란은 백성들을 굶주림과 죽음으로 몰아갔으며, 윤리와 도덕이 무너졌다.

혼란스러운 시대의 한가운데에서, 공자는 이루기 어려운 꿈을 꾸었다. 가족과 동네, 그리고 온 나라가 화목하게 지낼 수 있는 새로운 사회에 대한 꿈을 …. 칠십 평생을 오직 이 꿈에 매달리며 매진했다. 그것은 수없이 많은 좌절과 조우해야만 하는 힘겨운 과정이었다. 너무 힘에 부쳐서, '이젠 그만할까' 하는 포기의 유혹이 들 때마다 주공이 꿈에 나타나 공자를 위로하고 격려해 주었다.

결국 공자는 실패했다. 그러나 그의 실패는 아름다운 것이었다. 살아서 성공을 거두진 못했지만, 공자는 인류 역사상 가장 성공적인 사상가가 되었을 뿐만 아니라 인류의 삶과 사회에 가장 지속적이고 커다란 영향을 준 혁명가가 되었다.

공자와 주공의 꿈, 이것이 오늘날 우리에게 무슨 의미가 있는 것일까? 그들의 시대와 우리의 시대는 엄청나게 다르기도 하지만 놀랍게 닮아 있다. 윤리와 도덕이 무너지고, 사람들은 욕망을 추구하는 가운데 스스로 고통스럽고, 또한 상대편에게도 고통을 안겨 주는 불구적인 삶을 살아가고 있다. 놀라운 과학기술적인 발달과 풍요한 사회, 합리적인 사회제도와 시스템을 구축했지만, 우리가 사는 세상은 점점 지옥을 닮아 가고 있다.

그래서 공자의 꿈은 오래된 옛것이지만, 또한 새롭고 미래적인 가치를 갖고 있다. 공자의 전략은 이것이었다. 모든 인간에 내재해 있는 아름다운 본성을 발현시켜서, 평화롭고 도덕적인 사회를 구축하는 것이었다. 이것은 탈현대 문명을 만들어 가고자 하는 우리의 전략과 본질적으로 동일한 것이다.

주공과 공자가 그 시대의 몰이해 속에서도 아름다운 꿈을 이루고자 불굴의 노력을 기울였듯이, 지금 우리는 이 시대의 몰이해 속에서도 아름다운 꿈을 이루고자 불굴의 노력을 기울여야 한다. 삼천 년을 떨어져 살고 있지만, 그들은 우리의 스승이고, 동지이다. 우리가 얼음과 같은 현실에 부딪혀 좌절할 때마다, 공자는 우리들의 꿈에 나타나 지친 우리들을 위로하고 격려해 줄 것이다. 아자! 파이팅!

존재의 의미

공자가 안연을 일컬어 말했다. "써 주면 행하고 버리면 은둔하는 것을
오직 나와 너만이 이것을 지니고 있을 뿐이다."

子謂顔淵曰 用之則行 舍之則藏 惟我與爾有是夫

공자는 안연과 자신만이 '써 주면 도를 행하고 버리면 은둔할 수
있다'고 말했다. 자신을 알아주고 일을 맡기면 도에 따라 행하고, 그
렇지 않을 경우 자신의 삶을 도에 따라 사는 경지는 공자와 안연과
같은 군자가 할 수 있는 것이다. 공자는 14년간 자신이 생각하는 이상
적인 정치를 펴기 위해서 열국을 주유했다. 그러나 공자의 이상 정치
의 가치를 인정하고 수용하는 임금을 만나기는 쉽지 않았다.

그럼에도 불구하고 공자는 자신을 알아주지 않고 써 주지 않는 위
정자를 탓하는 것으로 삶을 낭비하지 않았다. 공자는 "남이 자기를
알아주지 않음을 걱정하지 말고 자기가 남을 알지 못함을 걱정하라"
고 말했다. 이 구절은 공자가 자신의 이상을 펼치기 위해서 노력하는
것과 관계없이, 남이 나를 알아주지 않는 것에 연연하기보다는 자기
가 남을 알지 못하는 것에 더 관심을 쏟으라는 삶의 지혜를 전하고
있다.

'남'이 자기를 알아주는지 아닌지에 관심을 기울이면, 자기를 주장

하고 더 대단한 사람으로 보이도록 포장하는 것으로 자기 존재감을 확인하고자 한다. 이런 마음에 빠지면 잘난 자기를 알아주지 않는 세상을 원망하고 화를 내기 십상이다. 반면, 자기가 남을 알지 못하는 것은 아닌지에 관심을 기울이면, 상대의 어떤 모습에서도 배움을 얻을 수 있고 겸손할 수 있다. 이때 자연스럽게 남의 의견을 경청할 수 있게 되고 배우고자 하는 자세를 가질 수 있는 것이다.

현대인은 공자나 안연과 같은 삶을 살지 못한다. 현대인은 쓰임으로써 자신의 존재감을 확인하려고 하기 때문이다. 그래서 현대인은 쓰이지 않으면 어떡하나? 나를 알아주지 않으면 어떡하나? 인정받지 못하면 어떡하나? 늘 전전긍긍한다. 쓰임을 통해서 자신의 존재감을 확인하고자 하고, 자기 PR에 전력하면서 주목받기 위해 애쓴다.

쓰이지 않으면 불만을 가지고 기회를 주지 않는 것에 대해서 불평한다. 심지어 자신에게 맡겨진 일이 아니어도 자신이 옳다는 생각으로 자기주장을 펼치려고 한다. 그러다가 정작 일을 맡고 있는 사람을 비난하고 공격하기도 한다. 현대인은 자신이 쓰이지 않는 것을 받아들이지 못한다. 이렇듯 자신의 존재감을 확인하려고 하면 할수록 현대인은 세상을 불행으로 몰아가게 된다.

세상의 만물을 자라게 하는 태양은 '내가 너를 길렀다'고 자신의 존재감을 뽐내지 않고, 긴 밤이 찾아오면 어둠에 그 자리를 내어 줌으로써 만물이 자라는 것을 돕는다. 우리도 쓰이면 도를 행하고 버려지면 자신의 삶으로 돌아와 도와 하나가 되는 삶을 살아야 한다. 오늘날 도와 하나가 되는 삶을 가장 역행하기 쉬운 연령층이 노인이다.

우리 사회가 고령화사회가 된 지 오래되었다. 2017년 1월 29일 자 헤럴드경제 신문에 따르면, 한 사회의 구성원을 나이 순으로 세워서 한가운데 있는 사람의 연령을 중위연령이라고 하는데, 2014년에 40살이었다면 2040년에는 52살이 될 것이라고 전망하고 있다. 이 기사는 우리 사회가 노령화되고 있다는 사실과 함께 현대인이 노인으로 살아가야 하는 시간이 그만큼 길어지고 있음을 잘 보여 주고 있다.

전통사회에서 노인은 삶의 노역에서 물러나 사회로부터 대접을 받고 어른으로서 역할을 하는 것으로 존재의 의미를 가졌다. 그러나 길어진 노인으로서의 삶을 살아야 하고 비교적 건강한 노인은 끊임없이 쓰이는 기회를 얻고자 애쓰고 자기를 드러내는 것으로 존재감을 확인하고자 한다. 특히 자신이 애착을 가지고 있는 일이나 공을 이룬 일에서는 더욱 그런 경향이 나타난다.

80살을 앞두고 있는 한 학자는 자신이 만든 학회의 발전을 위해서 사재도 기부하고 여전히 젊은 학자들과 학문적 논쟁도 마다하지 않는다. 그러나 학회의 앞날을 염려하여 운영에 관여하고 자기의 자리를 차지하려고 하면서, 노학자를 바라보는 후배 학자들의 시선이 따뜻하지만은 않다. 자기 방식을 고수하고 지켜 내기 위해서 누구의 이야기에도 귀 기울이지 않으면서 자신의 존재감을 확인하는 모습에 존경심을 가지기는 힘들기 때문이다.

공자는 "배우고 때때로 그것을 익히면 역시 기쁘지 않겠느냐? 친구가 먼 곳에서 찾아온다면 역시 즐겁지 않겠느냐? 남이 나를 알아주지 않더라도 노여워하지 않는다면 역시 군자답지 않겠느냐?"고 했다. 군자라면 '남이 나를 알아주지 않더라도 노여워하지 않는 사람'이라고 강조하고 있다. 다시 말하면, 군자는 우리가 왜 이 세상에 존재하는지에 대한 의미를 분명하게 알기 때문에 남이 나를 알아주는지 아닌지에 따라 마음이 흔들리지 않는 사람이다. 우리가 이 세상에 존재

하는 의미는 다른 사람을 이해하고 배려하고 사랑할 때 꽃처럼 피어
난다.

술이부작(述而不作)의 의미

공자가 말했다. "서술하기만 하고 창작하지 않으며 옛 것을 믿고 좋아함을 내 적이 우리 노팽에게 견주노라."

子曰 述而不作 信而好古 竊比於我老彭

　창조라는 말을 무척 좋아하는 대통령이 있었다. 그녀는 경제에도 창조라는 이름을 붙여 창조경제라고 했고, 부서 이름도 미래창조과학부라고 고쳤다. 그녀의 강권으로 재벌들은 각 지역마다 창조경제혁신센터를 세우고 돈을 댔다. 교육도 창조의 광풍을 피할 수 없어 모든 영역에서 창조교육이 강조되었다.

　창조란 지금까지 없었던 새로운 것을 만들어 내는 것을 말한다. 그리고 창조성이란 그런 것을 만들어 내는 능력을 뜻한다. 새로운 것을 만들어 내는 창조성에는 세 가지 차원이 있다. 그 첫 번째는 기술적 창조성이다. 기술적 창조성은 실생활에 필요한 새로운 것을 만들어 내는 능력이다. 에디슨이나 빌게이츠 혹은 스티브 잡스와 같은 사람들이 기술적 창조성이 높은 사람들이다. 두 번째는 예술적 창조성이다. 예술적 창조성이란 음악, 미술 등과 같은 분야에서 새로운 아름다움을 창조하는 능력을 말한다. 피카소나 모차르트와 같은 사람들이 예술적 창조성이 높은 사람들이다. 마지막으로 종교적 창조성이 있다.

종교적 창조성이란 이익과 손해의 패러다임 속에 살고 있는 사람들에게 새로운 세계, 즉 사랑의 세계를 보여 주는 창조성을 말한다. 예수나 부처, 공자와 노자와 같은 사람들이 종교적 창조성이 높은 사람들이다.

종교적 창조성은 '나'를 버린 곳에서 나타난다. 예수가 광야에서 고행을 하고 사탄의 시험을 통과한 후 종교적 창조성을 얻어 새로운 세상을 설교하였고, 부처가 설산에서 고행을 하여 '무아'를 깨달은 뒤 설법을 한 것이 바로 그것이다. 그렇다면 기술적 창조성이나 예술적 창조성은 온전히 '나'의 것일까?

미국의 여류시인 스톤은 자신이 시를 쓰는 것이 아니라 어느 날 시가 멀리서 자신에게 다가오면 얼른 집으로 뛰어 들어가 시의 꽁무니를 잡아 종이에 쓴다고 말했다. 그녀는 시가 다가와 자신을 지나쳐 가는 모습이 마치 기차와 같이 요란하다고 하였다. 정신분석학자 칼 융 또한 『칼 융, 차라투스트라를 분석하다』에서 창조란 결코 우리의 생각에서 비롯된 것이 아니며, 우리는 단지 창조적 과정의 도구가 될 뿐이라고 하였다.

> 창조적 과정을 보는 올바른 시각은 당신 내면에서 일어나는 창조적 과정은 당신 자신의 행동이 아니라는 것이다. 창조적 과정이 단지 당신을 사로잡아서 당신을 이용하고 있을 뿐이다. 창조력은 당신이 부재할 때, 당신이 무의식일 때 존재한다. 물론 당신은 자신을 창조력과 동일시할 수 있다. 그러나 그런 동일시는 그야말로 유치하다. 그럴 경우에 당신은 의자 위에 올라가지 말라는 경고에도 불구하고 기를 쓰고 올라가겠다고 고집을 부리는 버릇없는 아이 같은 모습을

보일 것이다.

공자는 『시경』과 『서경』을 정리하였고, 『주역』에 해설을 붙였으며, 『춘추』라는 역사서를 지었다. 그렇지만 공자는 자신이 한 일이 모두 '술이부작(述而不作)'이라고 하였다. 이는 단순히 겸양의 뜻으로 말한 것이 아니다. 공자 역시 자신이 새로운 작업이나 가르침을 전할 때, 그 창조적 과정의 기본 속성을 분명하게 파악하고 있었던 것이다.

창조교육은 학생들이 가진 능력이나 흥미를 개발하는 것이 아니다. 진정한 창조성은 아이들로 하여금 '나'라는 피부경계선을 넘어서게 할 때 저절로 드러나는 것이기 때문이다.

숨김없이 비추는 태양

공자가 말하였다. "자네들에게 숨기는 것이 있다고 생각하는가? 나는 자네들에게 숨기는 것이 없다. 나는 평소 행위에서 그대들에게 보여 주지 않은 것이 없다. 그것이 바로 나다."

子曰 二三子以我爲隱乎 吾無隱乎爾 吾無行而不與二三子者 是丘也

'나는 자네들에게 숨기는 것이 없다.' 이 말은 제자들이 공자가 무엇인가를 숨기고 있다고 의심했음을 의미한다. 제자들은 공자의 무엇을 왜 의심했을까? 주자는 "공자의 도가 지나치게 높고 심원하여 자신들이 도저히 흉내 낼 수 없었기에 스승이 무엇인가를 숨기고 있는 것이라 의심한 것이다"라고 했다. 제자들의 의심을 역전시켜 공자가 성인임을 짐작하게 하는 근거로 삼은 것이다. 여대림 또한 "성인은 도를 체현함에 숨김이 없다. 하늘의 빛나는 별처럼, 지극한 가르침이 아닌 것이 없다. 늘 사람에게 보여 주지만 사람 스스로 살피지 못할 뿐이다"라고 하였다. 있는 그대로의 모습이 이미 하나의 모범일 수밖에 없었던 공자와 그런 공자를 이해하지 못했던 제자 사이의 간극을 말하면서도, 거기서 한 걸음 더 나아가 제자들의 의심에도 불구하고 끊임없이 제자들을 깨우치려 했던 공자를 칭송한 것이다.

여말 선초를 대표하는 문인이자 정치가로서 조선 건국의 기초를 다졌던 권근은 자를 가원(可遠), 호를 양촌(陽村)이라 하였다. 그는 스승 이색에게 자신의 호가 양촌인 이유를 다음과 같이 말했다. "천하에 비근하면서도 고원한 것을 찾아보면 안으로는 성(誠)이 바로 그것이요, 밖으로는 양(陽)이 바로 그것입니다. 그런데 저 성으로 말하면 오직 군자의 덕이 갖추어져야 실천할 수 있는 반면에, 이 양으로 말하자면 아무리 어리석은 사람이라도 모두 알 수 있는 것입니다. 말하자면 태양이 봄날에는 따뜻하게 해 주고 여름에는 두렵게 했다가 가을에는 바싹 말려 주고 겨울에는 다시 따뜻하게 합니다. … 중니 자신도 일찍이 '내가 너희들에게 숨기는 것이 있다고 생각하느냐? 나는 너희들에게 숨기는 것이 없다'라고 하셨습니다. 그러고 보면 중니야말로 천지와 같은 분이요, 일월과 같은 분입니다." 이 구절을 두고, 주자는 제자들이 의심할 만큼 공자의 덕이 높고 심원한 것이라 해석한 반면, 권근은 공자의 덕은 태양과 같아서 숨기려 하여도 숨길 수 없었으며, 만백성을 고루 비출 수밖에 없었다고 하였다.

숨기는 것이 없이 있는 그대로가 모범이었던 공자, 그랬기 때문에 스스로의 빛으로 만백성을 비출 수 있었던 공자. 두 사람의 해석은 다른 듯하면서도 실은 같은 곳을 지향하고 있다. 있는 그대로 빛나는 것이야말로 진정으로 빛나는 것이기 때문이며, 진정으로 빛나는 것을 보지 못했던 사람은 그 빛을 의심할 것이기 때문이다.

2016년 초유의 국정농단 사태를 맞이한 박근혜 정부는 거짓과 은폐로 일관하며 사태를 모면하고자 하였다. 많은 사람들은 그때 정부가 좀 더 진솔하게 진실을 밝히고 사과했더라면 대통령 탄핵이라는 최악의 상황은 피할 수 있었을 것이라 말한다. 그들은 왜 마지막 순간까지 진실하지 못했던 것일까? 단 한 번도 진실했던 적이 없었기에 진실이 가진 힘을 믿지 못했던 것인지도 모른다.

19대 대통령으로 부임한 문재인 대통령은 부임 초부터 친서민 행보를 보여 주었고, 자신을 드러내어 국민과 소통하고자 하였다. 일부 야당 인사와 언론에서는 이런 문대통령의 행보를 '보여주기식 쇼'이며, '위선'이라고 혹평하였다. 이것이 숨김없는 그대로의 모습인지, 일부에서 지적하는 '보여주기식 쇼'인지는 아직 알 수 없다. 많은 사람들은 그것이 있는 그대로의 모습이기를 바랄 뿐이다.

제자의 이야기를 듣고 스승 이색은 "10월에는 양이 없지만 그 달을 양월(陽月)이라 하는 것도 성인의 뜻이라 할 것이니, 석과불식(碩果不食)의 교훈을 살펴보면 양을 일으켜 세우려는 성인의 뜻이 얼마나 큰지를 알 수 있다. … 선비가 이 세상에 태어나서 때를 만나지 못한다면 그만이지만, 만약 때를 얻어 펼칠 수 있다면 사해(四海)에 양춘(陽春)을 펼치도록 노력해야 할 것이다"라고 격려하였다.

양이 없는 10월을 양월이라 부른 것, 거기에는 양에 대한 간절한 바람이 담겨 있다. 2016년 겨울, 사람들의 눈에는 양이 보이지 않았지만, 그러나 양의 존재를 의심하지 않았다. 촛불혁명의 성공은 그 믿음의 성공이었다. 그러나 이 혁명이 진정한 성공이 되기 위해서는 촛불혁명을 등에 업고 탄생한 문재인 정부가 스스로를 숨기지 않는, 그러므로 온 나라에 빛을 비출 수 있는 양이 되어야만 한다.

가르침과 배움의 열정

공자가 말했다. "나는 포 한 묶음 이상을 가지고 오는 사람을 한 번도 가르치지 않은 적이 없었다."

子曰 自行束脩以上 吾未嘗無誨焉

공자가 살았던 당시, 다른 사람을 처음 만나러 갈 때 자신의 신분에 합당한 예물을 가지고 갔다. '포 한 묶음'은 주로 신분이 낮은 사람이 가지고 가는 예물로서, '포 한 묶음 이상을 가지고 오는 사람'이란 자신에게 배우기 위해 최소한의 예를 행하는 사람이다. '포 한 묶음'이 비록 약소한 것이기는 하지만, 그것을 준비하는 사람에게는 스승에게 할 수 있는 최선의 예를 행하는 일이다.

공자에게 있어 중요한 것은 학생이 배움의 대가로 무엇을 가지고 오느냐가 아니라, 그가 배울 마음의 준비가 얼마나 되어 있느냐이다. 공자가 이런 사람에게 '한 번도 가르치지 않은 적이 없었다'는 것은, 배우려는 마음을 보이는 사람에게는 신분의 고하, 재산의 유무 등을 막론하고, 어떤 차별도 없이 그를 가르쳤다는 말이다.

공자는 "묵묵히 기억하고 배우기를 싫어하지 않으며 사람 가르치기를 게을리하지 않는 것, 이 중에 어느 것이 나에게 있겠는가", 또한 "성(聖)과 인(仁)으로 말하면 내 어찌 감히 자처하겠는가. 그러나 행하기를 싫어하지 않으며 남을 가르치기를 게을리하지 않는 것은 그렇다고 말할 수 있을 뿐이다"라고 말하며, 배우는 일만큼이나 가르치는 일을 좋아했다. 왜냐하면 가르치고 배우는 일은 서로 별개의 것이 아니라, 양파가 양파망 안에서 서로 문질러져 양쪽 모두의 껍질이 벗겨지듯이, 서로를 성장시켜 주는 일[教學相長]이기 때문이다.

공자는 제자가 자신의 본성인 사랑[仁]을 회복할 수 있도록 '지금-여기'의 삶을 가르쳤다. 본성이 가장 잘 드러나는 때는, 생각과 감정과 느낌 등과 동일시 없이 현재의 삶과 하나가 될 때이다. 그래서 생각으로 도가 이런 것이구나 하고 헤아리거나 특별한 도가 어디엔가 따로 있을 것이라고 여기는 것, 그리고 자신처럼 부족한 존재가 어떻게 도를 알 수 있을까 하며 자포자기(自暴自棄)하는 것 등을 항상 제자에게 경계시켰다.

진정한 스승은 '지금-여기'와 하나 되는 일 이외의 것을 가르치지 않는다. 공자는 "자네들에게 숨기는 것이 있다고 생각하는가? 나는 자네들에게 숨기는 것이 없다. 나는 평소 행위에서 그대들에게 보여 주지 않은 것이 없다. 그것이 바로 나다." 또 "인(仁)이 멀리 있는가? 내가 인을 하고자 하면 인이 당장 이르는 것이다"라고 말하며, 있는 그대로의 삶이 오직 진실이며 본성[仁]을 실현하는 장(場)임을 강조하였다.

진정한 스승은 제자를 제자라고 생각하지 않는다. 있는 그대로의 삶을 사는 일은, 그의 직업이 무엇인지, 많은 재산이나 높은 권력을 가졌는지 등에 좌우되는 것이 아니라, 세상의 모든 존재를 자신의 몸으로 여기며 사랑하는 것[天地萬物一體]에 달려 있다. 천지만물을 한 몸으로 여기는 사람은 자신의 본성이 육체와 마음에 한정된 존재가 아님을 알기에 제자를 자신과 똑같은 존재로 여긴다. 다만 제자가 개체 의식에 휩싸여 자신을 부족한 존재로 여기고 가르침을 청하기에, 그는 제자가 개체 의식에서 벗어날 수 있도록 돕기 위해 스승으로서의 역할을 하는 것이다. 진정한 스승은 제자가 자기 내면의 스승을 발견할 때까지 스승의 역할을 하며 제자가 혼자 설 수 있도록 도와줄 뿐이다.

만약 자기 주변에 공자와 같은 진정한 스승이 있다면, 당신은 그에게 배우고자 하는 자신의 마음을 무엇으로 보이겠는가? 현재 당신은 그에게 도를 배우려는 마음이 있는가? 항상 우리는 그 사람이 얼마나 훌륭한 스승인가를 따진다. 그러나 그것보다 더 중요한 것은, 자신이 얼마나 열정을 갖고 배우고자 하느냐이다.

특히, 마음공부의 성패는 학생이 어떤 마음가짐을 갖고 스승을 대하느냐에 전적으로 달려 있다. 그래서 공자는 "마음속으로 통하려고 노력하지 않으면 열어 주지 않으며, 애태워하지 않으면 말해 주지 않되, 한 귀퉁이를 들어 줌에 이것을 가지고 남은 세 귀퉁이를 반증하지 않으면 다시 더 일러 주지 않는다"고 한 것이다.

우리는 도를 알고자 하는 강한 열정을 키워야 한다. 달마대사에게 배움을 청하기 위해 한쪽 팔을 베어 바쳤던 혜가의 배움에 대한 열정처럼 말이다.

8. 「태백(泰伯)」

| 탈현대 문명 |

위대한 임금

> 공자가 말했다. "위대하시다! 순임금과 우임금은 천하를 소유하시고도
> 그것을 관여치 않으셨으니."
>
> 子曰 巍巍乎 舜禹之有天下也而不與焉

　　현대 정당의 목표는 권력 쟁취이다. 권력 쟁취가 좋은 정치를 펴기
위한 전제라고 말한다면 수긍할 수 있겠지만, 권력 쟁취가 목표라고
말한다면 이건 명백한 전도이며, 소외이다. 경제 영역에서도 동일한
전도가 일어나고 있다. 현대 경제의 목표는 풍요한 사회건설이다. 물질
적으로 풍요한 사회가 되는 것이 좋은 세상을 이루기 위한 좋은 발판
이 된다고 말한다면 수긍할 수 있겠지만, 풍요한 사회건설이 궁극적
인 목표라고 말한다면 이건 명백한 전도이며, 소외이다.

　　순임금은 중국 전설상의 천자이다. 『사기(史記)』에 의하면, 순의 아

버지 고수(瞽瞍)는 장님이었다. 순이 어린 나이에 어머니가 죽자 아버지는 후처를 얻었다. 순은 계모와 이복동생 상(象)의 미움을 사 여러 가지 방법으로 살해당할 뻔한 사건들을 슬기롭게 극복했을 뿐만 아니라, 부모에 대한 효를 다했다.

요임금은 순의 평판을 듣고 자신의 두 딸인 아황(娥皇)과 여영(女英)을 순에게 출가시켜 등용했다. 요가 죽자 순은 요의 아들 단주(丹朱)를 즉위시키려 했으나 천하의 인심이 순에게 기울어졌기 때문에 마침내 순이 제위에 올랐다. 요와 마찬가지로 순이 통치하였던 치세에도 태평성대를 누렸으며, 치수사업을 성공시켜 홍수 피해를 막았다. 순임금은 아들에게 제위를 물려주지 않고 치수사업에 공적이 큰 우(禹)에게 왕위를 선양했다. 우임금은 순임금 때 아버지 곤(鯀)이 치수(治水)에 실패하여 죽임을 당한 후 그 위업을 물려받았다. 13년의 노력 끝에 치수에 성공하여 왕위를 선양받았다.

순임금은 큰 효자였으며, 우임금은 정강이에 털이 자랄 수 없을 만큼 치수사업에 헌신했다. 두 사람 모두에게는 사욕이 없었으며, 권력욕 또한 없었으나, 임금이라고 하는 최고의 자리에 올랐다. 왕위에 오르고 나서도 이 두 임금은 자의적인 권력 행사를 통해 일신상의 영화를 누리려고 하지 않았다. '백성들이 편안하고 행복한 삶을 누릴 수 있도록 헌신하라!'고 하는 천명을 받들 뿐이었다. 그 결과 천하는 안정되고, 백성들의 삶은 윤택해졌다. 그래서 공자는 '위대하시다[巍巍乎]!'라고 하며, 두 분의 공적을 치하한 것이다.

참나와 에고는 동시에 양립할 수 없다. 참나는 '온 우주가 나'라고 생각하는 나이며, 에고는 '피부 안쪽만이 나'라고 생각하는 나이기 때문이다. 소인은 에고가 나라고 생각하는 사람이며, 군자는 참나를 자각하고 실현한 사람이다. 현대인의 다수는 소인이며, 순임금과 우임금은 군자이다.

현대인은 '에고가 나'라고 하는 망상 속에서, 스스로 고통스럽고 상대편에게도 고통을 주는 삶을 살아간다. 그래서 현대 사회는 평화롭지 않다. 온갖 증오와 갈등이 현대 사회를 덮고 있다. 현대인은 욕심에 사로잡혀 자신을 망치고 세상을 파괴한다.

탈현대인은 군자이다. 그래서 권력을 탐하지 않는다. 탈현대인에게는 사(私)가 없다. 탈현대인은 순임금처럼 부모에게 효도하고, 어른을 공경하며, 우임금처럼 공(公)을 위해 헌신한다. 그래서 탈현대 사회는 평화롭고, 가족 간의 우애가 넘치며, 삶은 윤택하다.

| 탈현대 삶 |

생활의 꽃, 예(禮)

공자가 말했다. "공손하되 예가 없으면 수고롭고, 삼가되 예가 없으면 두렵고, 용맹스럽되 예가 없으면 혼란하고, 강직하되 예가 없으면 너무 급하다. 군자가 친척에게 후하게 하면 백성들이 인(仁)을 일으키고, 친구를 버리지 않으면 백성들의 인심이 각박해지지 않는다."

子曰 恭而無禮則勞 愼而無禮則葸 勇而無禮則亂 直而無禮則絞 君子篤於親 則民興於仁 故舊不遺 則民不偸

　공자는 공손하고, 삼가며, 용맹스럽고, 강직한 삶의 덕목은 예를 실현함으로써 병통으로 빠지지 않을 수 있다고 한다. 공손하고 삼가며 용맹스럽고 강직한 삶을 사는 것은 쉽지 않다. 그러나 공자가 더욱 중요하게 강조한 것은 공손하되 예에 맞고, 삼가되 예를 잊어서는 안 되며, 용맹스럽되 예에 따라 절도를 지키고, 강직하되 예가 있어야 한다는 점이다.

　현대인들은 예를 잃어버린 상태에서 공손하고 삼가며 용맹스럽고 강직한 삶을 살기도 한다. 그런 현대인의 삶은 공자의 눈으로 보면 너무나 헛된 것이다. 예를 잊은 채 겉모습으로만 공손한 것을 공자는 노(勞)라고 했다. '노'란 고달프고 애쓰며 수고로운 것에 불과하다. 예가 없이 삼가는 삶은 삶을 두려워하는 것에 불과하다. 그런가 하면, 어떤 일을 과감히 할 수 있는 용맹스러움에 예가 빠진다면 혼란을 야기하는 주범이 될 수 있다. 마음이 꼿꼿하고 굳어서 숨김이 없는 강직한 사람이 예를 잃으면 지나친 데로 빠지게 될 수 있다.

공자는 예를 잃어버린 공손, 삼가, 용맹, 강직은 오히려 병폐가 될 수 있다고 염려한다. 공자는 겉으로 공손한 척해서 안 되고, 삶에 너무 조심하여 정성을 잃어서 안 되며, 용기를 자랑하여 문제를 일으키지 말고, 강직함에 치우쳐 인정을 잃어서는 안 된다고 말한다. 자신과 상대를 향한 진정한 사랑이 없는 공손, 삼가, 용맹, 강직함이 무슨 의미를 가질 수 있겠는가?

이러한 삶의 덕목을 실천하는 데에서 공자는 군자의 역할을 강조하고 있다. 군자란 어떤 사람인가? 백성들의 삶의 본이 되는 사람이라고 할 수 있으며, 그 시대의 지도자라고 할 수 있다. 군자가 친척에게 후하게 사랑을 베푸는 삶을 살고, 친구와 좋은 관계를 맺는 것을 통해서 자연스럽게 그 사회에 사랑이 실현되고 인심이 후한 공동체가 될 수 있다.

공자의 주장에서 주목할 점은 군자가 사랑을 베풀고 좋은 관계를 맺는 대상은 우리의 일상에서 가까이 있는 친척과 친구라는 것이다. 멀리 있는 이웃에게 사랑을 나누고 베푸는 것도 쉬운 일은 아니지만, 늘 가까이 있어서 삶의 면면을 깊이 알고 있는 친척에게 후하게 베푸는 일이 더 어려울 수 있다. 가까운 친구와 좋은 관계를 유지하는 것 또한 마찬가지이다. 너무나 가깝기 때문에 예를 잃기 쉽고 서로에게 기대하는 마음이 커져서 실망하기도 십상이다. 그래서 마음 상하기 쉽고 미워하기 쉬운 친구를 버리지 않는 군자의 삶을 본받아 백성들은 훈훈한 인심을 잃지 않게 되는 것이다.

일상이 노출되어 있는 가족이나 친구 간에는 예를 갖춘 공손, 삼가, 용맹, 강직과 같은 삶의 덕목을 잘 실천하기가 매우 어렵다. 가깝고 사랑하는 관계라는 이유가 지나친 간섭이나 통제로 표출되기 쉽기 때문이다. 얼마 전 파란만장한 인생역경을 겪은 아버지의 삶을 그린 '아버지가 이상해'라는 드라마가 높은 시청률을 기록하면서 마지막 방송을 했다. 드라마 속에 나오는 아버지가 겪은 인생 역경에 대해서는 쉽게 공감하여 함께 아파하고 눈물 흘리면서도, 매일 만나는 아버지의 삶에 펼쳐진 드라마 같은 이야기는 잘 공감하지 못하는 것은 왜일까?

일상 속에서 만나는 아버지의 자잘한 실수가 아버지 인생의 드라마를 제대로 인정하지 못하도록 하는 걸림돌이 되기 때문일까? 어쩌면 그것보다 더 근본적인 문제는 그 자잘한 일상의 실수를 아버지의 존재 자체로 착각하고, 아버지를 존경하는 마음을 잃어버려서 그런 것은 아닐까? 아버지에 대한 예를 상실해 버린 것이 아닐까? 아버지가 달달한 것에 집착하는 식성이라든가 담뱃재로 방바닥에 얼룩을 만드는 것이라든가 편식하는 습성만으로 아버지를 바라보기 때문이 아닐까?

사랑이라고 착각하며 공격했던 그 많은 예의 없는 말들을 아버지는 오늘도 묵묵히 사랑으로 안아 주신다. 그 사랑 덕분에 덜거덕거리지만 행복을 나누는 가족공동체로 웃음꽃을 피운다.

예악 교육의 힘

공자가 말했다. "시(詩)에서 흥기시키며, 예(禮)에 서며, 악(樂)에서 완성한다."

子曰 興於詩 立於禮 成於樂

『논어』에 나오는 공자의 말을 한 글자로 요약하면 무엇이 될까? 바로 '인'이다. 인은 무엇일까? 인은 물론 사랑이다. 공자는 수준이 좀 떨어지는 제자 번지가 인이 무엇인지 묻자, '사람을 사랑하는 것[愛人]'이라고 하였다. 그러나 인은 단순한 사랑이 아니다. 인은 '내가 없는 사랑[無我之愛]'이다.

그렇다면 예악은 인과 어떤 관계에 있을까? 위 구절은 시와 예, 그리고 악의 관계를 설명하는 동시에 교육의 단계를 나타내기도 한다. 먼저 시에서 흥기한다는 것은 정감의 발현을 나타낸다. 즉 공부의 출발은 머리가 아니고 가슴이라는 것이다. 양명은 『전습록(傳習錄)』의 「훈몽대의시교독유백송등(訓蒙大意示教讀劉伯頌等)」이라는 교사지침서에서 먼저 시를 읊조리도록 하여[歌詩] 그 정의[志意]를 펴도록 하고, 다음에 예의를 익히는[習禮] 것을 가르쳐서 태도[威儀]를 바르게 하고, 마지막으로 책을 읽는 것[讀書]을 가르쳐서 지능[知覺]을 계발하도록 해야 한다고 주장하였다.

그렇다면 예(禮)에 선다는 말은 무엇일까? 주자는 예를 천리(天理)의 절문(節文)이요 인사(人事)의 의칙(儀則)이라고 하였다. 절은 마디를 말한다. 절문이란 마디가 있는 무늬이다. 즉 천리는 마디 있는 무늬와 같이 질서가 있다는 뜻이다. 한마디로 예란 자연의 질서를 말한다.

「안연편」에서 안회가 인을 묻자 공자는 "자기를 이겨 예로 돌아가면 인이 된다"고 하였다. 자연의 질서로 돌아가기 위해서는 자기를 이겨야 한다. 이는 무슨 뜻일까? 문명 이전의 인류는 '나'라는 분리 독립된 개체라는 의식을 가지고 있지 않았다. 천수만의 가창오리의 군무(群舞)를 보면 수십, 수백만 마리가 한꺼번에 날면 하늘이 어두워질 정도로 장관을 이룬다. 그런데 그렇게 하늘을 날다가 부딪쳐 떨어지는 가창오리는 없다. 그러나 인간은 상암 운동장에서 축구 경기를 관람하고 밖으로 나올 때, 누구나 샤르트르가 말한 '타인은 지옥이다'라는 말을 떠올리게 된다. 자연 상태에서의 생물은 '나'라는 자아정체감을 갖고 있지 않다. 문명의 출현과 함께 개인의식이 형성되었고, 개인의식은 현대 문명에 이르러 최고조에 이르렀다. 우리는 지금 다도해에 점점이 떠 있는 섬과 같은 분리 독립된 개체로서 살아가고 있다.

가창오리에게는 '나'라고 하는 의식이 없다. 무리 전체가 하나의 통일체인 것이다. 반면 인간은 지구상의 생명체 중에서 유일하게 자연을 대상으로 여기는 존재다. 자연을 내가 아닌 내 밖의 타자로, 나는 자연으로부터 분리 독립된 개체로 여기는 최초의 생명체인 것이다. 인간의 불행과 인간의 위대성은 바로 여기에서 출발한다. 불행이란 인간이 자신을 분리 독립된 개체로 인식함으로 인해 서로 다가갈 수 없는 외로운 바위 섬 같은 존재로 여기기 때문이고, 위대성이란 이런 외로움을 넘어 가창오리와 같은 통일체를 다시 회복할 수 있는 존재이기 때문이다. 이런 존재를 유학에서는 성인(聖人), 불교에서는 부처, 도가에서는 지인(至人)이라고 부른다.

그렇다면 가창오리와 성인은 어떤 차이가 있을까? 가창오리는 자신이 통일체임을 자각하지 못한 통일체이다. 그러나 성인은 자신이 통일체임을 자각하고 있는 통일체이다. 이것은 재벌 2세로 태어나 평생 가난함을 모르고 살다가 죽는 사람과, 모든 것을 잃었다가 다시 부자가 된 사람이 부에 대해 느끼는 의미의 차이와 같다고 할 수 있다. 사실 이것은 엄청난 차이이다. 가난함을 경험하지 못한 재벌 2세는 결코 부의 의미를 알 수 없다.

문명 이전의 삶에서 인간은 가창오리와 같은 존재였다. 중세 봉건 사회에서 대부분의 사람들은 주인과 토지에 예속된 존재였다. 근대 계몽주의자들은 이런 봉건적 질곡을 파괴하기 위해 인간을 분리 독립된 개체로 견인해 내고, 분리 독립된 개체로서의 개인에게 그 누구도 침해할 수 없는 권리를 부여하였던 것이다. 천부인권과 자유, 민주, 평등과 같은 권리가 그것이다. 그러나 우리는 언제 이러한 권리를 인식하고 주장하는가? 부부간의 사랑 속에 있을 때 어느 누구도 이러한 권리를 인식하고 주장하지 않는다. 이런 주장이 나오게 되는 것은 서로 갈등하고 대립할 때이다.

결국 예(禮)에 선다는 것은 '나'가 사라진 존재계의 질서를 깨닫는 것이다. 분리 독립된 개체로서의 내가 살아가는 삶이 하나의 꿈이었음을 깨닫는 것이다. 그리하여 꿈에서 깨어나 끊임없이 생성하고 변화하는 존재계를 감탄하고, 감사하고, 즐기는 것이다.

그렇다면 악(樂)에서 완성한다는 것은 무엇을 완성하는 것이며, 왜 하필 악에서 완성되는 것일까? 앞에서 공자가 안회에게 말했듯이 결국 완성하는 것은 인(仁)이다. 인은 사랑이요, 그 사랑은 조화를 통해 완성된다. 악은 조화를 말한다. 존재계의 모든 것이 똑같지 않음에도 불구하고 질서를 유지하는 것은 그것이 조화를 이루고 있기 때문이다. 악은 우리에게 조화를 가르친다.

예의 효용

공자가 말했다. "공손하되 예가 없으면 수고롭고, 삼가되 예가 없으면 두렵고, 용맹스럽되 예가 없으면 혼란하고, 강직하되 예가 없으면 너무 급하다. 군자가 친척에게 후하게 하면 백성들이 인(仁)을 일으키고, 친구를 버리지 않으면 백성들의 인심이 각박해지지 않는다."

子曰 恭而無禮則勞 慎而無禮則葸 勇而無禮則亂 直而無禮則絞 君子篤 於親 則民興於仁 故舊不遺 則民不偸

공손함[恭], 믿음[信], 용감함[勇], 곧음[直]은 유학자라면 누구나 갖추어야 할 내면적 덕(德)이다. 그러나 공자는 이 이상적인 덕조차도 예에 의거하지 않으면 무의미하다고 역설하였다. 그렇다면 예란 무엇인가?

공자가 예를 논할 때 가장 많이 회자되는 것은 다음 「안연편」의 '문인장(問仁章)'일 것이다.

안연이 공자에게 '인'을 물었다. 공자가 말하기를, "나를 이기고 예를 실천하는 것이 인(仁)이다. 하루라도 나를 이기고 예를 실천하면 천하가 인하여진다. 인의 실천은 자기에게 달렸지 남에게 달려 있겠는가?" 안연이 말했다. "그 세부 항목을 말씀해 주십시오." 공자가 말하기를 "예가 아니면 보지 말고, 예가 아니면 듣지 말며, 예가 아니면 말하지 말고, 예가 아니면 행하지 말라."

어떻게 하면 인을 이룰 수 있는지를 묻는 안연에게 공자는 "나를 이기고 예를 실천하라"고 했으며, 그 구체적인 방법으로 저 유명한 '사물(四勿)'을 제시했다.

그런데 문제는 여기서 공자가 왜 '극기' 외에 또 하나 '예'라는 것을 덧붙였는가 하는 것이었다. 더구나 공자는 거기에 '사물'이라는 매우 세부적인 항목을 제시하기까지 했다. 나의 사사로운 욕망을 이기면 그것이 곧 인을 이루는 것이 아니란 말인가? 인을 이루는 데는 극기만으로 충분하지 않은가?

주자는 이 구절을 주해하면서 "예는 천리의 절문(절문)이다." 즉, 예는 천리가 행위로 드러난 것이며, 그러므로 "예를 실천하면 일마다 천리가 된다"라고 하였다. 만약 천리가 행위를 통해 드러난 것이 예라면 당연히 그 예를 실천하는 것만으로 모든 행위는 천리와 일치하며, 천리와 일치된 행위를 할 때 인간의 본성, 즉 인 또한 온전해질 것이다. 그러나 그렇다고 하더라도 그 '천리가 드러난 예'란 구체적으로 어떤 것이며, 또 어떻게 실천할 것인가?

『의례경전통해』는 주자 최만년의 저서이다. 「가례」로부터 「왕조례」까지, 또 「가례」에서 「왕조례」로의 전환점에 「학례」를 넣어 수양론을 겸한 이 저술은 결국 미완성으로 끝났지만, 예를 통해 그가 보았던 이상적인 사회의 모습을 유추할 수 있다. 그것이야말로 '수신제가치국평천하'가 온전하게 실현된 세상이었을 것이다.

그러나 주자학이 교조화된 조선에서는 '예'가 집안을 망하게 하고

'예'가 사람을 죽였다. 인간 본성을 무시한 채 교조화된 예를 무리하게 강요하면서 마침내 예가 사람을 죽이는 세상이 된 것이다. 그러나 주자도 말하지 않았던가? 예는 인정에 바탕을 두는 것이며, 시대와 인정에 맞지 않는 예는 저절로 사라질 것이라고.

근대 일본에게 나라를 빼앗긴 조선 지식인들은 근대화의 실패를 유학 탓으로 돌리며 유학과 결별하고자 하였다. 이제 유가적 규범은 구시대의 유물로, 또 권위주의의 대명사로 전락하였다. 전통적인 예 규범이 사라지고, 예의 정신도 퇴색되었다. 그래서 오늘날 우리는 무엇이 되었는가?

정치가들의 망언과 망동이 자주 화제가 되고 있다. 망언이란 예에 어긋나는 말이고, 망동이란 예에 어긋나는 행동이다. 그런데도 정치가들이 망언과 망동을 되풀이하는 것은 그 망언과 망동을 지지하는 사람들이 있기 때문이다. 사람들은 그들의 망언과 망동을 때로는 용감하다 하고, 때로는 솔직하다고 한다. 그러나 어떻게 망언이 솔직할 수 있으며, 망동이 용감할 수 있겠는가? 예가 사라진 세상에서는 망언이 솔직함으로 포장되고 망동이 용기 있는 행동으로 칭송된다.

그러므로 공자는 말한다. 아무리 공손함[恭], 믿음[信], 용감함[勇], 곧음[直]이 유학이 추구하는 이상적인 덕목이라 하더라도 '예'가 아니면 안 된다고. 시대와 인정에 맞는 예의 부활을 꿈꾸었던 주자처럼 이 시대에 맞는 새로운 예의 부활을 기대하는 것이 나 한 사람만은 아닐 것이다.

다스리지 않는 다스림

공자가 말했다. "위대하시다! 순임금과 우임금은 천하를 소유하시고도 관여치 않으셨으니."

子曰 巍巍乎 舜禹之有天下也 而不與焉

　　공자는 순임금과 우임금의 무위(無爲) 정치를 아주 높이 평가했다. 공자는 "무위로 다스린 자는 순임금이었다. 어떻게 하였는가? 몸을 공손하게 하고 바르게 남면(南面)을 하였을 뿐이다"라고 말하며, 순임금의 경우를 들어 무위의 다스림에 대해 설명하고 있다. '몸을 공손하게 한다'는 것은 진실함[誠]과 자각[敬]을 유지한다는 말이고, '바르게 남면을 한다'는 것은 자신의 자리를 지킬 뿐, 어떤 일에 사사로이 관여하지 않는다는 말이다. 한마디로 말해, 자신의 본성[仁]을 보존하며, 다스리지 않는 다스림을 폈다는 말이다.

　　순임금과 우임금의 무위의 다스림은 우리의 마음공부에도 큰 시사점을 제공한다. 항상 우리는 내면의 것을 좋은 것과 나쁜 것으로 나누어 취사선택한다. 그리고 그것에 휘둘리며 괴로워한다. 그러나 생각이나 감정이 좋은 느낌으로 생겨나든 좋지 않은 느낌으로 생겨나든 그냥 생각일 뿐임을 알고 감정일 뿐임을 자각한다면, 그것을 자신과 농일시하던 태도가 사라져 생각과 감정으로부터 더 이상 고통을 당하지 않게 된다.

하늘에 만들어진 구름을 보자. 하늘에 다이아몬드 모양의 구름이 만들어졌다고 해서, 우리는 그것을 가지려고 애쓰지 않는다. 물론 똥 모양의 구름이 만들어졌다고 해서, 그것을 피하려고 노력하지도 않는다. 왜냐하면 구름이 무슨 모양으로 만들어지건 우리는 그것이 그냥 '구름'일 뿐임을 알기 때문이다. 그러나 우리가 구름이 만든 모양에 속는다면, 다이아몬드 모양의 구름을 가지려고 애쓰거나, 똥 모양의 구름을 피하려고 이리저리 바쁘게 허둥댈 것이다. 만약 누군가가 이런 행동을 하고 있다면, 우리는 그 사람을 보고 크게 비웃을지도 모른다.

애석하게도 이런 행동이 우리의 내면에서 늘 일어나고 있다. 우리의 내면에는 끊임없이 지껄여 대는 목소리가 있다. 이 내면의 목소리는 일을 할 때나 피곤해서 쉬려고 할 때나 상관없이, 때와 장소를 가리지 않고 끊임없이 지껄여 댄다. 심지어 눈으로 보고 있어 뻔히 알고 있는 일조차도, "꽃이 참 아름답구나!", "날씨가 좋네." 하며 쉴 새 없이 떠들어 댄다. 화가 났거나 불안하거나 초조해할 때면, 내면의 목소리는 더욱 바빠진다.

목소리는 외부의 일들을 자신의 내면으로 옮겨와 자신이 낀 안경의 색깔로 상황을 재구성한 뒤, 마치 세상을 통제하고 다룰 수 있는 것처럼 끊임없이 해석을 가한다. 목소리는 우리가 삶을 통제할 수 있는 것처럼 여기게끔 함으로써 우리에게 편안함을 제공해 주는 듯하지만, 사실은 우리가 하는 일에 시시콜콜 간섭하며 우리를 더욱 혼란스럽고 어수선하게 만들 뿐이다.

목소리가 도덕적인 말을 하든 비도덕적인 말을 하든, 고상한 말을 하든 저속한 말을 하든, 모든 존재를 자신처럼 사랑하라는 말을 하든 파멸시키라는 말을 하든, 이 모두는 그저 머릿속에서 일어나는 하나의 목소리일 뿐이다. 우리는 인류의 평화를 위해 노력해야 한다는 말이나 성자(聖者)처럼 살아야 한다는 등의 목소리가 진정한 자기일 것이라고 여기지만, 사실 목소리가 말하는 것은 그 무엇도 자기가 아니다. 왜냐하면 목소리는 나에게서 생겨나는 생각일 뿐이기 때문이다.

우리가 마음의 평화를 얻기 위해 자각해야 할 가장 중요한 일은, 나는 내면의 목소리가 진정한 내가 아니라 그것을 알아차리는 자임을 깨닫는 것이다. 우리는 자신이 불행한 이유를 항상 삶 자체 때문이라고 여긴다. 그러나 우리가 불행에 빠지는 진정한 이유는, 삶을 통제할 수 있다고 여기고 제멋대로 해석을 가하는 내면의 목소리에 쉽게 휘둘리기 때문이다.

목소리로부터 자신을 해방시키는 가장 좋은 방법은, 목소리가 무슨 말을 지껄이건 상관없이 귀를 기울이지 않고 신경을 쓰지 않는 것이다. 이렇게 하면 당장 우리에게 불안과 공포감이 생겨날 수도 있지만, 불안과 공포마저도 목소리를 대하는 방식으로 대한다면 우리를 괴롭히던 불안과 공포는 이내 사라지고, 우리는 생각과 감정으로부터의 자유를 맞이하게 될 것이다.

다른 사람을 자신의 뜻대로 바꾸려는 것이 사랑이 아니듯이, 내면의 목소리를 통제하고 억압하고 마음에 드는 것을 취하려는 시도도 자신에 대한 사랑이 아니다. 사랑은 무조건적인 허용에서 생겨나는 것이기에, 그 목소리를 다스리지 않고 그냥 허용하고 가만히 둘 때 우리의 내면은 사랑으로 가득 차게 된다.

세상과 자신과 다른 사람들을 바꾸어야 한다는 목소리가 들릴 때 우리가 해야 할 일은, 흙탕물을 맑게 만들기 위해 흙이 가라앉을 때까지 가만히 두듯이, 목소리가 어떤 말을 지껄이건 상관없이 그것이 지나가도록 가만히 내버려 두는 일이다. 이 일이 익숙해지면, 세상은 결코 우리를 괴롭히지 못한다. 왜냐하면 내면의 문제를 해결할 때 진정한 평화가 함께하기 때문이다.

우리는 억지로 자유롭고자 애쓸 필요가 없고, 억지로 누군가를 사랑하려고 할 필요도 없으며, 억지로 평화롭고자 노력할 필요도 없다. 왜냐하면 우리의 본성은 그 자체가 자유이고, 사랑이며, 평화이기 때문이다.

9. 「자한(子罕)」

| 탈현대 문명 |

발은 땅에 눈은 하늘을

공자가 말했다. "나는 덕(德)을 좋아하기를 여색(女色)을 좋아하듯이 하는 자를 보지 못했다."

子曰 吾未見好德如好色者也

공자가 이상주의자였음은 익히 알려진 사실이다. 『논어』「헌문편(憲問篇)」에는 다음과 같은 구절이 있다. '그것이 불가능함을 이미 알고서도 하고자 하는 자[是知其不可而爲之者],' 이는 공자를 가리켜 평한 말이다. 음모와 배신, 술수와 모략이 판치던 당시 시대상황에서 '예(禮)를 통한 사회질서의 회복'을 주창했던 공자는 동시대인의 눈에 그렇게 비치기에 충분했을 것이다.

그러나 회고해 보면, 공자의 전략만큼 사회질서 수립에 큰 성공을 거눈 예는 농서고금을 막론하고 희귀하다. 그 시대 위정자들의 눈으로 보자면, 공자의 전략은 너무 비현실적으로 보이고, 병가(兵家)나 법가(法家) 사상이야말로 솔깃하게 여겨졌을 것이다. 실제로 진(秦)은 이사(李斯)나 상앙(商鞅) 같은 법가 사상가를 채용해서 일약 강대국으로 부상했고, 중국의 통일을 이루어 냈다. 그러나 개혁을 주도했던 법가 사상가들은 모두 비참한 최후를 맞이했으며, 진나라 역시 가장 단명한 통일제국이었다.

궁극적인 승리자는 법가가 아니라 유가 사상이었다. 이렇게 그 시대의 눈으로 보면 비현실적으로 보일 만큼 이상을 추구했던 유가 사상이 현대 이전까지 동아시아 지역의 지배적인 사상이 될 수 있었던 데는 유가 사상의 또 다른 얼굴이 있기 때문이었다. '유가 사상은 이상을 추구했지만 발을 땅에 딛고 있었다'는 점이다. 도가 사상은 하늘만을 바라보고 땅을 간과했고, 병가나 법가 사상은 땅만을 바라보고 하늘을 간과했다면, 유가 사상은 땅에 발을 딛고 하늘을 향했다는 점에서 사회사상으로서의 특성이 있다.

위에서 인용한 구절, '나는 덕을 좋아하기를 여색을 좋아하듯이 하는 자를 보지 못했다'는 공자의 말은 유가 사상이 갖고 있는 이런 특징을 잘 드러낸다. 남자가 여자를 좋아하는 것과 같은 자연스런 욕망을 긍정하고 있는 것이다. 유가는 결코 멸욕(滅欲)이나 금욕(禁欲)을 말한 적이 없다. 그렇다고 해서 유가 사상이 욕망을 궁극적인 추구의 대상으로 삼은 것은 물론 아니다. 유가가 주창한 것은 절욕(節欲)이었으며, 절욕의 바탕 위에서 도덕적인 본성의 발현을 추구한 것이었다.

서구 수천 년간의 문화변동을 연구한 P. A. 소로킨(Pitirim Aleksandrovich Sorokin)은 서구문화가 수백 년을 주기로 해서 금욕적인 성향을 띠는 관념형 문화로부터 쾌락주의적인 성향을 띠는 감각형 문화로

변동해 왔다고 주장했다. 두 유형의 문화가 뒤섞이는 것은 두 문화유형이 변동하는 과도기적인 시기에만 출현했다.

왜 그랬던 것일까? 그것은 고대 그리스인들에서부터 유래된 기하학적인 사유방식의 결과가 아니었던가 싶다. 기하학적인 사유 틀에서 보면, 이상적인 것은 '좋은 것이 극대화되고, 나쁜 것이 극소화된 상태'이다. 그러므로 '욕망을 좋은 것'이라고 간주하면, 욕망을 궁극적인 것으로 추구하는 감각형 문화가 출현하게 된다. 반면, '욕망을 나쁜 것'이라고 간주하면, 욕망이 부정되고 억압되는 관념형 문화가 출현하게 된다. 둘 중 어떤 문화 유형 속에서도 현실의 인간은 고통받는다.

이에 반해서, 유가 사상이 지배적인 위치를 차지하는 동아시아 사회에서는 중용(中庸)이 추구되었다. 중용은 주어진 상황과 결합하면 시중(時中)이 된다. 예컨대, 쾌락주의 문화에서는 욕망의 절제를 주창하는 것이 시중이 되고, 금욕주의 문화에서는 욕망의 건강함을 주창하는 것이 시중이 된다.

그렇다면, 우리 시대의 시중은 무엇일까? 이 시대는 '욕망이라는 이름의 전차'라는 말이 잘 어울릴 정도로 욕망을 궁극적인 것으로 추구하는 사회이다. 성욕, 소유욕, 소비욕, 명예욕, 권력욕 등이 무분별하게 추구되고 있으며, 그 결과 현 사회를 살아간다는 것은 고통스럽다.

현대 이후의 탈현대 사회는 어떤 사회가 되어야 할까? 서구문화가 반복해 왔듯이 미래는 욕망을 억압하는 관념형 문화가 되어야 할까? 아니다. 우리의 과제는 감각형과 관념형 문화의 순환을 반복하는 것이 아니고, 그 순환을 끊어 버리는 것이다.

만일 이런 시대의 소명을 긍정한다면, 욕망을 추구하는 사상도 욕망을 억압하는 사상도 미래사회의 기반이 될 수 없다. 욕망을 긍정하되 추구하지 않는 중용의 사상이 시대적으로 요청된다. '발을 땅에 딛고 있되 하늘을 향하는 사상'이 요청된다. 동서고금의 모든 사상 중에서, 거의 유일한 중용 사상이 유가 사상이고, 그 대표자는 공자이다. 바로 이것이 탈현대 사회를 건설하는 데에서 우리가 『논어』를 주시해야만 하는 이유이다.

마음에 피는 꽃

공자가 말했다. "지혜로운 자는 의심하지 않고 어진 자는 근심하지 않고 용맹한 자는 두려워하지 않는다."
子曰 知者 不惑 仁者 不憂 勇者 不懼

누구나 살다 보면 의심, 근심, 두려움을 만나게 된다. 어떻게 보면 우리 마음에 의심, 근심, 두려움이 피어나는 것은 자연스럽다. 따라서 의심, 근심, 두려움이 마음에 피어나는 것을 저항할 필요는 없다. 그렇다고 의심, 근심, 두려움이 마음에 피어났을 때 그것에 매몰되어서는 안 된다. 현대 사회는 삶의 모든 면에서 끊임없이 의심할 것을 요구하고, 무엇에 대해서든 근심하여 대비해야 한다고 부추기며, 삶에 닥칠 위험을 두려워할 수밖에 없도록 조장한다.

아이러니하게도 삶을 의심의 눈으로 볼수록, 근심할수록, 다가올 삶을 두려워할수록 불행이 커짐에도 불구하고, 현대인은 의심하고 근심하며 두려워하는 삶을 살고 있다. 그렇다면 의심, 근심, 두려움이 마음에서 피어날 때 우리는 어떻게 해야 하는 걸까? 마음에 의심, 근심, 두려움이 피어나는 것에 대한 공자의 생각을 들어 보자.

공자는 지혜로운 자는 의심하지 않고, 어진 자는 근심하지 않으며, 용맹한 자는 두려워하지 않는다고 한다. 다시 말하면, 공자는 우리가 의심을 하게 되는 것은 지혜롭지 못하기 때문이고, 근심하는 이유는 어질지 못하기 때문이며, 두려워하는 이유는 용기가 부족하기 때문이라고 말한다. 지혜롭고 어질고 용기 있는 자는 삶에 대해서 의심하거나 근심하고 두려워하지 않을 것이라고 한다.

먼저 의심에 대한 공자의 입장을 살펴보자. 공자는 지혜로우면 의심으로부터 자유로울 수 있다고 한다. 지혜로운 사람은 도리나 선악에 밝다. 그러므로 상황을 정확하게 파악하고 판단하여 삶을 있는 그대로 경험할 수 있다. 도리나 선악에 어두운 사람은 삶에서 만나는 수많은 일들에 의혹되어 갈팡질팡하고 모든 일에 의문을 느끼게 된다. 결국 쉽게 미궁으로 빠지고 스스로 주인이 되는 삶을 살지 못하고 삶에 떠밀려서 어디로 가는지 모르는 채 살아가게 된다. 그럴 수밖에 없는 이유는 지식을 쌓는 데에는 관심을 기울이지만 지혜를 피우는 데에는 관심이 없는 까닭이 아닐까?

공자는 근심의 원인에 대해서도 명쾌한 분석을 하고 있다. 근심의 원인은 바로 욕심이라고 하고 있다. 인(仁)한 사람은 사사로운 욕심이 없기 때문에 근심하지 않는다. 사사로운 욕심에 얽매이게 되면, 내가 가진 것을 잃을까, 나에게 손해가 발생하지는 않을까, 나를 싫어하면 어떻게 할까, 나만 모르면 어떻게 할까 등 모든 일을 근심하게 된다. 현대인의 다수는 아직 일어나지도 않은 일이나 일어날 가능성이 거의 없는 일을 미리 근심하느라 삶을 낭비하고 있다. 세상에 대해 인한 마음이 피어나는 순간, 사사로운 욕심은 내 삶에서 점점 힘을 잃게 된다.

두려움에 대한 공자의 생각도 참으로 명확하다. 용기 있는 사람은 두려워하지 않는다. 어떤 일이 닥쳐 와도 용맹스러우면 당당히 그 일을 헤쳐 나갈 수 있다. 우리가 두려움에 빠지는 이유는 용기를 잃어 버리기 때문이다. 그럴 경우 자기에게 닥친 일이 더 크고 엄청나게 느껴져서 결국은 두려움에 압도된다. 인간이 가장 두려워하는 것은 죽음이다. 사람들은 대부분 죽음을 피하고 싶어 한다. 그러나 삶이 있다면 죽음은 반드시 있을 수밖에 없는 것이다. 죽음이라는 우리가 한번은 맞닥뜨려야 할 일을 있는 그대로 인정한다면, 우리는 죽음의 두려움으로부터 자유로울 수 있다. 죽음을 부정하고 저항하며 도망치려고 하면 할수록 죽음의 두려움이 우리의 삶을 갉아먹을 수밖에 없다.

마음에 의심, 근심, 두려움이 피어나는 순간 우리는 그것들을 없애거나 도망치려고 하기 십상이다. 그러나 없애려고 하고 도망치려고 하면 할수록 그것들은 더 커져서 우리 삶을 망가지게 하고 지배하게 된다. 의심, 근심, 두려움은 우리가 피해야 할 것이 아니라, 우리가 삶에서 지혜, 사랑, 용기를 피어나도록 하면 피었다 지는 것이다. 의심, 근심, 두려움이 피었다 지는 순간, 꽃이 피었다가 지고 나면 열매를 맺듯이 우리의 삶은 더욱 성장하게 될 것이다.

인의 샘물론

> 공자가 시냇가에서 말했다. "가는 것이 이 물과 같구나. 밤낮을 그치지
> 않는도다."
>
> 子在川上曰 逝者如斯夫 不舍晝夜

　위의 구절은 『논어』에 있는 공자의 말 중 가장 해석이 분분한 구
절 중 하나이다. 도대체 공자가 흘러가는 시냇물에서 깨달은 것은 무
엇일까? 천지의 조화는 끊임이 없으니 이를 본받자는 것일까? 아니면
"같은 강물에 두 번 발을 담글 수 없다"는 헤라클레이토스의 무상(無
常)에 대한 깨달음과 같은 것일까?

　주자는 이 구절을 해석하여 "천지의 조화는 가는 것은 지나가고
오는 것이 이어져서 한순간의 그침이 없으니 바로 도체의 본연이다"
라고 하였다. 주자가 이렇게 말한 것은 정자가 "이는 도체(道體)이다.
하늘의 운행은 쉼이 없어서, 해가 지면 달이 뜨고, 추위가 가면 더위
가 오며, 물은 흘러 끝이 없고, 물건은 생겨나 다하지 않으니, 모두 도
와 일체가 되어 밤낮으로 운행하여 일찍이 그침이 없다. 그러므로 군
자는 이를 본받아서 스스로 힘쓰고 쉬지 않으니[自强不息], 그 지극한
경지에 이르면 순수함이 또한 그침이 없는 것이다"라고 말했기 때문
이다.

정자는 주석에서 한나라 이래로 유학자들이 모두 이 구절의 뜻을 알지 못하였다고 하였는데 이 말은 이해하기 어렵다. 왜냐하면 『맹자(孟子)』「이루장구 하」에 바로 이에 대한 설명이 있기 때문이다.

> 서자가 물었다. "중니(仲尼)께서 자주 물을 칭찬하시어 '물이여, 물이여!' 하셨으니 물에서 무엇을 취하셨습니까?" 맹자께서 대답하셨다. "근원이 있는 샘[原泉]이 혼혼(混混)히 흘러 밤낮을 그치지 아니하여 구멍이 가득 찬[盈科] 뒤 전진하여 사해에 이르나니 근본이 있는 자[有本者]가 이와 같다. 이 때문에 취하신 것이다."

서자는 맹자의 제자 이름이다. 과(科)는 벼를 뽑고 난 구덩이를 말한다. 혼혼[混混]은 물이 샘에서 퐁퐁 솟아나는 모양을 나타낸다. 영과(盈科)라는 말은 좋은 말이다. 근원이 있는 샘은 우리 마음속에 있는 인(仁), 즉 사랑의 샘을 말한다. 맹자가 말하듯이 사랑은 결핍이 아니라 흘러넘침이다. 루이스(C. S. Lewis)는 사랑을 '필요에 의한 사랑'과 '선물로서의 사랑'으로, 매슬로우(A. Maslow)는 '결핍의 사랑'과 '존재의 사랑'으로 나누었다. 그러나 필요에 의한 사랑과 결핍의 사랑은 진정한 사랑이 아니다. 그것은 거래이다. 성숙한 사랑은 흘러넘치고 나누게 된다. 성숙한 사랑은 빠지는 것이 아니라, 홀로 서 있는 것이다. 오직 미성숙한 사랑만이 빠진다.

존재의 사랑은 그 자신이 사랑이 되는 것이다. 그 사랑은 흘러넘친다. 그것은 선물이 된다. 그러나 우리의 마음속에는 커다란 바위가 그 샘을 막고 있다. 그 바위의 이름은 '나[我, 己, 身]'이다. 우리는 누구나 마음속에 무한한 용량을 가진 사랑의 우물을 가지고 있지만 '나'라고 하는 분리 독립된 개체가 있다는 생각이 사랑의 우물을 막고 있다. 그 바위를 치우면 맹자는 불이 처음 붙음[火之始然]과 같고, 샘물이 처음 솟아나는 것[泉之始達]과 같다고 했다. 즉 사랑은 한번 시작되면 걷잡을 수가 없다는 뜻이다.

오늘날 학교에서는 지식만을 가르치지 사랑은 가르치지 않는다. 그렇지만 우리가 진정으로 행복해지려면 사랑을 배워야 한다. 사랑의 교육은 『주역』「수풍정(水風井)」 괘에서 말하듯 '나'라는 우물 바닥에 쌓인 진흙을 청소하는 것에서부터 시작된다. 다시 말해서 '나'라는 생각에서 비롯된 온갖 망상들을 알아차리는 것이 첫 단계이다. 이윽고 사랑의 우물물이 샘솟기 시작하면 작은 물고기들은 목을 축일 수 있다. 이는 내 주변에 가까이 있는 사람들에게 사랑을 베풀 수 있게 된다는 뜻이다. 우물 바닥을 완전히 청소하여 나라는 생각이 완전히 사라지면 드디어 우물에 사랑의 물이 가득 차게 된다. 그 사랑의 물은 들판을 적시고 바다에 흘러 존재하는 모든 것이 행복하도록 염원하게 된다. 『숫타니파타』에서 부처는 다음과 같이 염원하였다.

살아 있는 생물이면 어떤 것이건
예외 없이, 약하건 강하건,
길건, 크건, 중간치건,
또는 짧건, 미세하건, 거대하건,

눈에 보이는 것이건, 안 보이는 것이건,
멀리 사는 것이건, 가까이 사는 것이건,
태어난 것이건, 태어날 것이건,

살아 있는 모든 것은 행복하라!

어디서건, 그 누구건,
아무도 속이거나 헐뜯지 말라.
원한에서건, 증오에서건,
아무도 남들이 해롭기를 바라지 말라.

마치 어머니가 위해로부터
외아들을 보호하려고
자신의 목숨을 바치는 것처럼
살아 있는 모든 것을 위해
모든 포용의 생각을 지켜 내라.

온 우주 구석구석까지
그 높은 곳, 깊은 곳, 넓은 곳 끝까지
모두 감싸는 사랑의 마음을 키워라.
증오도 적의도 넘어선
마음이 어지러워지지 않는 사랑을

서거나, 걷거나, 앉거나, 눕거나,
깨어 있는 한은
이 자각을 힘 다해 수행하라.
그것이 세상에서 신성한 경지이다.

공권력의 추락

공자는 상복을 입은 사람과 관복을 입은 사람과 장님을 만나면, 그가 비록 나이가 어린 사람이라 해도 반드시 일어났고, 또 그 앞을 지나갈 때는 반드시 종종걸음을 걸었다.

子見齊衰者 冕衣裳者 與瞽者 見之雖少者必作 過之必趨

자최(齊衰)는 오복제도의 하나로 어머니를 위해 아들이 입는 상복이다. 면(冕)은 지위가 높은 사람이 쓰는 관, 그러므로 면의상자는 관복을 입은 사람을 가리키며, 고(瞽)는 앞을 보지 못하는 사람이다. 공자는 이들을 만나면 아무리 나이가 어려도 낯빛을 고치고 예를 표했다. 같은 이야기는 「향당(鄕黨)」에도 보인다.

자최의 상복을 입은 자를 보면 비록 친한 사람이라 하더라도 반드시 낯빛을 고쳤다. 관복을 입은 자와 장님을 보면 사사로운 만남이라도 반드시 예모를 갖추었다.

범조우(范祖禹)는 이 구절을 주해하며 "성인의 마음은 상을 당한 사람을 애도하고, 작위를 가진 사람을 존중하며, 장애를 가진 사람을 가엽게 여긴다. 일어서거나 종종걸음으로 걷는 것은 그렇게 하려 하지 않아도 저절로 그렇게 되는 것이다"라고 하였다. 성인은 사람을 사랑하기 때문에 그들의 아픔을 아파하며, 그 지위를 존중하고, 그들의 어려움을 가엽게 여기는 것이다.

또 정약용은 이 구절을 두고 "상복 입은 사람에게 경의를 표하는 것은 내 효성스러운 마음(孝)이고, 관복을 입은 사람에게 경의를 표하는 것은 내 충성스러운 마음(忠)이며, 앞을 보지 못하는 사람에게 경의를 표하는 것은 내 정성스러운 마음(誠)이다"라고 하였다. 마음속 덕은 타인을 공경하는 형태로 드러날 수밖에 없음을 공자를 빌어 강조한 것이다.

먹살잡이, 욕설, 기물파손, 막말… 우리나라 국회를 떠올리면 제일 먼저 생각나는 말들이다. 관복 입은 사람들이 모여서 나라의 정사를 논하는 곳, 우리나라 공권력의 상징인 국회에서는 뒷골목 불량배들 사이에서나 일어날 행태들이 여전히 반복되고 있다. 김장겸 MBC 사장 체포 영장과 관련하여 피켓시위를 하고 있던 자유한국당 의원은 자신들의 시위 모습을 촬영한 손 모 의원에게 '미친년'이라는 원색적인 욕설을 퍼부었고, 새누리당 조 모 의원은 친박계 청산을 외치는 홍 모 의원을 '잡놈'이라 불렀으며, 자유한국당 김 모 의원은 북한에 대한 인도적 지원을 제안한 문재인 대통령을 '김정은의 기쁨조'라 비난하였다. 어디 그뿐인가? 자유한국당 정 모 의원은 고 노무현 대통령의 죽음을 부부싸움으로 인한 자살이라 조롱했다. 하긴 정 모 의원은 이미 세월호 유가족의 천막집회를 서해에서 불법 조업을 하는 것에 빗대면서 '공권력의 추락이 빚어낸 대한민국의 부끄러운 자화상'이라 맹비난한 바 있다.

정약용은 상복을 입은 사람에게 예를 표하는 것은 내 효성스러운 마음이며, 관복 입은 사람에게 예를 표하는 것은 내 충성스러운 마음이라고 했다. 효심과 충심을 가진 사람이라면 가족을 잃은 사람을 조롱할 수 없으며, 국가의 상징을 폄훼할 수 없다. 스스로 슬픔에 빠진 국민을 조롱하고, 국가의 상징을 폄훼한 사람이 '공권력의 추락'을 개탄한다는 것은 그것이야말로 개탄스러운 일이 아닌가?

최근 강릉에서 화재 진압 중에 두 명의 소방관이 목숨을 잃었다. 한 사람은 정년을 한 해 앞둔 베테랑이었으며, 또 한 사람은 막 소방관이 된 새내기였다. 목숨을 걸지 않으면 수행할 수 없는 과중한 업무 때문에 트라우마에 시달리는 이들에게 어떤 사람들은 빨리 오지 않았다고 행패를 부리고, 어떤 사람은 화재 진압 때 파손된 현관문, 창틀, 심지어는 파손된 모기장까지 변상하라고 요구하기도 했다. 매 맞는 경찰과 매 맞는 소방관, '공권력의 추락'은 바로 이럴 때 쓰는 말이다. 공권력 보호를 위해 법 개정에 앞장서야 할 국회의원들이 스스로 공권력을 조롱하고 모욕하는 동안 진정으로 보호받아야 할 공권력이 무시되고 방치되어 버린 것이다.

텅 비우는 삶

공자가 말했다. "내가 아는 것이 있는가? 나는 아는 것이 없노라. 비루한 사람이 나에게 묻되 그가 아무리 무식하다 하더라도 나는 그 양단을 두드려서 말해 주노라."

子曰 吾有知乎哉 無知也 有鄙夫問於我 空空如也 我叩其兩端而竭焉

공자는 자신을 성인(聖人)이라고 말한 적이 없다. 그러나 우리는 공자를 성인으로 인정하는 데 조금도 주저하지 않는다. 우리에게 성인이라고 불리는 그가, "나는 아는 것이 없노라"라고 말한다. 사실 아는 것이 없다는 말은, 진리에 눈뜬 사람이 할 수 있는 가장 정직한 말일지도 모른다.

우리는 성인에 대한 잘못된 견해를 가지고 있는 경우가 많다. 성인은 태어나면서부터 모든 것을 아는 사람이라고 인식하거나, 성인은 경전에 대한 해박한 지식과 보통 사람들이 할 수 없는 특별한 능력을 지닌 존재라고 여긴다. 그렇지 않으면, 한 번의 체험을 통해 삶의 모든 문제를 해결할 수 있는 해답을 갖고 있는 존재라고 상상한다.

성인이 되는 근본은 자신의 본성을 자각하는 것에 있다. 그러나 지식과 재능의 측면에서 성인을 추구하게 되면, 온갖 종류의 경전에 대한 지식과 완벽한 도덕심을 갖추어야 하는 것으로 여겨, 현재 자신의 모습을 보잘것없고 초라하게 여기며 부정하게 된다. 깨달음과는 상관없는 이런저런 기이한 능력을 얻기 위해 본성 회복이라는 본래의 목적은 망각한 채, 수단으로서의 수행에 한평생을 몰두하는 경우도 허다하다. 그러나 이런 노력은 마음을 과거나 미래에 둔 채 자신의 욕망을 키우게 하고, 삶 그 자체인 도(道)에서 더욱 멀어지게 만든다.

진리에 눈뜬 사람에게는 과거의 마음도 없고 현재의 마음도 없고 미래의 마음도 없다. 오직 '지금-여기'만을 산다. 그래서 거울과 같다. 거울은 수많은 영상들을 비추지만 어느 것 하나도 남기거나 지니지 않는다. 지나간 일을 돌이켜 비추거나, 아직 오지 않은 일을 미리 밝히지도 않는다. 다만 매 순간을 텅 비운 채, 자신에게 비춰진 것만을 온전히 비출 뿐이다. 이와 마찬가지로, 성인은 현재의 기미(幾微)를 잘 살펴 변화에 따라 적절하게 행위를 할 뿐이다.

삶은 고정된 것이 아니기에 변화하는 삶에 적절하게 대응할 수 있는 '정해진' 이치도 없다. 같은 상황이 사람들에게 닥친다고 하더라도, 사람들마다 삶의 맥락이 다르므로 문제를 해소하기 위한 방법도 서로 다를 수밖에 없다. 그러므로 자신의 마음을 텅 비우고 진실하게 상황을 맞이하는 것이 무엇보다도 중요하다.

공자는 이 점을 잘 알았기에 질문자에게 먼저 어떤 지식을 가지고 응답한 적이 없었다. 다만 질문자가 자신이 처한 상황을 간택하며 휘둘리기에 양단을 두드려 말해 줌으로써 그가 처한 상황을 있는 그대로 비추어 볼 수 있도록 해 준 것이다. 그렇게 하여 그가 선입관과 고정관념에 빠지지 않고 스스로 문제를 해소할 수 있도록 도와줄 뿐이다. 그의 본성은 그만이 실현할 수 있기에, 다만 공자는 인간이면 누구나 지니고 있는 '능히 알고 능히 행할 수 있는 능력'을 일깨워 준 것이다.

본성을 회복하는 일은 고정불변한 이치를 체득하는 일이 아니라, 끊임없이 변화하는 삶에 대해 용기를 갖고 진실하게 사는 일이다. 유지 크리슈나무르티는 용기에 대해 다음과 같이 말한다.

용기란 과거의 사람들이 경험하고 느낀 것을 자기 밖으로 깨끗이 쓸어 내는 일입니다. 여러분은 유일한 존재입니다. 그 어떤 것보다 위대합니다. 이제 겁먹고 누군가에게 매달리는 일은 끝을 내야 합니다. … 아무리 신성하고 위대한 전통이라고 하더라도 다 몰아내야 합니다. 이제 자기 자신이 되는 길만 남아 있습니다. 이것이 용기입니다.

삶은 생기고 생겨나 잠시도 쉬지 않는다. 그러므로 우리는 삶과 함께 끊임없이 흘러갈 수 있어야 한다. 모든 것이 지나갈 수 있도록 마음을 텅 비울 수 있어야 한다. 석가모니 부처의 말처럼, 진리가 아닌 것은 말할 필요도 없거니와, 진리마저도 마땅히 버릴 수 있어야 한다. 만약 경전의 내용이나 성인의 말을 고정된 잣대로 이해하고 받아들인다면, 그것은 그리스 신화에 나오는 프로크루스테스의 침대처럼 결국에는 자신을 죽게 만드는 족쇄로 작용할 것이다.

10. 「향당(鄕黨)」

인류여! 깊은 잠에서 깨어나라!

서 있을 때는 문 가운데에 서지 않으시고, 다닐 때에는 문지방을 밟지
않으셨다.

立不中門 行不履閾

틱낫한 스님이 미국에 머물렀을 때, 저명한 불교학 교수의 연구실
을 방문한 적이 있다. 훗날 그 교수는 틱낫한 스님과의 첫 만남의 순
간을 이렇게 회상했다. '문이 열리는 순간, 나는 훌륭한 분이 내 연구
실로 들어오고 있다는 것을 알아챘다.' 틱낫한 스님은 온 마음을 다
해 문의 손잡이를 잡고 문을 열었으며, 뛰어난 그 교수는 문이 열리
는 소리만으로도 그 사람의 경지를 알아챘던 것이다.

틱낫한 스님의 어린 시절, 이런 일화가 있었다. 틱낫한 스님은 어린
시절부터 절에서 컸는데, 스승을 깊이 존경했다. 하루는 스승께서 틱

낮한 스님에게 심부름을 시키셨다. 틱낫한 스님은 뛸 듯이 기뻤다. 그래서 한걸음에 내달았는데, 등 뒤에서 스승이 자기 이름을 부르셨다. 틱낫한 스님이 스승 앞에 서자, 스승께서는 이렇게 말씀하셨다. "낫한아, 다시 나가거라." 영민한 틱낫한 스님은 스승의 말뜻을 바로 알아들었다. 그는 온 마음을 기울여 천천히 문을 열었다. 이날 이후 틱낫한 스님은 스승의 가르침을 잊지 않았고, 불교학 교수의 연구실을 찾던 날도 그렇게 문을 열었던 것이다.

시대를 거슬러 이천오백 년 전, 되풀이되는 일상 속에서도 늘 깨어 있었던 한 사람이 있었다. 공자가 바로 그 사람이다. 공자는 자신의 깨어 있음을 통해 깊은 잠 속에 빠져 있는 현 인류에게 경종을 울린다.

우리는 문을 열지만 문을 열고 있지 않다. 우리는 밥을 먹지만 밥을 먹고 있지 않다. 우리는 양치를 하지만 양치를 하고 있지 않다.

엄마가 내 앞에 있지만 내 앞에는 엄마가 없다. 아내가 내 곁에 있지만 내 곁에는 아내가 없다. 친구와 함께 있지만 나는 혼자 있다.

현대는 거대한 환상을 만들었다. 그리고 우리는 현대가 만들어 놓은 환상 속을 살아간다. 우리가 걷는 걸음걸음에는 고통이 생겨난다.

우리는 말한다. '우리 아파트 부근에 정신지체아 학교를 지으면 안 돼요! 집값 떨어져요!' '무슨 소리야! 독도는 우리 땅이야!'

우리는 다짐한다. '나는 일류대학에 들어가고야 말 테야!' '나는 공무원 시험에 합격하고야 말 테야!' '나는 예뻐지고야 말 테야!' '나는 모두에게 사랑받는 사람이 되고야 말 테야!'

우리는 생각한다. '나는 옳고 너는 틀렸어!' '나는 대단한 사람이고, 너는 별 볼 일 없는 놈이야!' '어떻게 내가 원하는 것을 너에게서 빼앗을 수 있을까?'

우리는 용을 쓴다. '나는 너를 이기고야 말겠어!' '러시아와 모로코에 대패한 축구 대표 팀 감독을 파면해야 해!'

우리는 이렇게 환상 속에서 행복을 추구한다. 그러나 그 결과는 우리가 추구하는 것과 정반대이다. 나는 너를 불행하게 만들고, 너는 나를 불행하게 만들면서, 너와 나는 모두 불행해진다.

진정한 행복을 위한 첫걸음은 현대가 만들어 놓은 거대한 환상을 깨뜨려 버리는 것이다. 미래에 대한 추구를 멈추고 '지금 여기'로 돌아오는 것이다.

우리 시대가 진정 필요로 하는 사람은 현대의 환상 속에서 불가능한 행복을 추구하는 사람이 아니다. 정녕 이 시대가 필요로 하는 사람은 온 마음을 다해 조용히 문을 열 수 있는 사람, 아름답게 웃을 수 있는 사람, 상대편의 허물을 너그럽게 용서할 수 있는 사람이다.

우린 이런 사람을 탈현대인이라고 부르며, 탈현대인이 사는 곳을 탈현대 사회라고 말한다. 현대의 광포한 환상에서 깨어날 때, 그 사람이 살고 있는 곳이 탈현대의 영토가 된다.

공자는 말한다. 인류여! 현대의 깊은 꿈에서 깨어나라!

말 잘하는 사람

공자는 향당에서는 공손하여 마치 말을 잘 못하는 사람 같았다. 종묘나 조정에서는 분명하게 말하였으며 오직 삼갈 따름이었다.

孔子於鄕黨 恂恂如也 似不能言者 其在宗廟朝庭 便便言 唯謹爾

말은 그 사람을 그대로 보여 주는 지표이다. 자신도 의식하지 못한 채 자주 사용하는 말은 행동으로 드러나고 자기의 삶을 지배한다. 우리는 살면서 참 많은 말을 쏟아 내지만 그 말이 가지고 있는 힘이나 삶에 미칠 영향에 대해서는 인식하지 못한다. 내가 쏟아 낸 말이 허공에서 사라져 버린다고 생각하기 십상이지만, 말은 내 안에 차곡차곡 쌓이는 것인지도 모른다. 그렇다고 다른 사람의 귀를 즐겁게만 하는 말을 해야 한다거나, 말을 조심해야만 한다는 것을 주장하려는 것은 아니다. 사랑이 바탕이 되었을 때, 다른 사람에게 건네는 한마디의 말은 그 사람의 인생에 큰 선물이 될 수 있다. 또한 서로를 충분히 이해하고 삶의 비전을 공유하는 사이에서 나누는 진솔한 말 한마디로부터 우리는 삶의 위로를 얻기도 한다.

공자는 자신이 머무는 곳에 따라서 말을 어눌하게 하기도 하고 잘하기도 했다고 한다. 여기서 중요한 것은 공자가 말을 잘하는 사람인가 아닌가가 아니다. 이 구절에서 찾고자 하는 의미는 바로 공사의 날

하는 자세가 배려심이 깊고 사랑으로 충만하다는 것이다. 공자는 자기가 태어난 시골 마을에 머물 때는 자신의 언변을 발휘하기보다는 믿음직하고 착실한 말만 하여 오히려 말을 잘하지 못하는 것처럼 보였다고 한다. 학문에 조예가 깊은 공자가 좀 안다고 시골 마을에서 자신의 주장을 강하게 말하지 않고, 오히려 잘하지 못하듯이 한 것은 마을 사람들에 대한 배려와 사랑이 아닐까?

그런가 하면 공자는 왕실의 위패를 모시던 종묘와 정치를 논하는 조정에 머물 때는 말을 잘했다고 한다. 여기서 말을 잘한다는 것은 논리에 맞는 주장을 하고, 말을 아끼지 않고 옳고 그름을 따졌다는 것을 의미한다. 종묘와 조정은 그 사회의 예법과 원칙이 지켜져야 하는 곳이고 최고의 권력이 있는 곳이다. 그래서 종묘와 조정에서 바른 소리를 하기는 쉽지 않다. 강직한 발언을 하기보다는 권력자의 뜻에 아부하기가 쉽지 않을까? 그러나 공자는 그런 곳에서 자신의 언변을 발휘하여 예법과 원칙이 지켜지도록 했다. 다만 말을 할 때 삼가는 자세를 잊지 않고 예를 지켰다고 한다. 아무리 옳은 말이라고 하더라도 삼가지 않으면, 그 말은 공격이 될 뿐이며 공격을 받은 사람이 그 주장을 전면적으로 수용하기란 매우 어렵기 때문이다.

강직하게 자신의 주장을 말하다 보면 예를 잃기 쉽다. 자신이 주장하는 말이 옳다고 확신하면 할수록 말의 수위를 조절하기가 힘들고, 말로 상대를 공격하여 주장을 관철하려고 할 수 있다. 그러나 공격으로 상대를 변화시키거나 설득하기는 불가능하다. 그럼에도 불구하고 현대 사회는 말로 상대를 제압하거나 말의 논리로 이기는 것에 큰 의미를 부여한다. 최근에 토론식 수업이 교육적으로 효과가 있다고 환영받고 있다. 토론을 통해서 상대의 입장을 이해하고 소통하고자 하는 목적도 있지만, 궁극적으로는 상대의 논리를 반박하고 문제점을 찾아내고 자기 주장을 설득하는 것을 목적으로 한다.

옳고 그름을 판단하고 자기 입장을 정확하게 상대에게 전달할 수 있는 능력은 공동체를 살아가는 우리에게 중요하다. 그러나 매사에 자기 입장을 주장하고 옳고 그름의 기준으로 논쟁을 일삼아 상대를 설득해야 하는 공동체가 행복하기는 불가능할 것 같다. 공동체의 구성원에게는 다른 사람의 말을 듣는 수용 능력이 요구되기도 하고, 공동체에서는 자기를 주장하기보다는 상대를 인정할 줄 아는 능력이 더 큰 의미를 가지기도 하다. 그러나 현대인은 똑 부러지게 말을 잘못하면 이유 없이 위축되고, 심지어 스스로 자기 홍보까지 해야만 한다고 생각한다. 언제나 말로 자기 생각을 분명하고 밝히고 자기를 주장해야만 한다고 생각하는 현대인에게 공자의 말하는 자세에 나타나는 상대에 대한 배려와 용기에서 배울 수 있는 지혜가 크다.

나 자신에게 질문한다. 나는 어떤 말을 자주 하는가? 나는 가족이나 내 수업을 듣는 학생처럼 내 말이 먹힐 사람들에게 유려한 말로 나의 생각을 주장하지는 않았는가? 나는 나보다 연배가 높고 지위가 높은 사람과 함께할 때, 그들의 귀에 즐거운 말만 쏟아 내지는 않았는가?

덕의 자연스러움

> 수레 안에서 돌아보지 않으며, 말을 빨리 하지 않으며, 손가락으로 가리
> 키지 아니했다.
> 車中 不內顧 不疾言 不親指

　내고(內顧)는 돌아보는 것이다. 수레에 앉아서는 앞을 바라보는 것
이 자연스럽다. 또 수레가 빨리 달린다고 해서 말을 빨리 하거나, 빨
리 지나가는 것을 손가락으로 가리키는 것은 동승한 사람을 미혹할
수 있기 때문에 공자가 하지 않았다는 것이다. 이처럼 유학에서의 덕
의 기준은 자연스러움이다. 그래서 공자는 「공야장」에서 "누가 미생
고를 정직하다고 하는가? 어떤 사람이 식초를 빌리려 하자 이웃집에
서 빌어다가 주는구나!"라고 하였다. 미생고는 노나라 사람으로 평소
에 정직하다는 이름이 있는 자였다. 그러나 공자는 그가 정직하다는
것을 인정하지 않았다. 정직이란 옳은 것을 옳다고 하고 그른 것을 그
르다고 하며, 있으면 있다고 하고, 없으면 없다고 하는 것이다. 정직뿐
만 아니라 올바름[義]과 어짊[仁] 또한 이와 다르지 않다. 이처럼 유학
에서의 덕의 기준은 자연스러움이다. 좌구명(左丘明)의 『춘추좌전(春秋
左傳)』에는 위(衛)나라 대부 석작(石碏)이 위장공에게 간한 다음과 같은
내용이 소개되어 있다.

원래 천한 사람이 귀한 사람을 방해하고[賤防貴], 어린 사람이 어른을 능멸하고[少凌長], 친분이 먼 사람이 가까운 사람을 이간하고[遠間親], 새로 들어온 사람이 옛 사람을 이간하고[新間舊], 아랫사람이 윗사람을 무시하고[小加大], 음란함이 올바름을 깨뜨리는 것[淫破義]을 6역(逆)이라 했습니다. 이에 대해 군주는 올바르고 신하가 그것을 행하며[君義臣行], 어버이가 자애롭고 자식은 효성스러우며[父慈子孝], 형은 사랑하고 동생은 공순한 것[兄愛弟敬]을 6순(順)이라 했습니다.

역(逆)이란 거스르는 것이다. 무엇을 거스르는가? 인간의 자연적 본성을 거스르는 것이다. 반면에 순(順)이란 인간의 자연적 본성을 따르는 것이다. 「공야장」에는 자로와 안연 그리고 공자가 각각 자신의 뜻을 펼쳐 보이는 이야기가 있다. 먼저 자로는 "수레와 말, 가벼운 갖옷을 친구와 함께 쓰다가 해지더라도 유감이 없도록 하겠다"고 말하고, 안연은 "자신이 잘하는 것을 자랑하지 않고, 공을 과시하지 않으려 한다"고 말하였다. 이에 대해 공자는 "늙은이를 편안하게 해 주고, 친구는 미덥게 해 주고, 젊은이를 감싸 주고자 한다"고 하였다. 다산은 『논어고금주(論語古今注)』에서 공자의 이 말을 보완하여 "봉양하여 편안하게 해 드리고[安之以養], 믿음으로 믿게 하고[信之以信], 사랑으로 품어 준다[懷之以愛]"고 하였다.

세 사람 모두 '남과 더불어 살아가는 삶[皆與物共者]', 즉 공동체 속에서 어떤 삶을 살아갈 것인가에 대해 말했다. 그러면 이 세 사람의 이야기에는 어떤 수준 차이가 있을까? 정자는 자로와 안연은 "의도가 있음을 면치 못하였다[未免於有意]"고 평가하고, 공자는 천지의 화공(化工)이 "모든 사물에 맡겨 주고 자신은 수고롭지 않은 것[付與萬物而己不勞]과 같다"고 하였다. 즉 자로와 안연의 말에는 마음이 지향하는 바가 있어 마음을 억지로 변화시키려는 작위와 조작이 있지만, 공자의 말에는 작위와 조작이 전혀 없다는 것이다. 작위 혹은 조작과 같이 마음을 인위적으로 변화시키려는 노력은 마음을 본래 상태로부터 멀어지게 한다. 우리 마음의 본래 상태는 항상 고요하고 충만하여 조금도 부족함이 없다.

우리는 수양이나 수행이라고 하면 마음에 작위를 가하여 마음을 특정한 경지로 변화시키는 것이라고 생각한다. 물아일체(物我一體)라고 하면 마음을 조작하여 그 외연을 끝없이 넓혀 삼라만상과 하나가 된 경지라고 여긴다. 그러나 그런 조작으로는 결코 물아일체에 도달할 수 없다. 마음의 본래의 모습, 자연스러운 상태가 바로 물아일체이다. 아디야 산티는 『참된 명상』에서 이를 다음과 같이 말하였다.

> 깨달음이란 결국 존재의 자연스러운 상태일 뿐이다. 복잡한 용어들을 모두 벗겨 내고 보면, 깨달음이란 그저 우리 존재의 자연스러운 상태로 돌아가는 것이다. 자연스러운 상태란 당연히 꾸며 내지 않은 상태, 유지하기 위한 노력이나 훈련이 필요 없는 상태, 몸이나 마음을 어떤 식으로 조작한다 해도 더 나아질 것이 없는 존재 상태를 뜻한다. 다시 말해, 완전히 자연스럽고 완전히 자발적인 상태이다.

많은 사람들이 깨달음이란 의식의 어떤 변형된 상태일 것이라고 추측한다. 그러나 그것은 잘못된 생각이다. 깨달음은 의식의 자연스러운 상태, 의식의 순수한 상태일 뿐이다. 그 의식이 생각이나 마음의 조작에 의해 오염되지 않은 상태가 진정한 깨달음의 모습이다. 따라서 깨달음이란 스스로를 자연스러운 상태로 놓아둠으로써 우리의 의식이 생각이나 느낌과의 동일시, 몸과 마음, 개성과의 동일시에서 벗어날 때 저절로 드러나는 것이다.

통치자의 일상

공자는 향당에서는 공손하여 마치 말을 잘 못하는 사람 같았다. 종묘나 조정에서는 분명하게 말하였으며 오직 삼갈 따름이었다.

孔子於鄕黨 恂恂如也 似不能言者 其在宗廟朝庭 便便言 唯謹爾

「향당」은 '자왈(子曰)'로 시작하지 않는다. 『논어』가 공자와 제자들 사이의 문답을 기록한 것이라면, 「향당」은 예외적으로 공자의 일상을 기록한 것이기 때문이다. 그런데 왜 제자들은 공자의 일상을 기록하여 남기려 했을까? 존경하는 스승의 일상을 가까이서 지켜본 제자들은 그 삶이 그의 사상과 다르지 않았음을, 그 가르침이 삶으로부터 흘러나온 것임을, 그리고 그 일상이 그대로 도(道)였음을 후세에 전하지 않을 수 없었기 때문일 것이다.

그렇다면 공자의 일상은 어떠했을까? 「향당」은 공자의 향당에서의 모습과 조정에서의 모습을 대비하는 것으로 시작된다. 향당은 자신의 친족이나 가까운 이웃이 살아가는 곳, 즉 사(私)의 영역이다. 그러므로 여기서 공자는 늘 공손하게 사람들을 대하였고, 말을 어눌하게 하여 자신의 지혜로움을 감추었다. 주자의 스승, 연평이 그러했듯이 향당에서는 마음씨 좋은 촌부(村夫), 그것으로 충분하기 때문이다. 그러나 종묘와 조정은 공(公)의 영역이다. 그러므로 공자는 삼가고 조심스러워하면서도 자신의 의견을 분명하게 밝혔다. 자신의 의견이 수많은 백성들의 삶과 직결된 것이라면 옳은 것을 옳다고 해야 할 것이며, 만약 옳은 것을 옳다고 하지 않으면 그것이야말로 책임을 회피하는 것이고 비겁한 일이 되기 때문이다.

이러한 공자의 모습은 다음 장면에서 좀 더 구체화된다.

> 홀을 들 때는 마치 무거워서 못 드는 것처럼 허리를 굽히셨다. 높이 들 때는 이마까지 높였고, 낮출 때는 허리 높이까지 낮추었다. 얼굴은 긴장하여 떠는 듯했고, 발은 피하듯이 움츠러들었다. 공식 연회에서는 낙락한 모습이었고, 개인적인 만남에서는 격의 없이 쾌활하셨다.

홀을 든 것은 외국에 사신으로 갔을 때이다. 사신이란 한 나라를 대표하는 것, 그 임무가 막중하지 않을 수 없다. 그러므로 공자는 마치 무거워서 들 수 없는 것처럼 홀을 들었고, 높이 들 때는 이마까지, 낮게 들 때는 허리 높이까지 낮추었던 것이다. 그러나 연회는 피로를 푸는 곳, 지금까지의 긴장을 내려놓고 편안해했으며, 사사로운 만남에서는 잠시 공무에서 벗어나 격의 없이 우의(友誼)를 다졌다.

예의 형식이 복잡하여 지키기 어렵다는 제자들의 고충을 듣고 주자는 그것은 예와 하나가 되지 않았기 때문이라고 했다. 만약 예와 하나가 되면 의식하지 않아도 저절로 예에 맞게 행동할 것이고, 저절로 지키게 되는 예는 오히려 내 마음을 즐겁게 할 것이라고 했다. 어쩌면 이때 주자는 이 「향당편」을 염두에 두고 있었을지도 모른다. 보통 사람과 다르지 않기에 더 빛나는 비범함, 민낯만이 보여 줄 수 있는 아름다움, 사사로운 공간이 만들어 내는 편안함. 「향당편」의 공자는 그런 비범함과 편안함을 동시에 보여 주고 있기 때문이다. 주자는 이 「향당편」을 특히 사랑하여 제자들에게 반복하여 읽기를 권하였다.

전 세계적으로 가장 많은 사람들의 관심을 받았던 것은 역시 버락 오바마의 일상일 것이다. 그가 백악관 청소부와 격의 없이 인사를 나누는 모습, 백악관을 찾은 어린아이와 어울려 장난치는 모습, 심지어는 낮잠을 자는 모습까지…. 그 모습에 국민들이 감동한 것은 그것이 결코 꾸민 것이 아니라는 것, 그 속에서 권위를 내려놓고 국민과 소통하려는 마음을, 약한 자의 편에 서려는 의지를, 나라의 미래를 걱정하는 그의 진심을 보았기 때문일 것이다. 일상의 사소함은 때로 그처럼 그가 말하지 않은 것을 듣게 해 준다.

우리나라에서도 대통령의 일상은 국민들의 관심거리였고, 대통령은 자주 일상을 공개함으로써 국민의 호기심을 충족시켜 왔다. 그러나 그 일상이 단순한 호기심을 넘어 국민을 감동시키기 위해서는 그것을 통해 국민과 소통하려는 격의 없는 쾌활함을, 진솔함이 주는 편안함을, 그리고 나라의 미래를 걱정하는 마음을 느낄 수 있도록 해야 할 것이다.

인본주의를 넘어서

마구간이 불탔는데, 공자가 퇴조(退朝)하여 "사람이 상했느냐?" 하시고, 말[馬]에 대해서는 묻지 않으셨다.
廐焚 子退朝 曰 傷人乎 不問馬

  재산으로서의 말을 인간의 생명보다 더 귀하게 여기는 당시의 사회 풍토 속에서 공자는 말에 대해 묻지 않고 사람을 염려했다. 공자의 인간을 중시하는 태도는 배금주의가 팽배해 있는 오늘날 더 절실히 요청되는 중요한 가치 중 하나이다. 말을 재산으로 보느냐 생명을 가진 귀중한 존재로 보느냐에 따라 말에 대한 언급은 달라질 수밖에 없다.

  일반적으로 공자가 말에 대해 언급하지 않은 것으로 해석하는 것은 공자가 말의 생명을 소중하게 여기지 않아서가 아니라, 사람에 대한 염려가 매우 커서 말에 대해서 미처 묻지 못한 것이라고 보았기 때문일 것이다. 왜냐하면 말의 생명을 경시하거나 측은히 여기는 마음이 없어 묻지 않은 것이라면, 공자는 천지만물을 자기와 한 몸으로 여기는 사랑[仁]을 자각한 사람으로서 적절한 언급을 한 것으로 볼 수 없기 때문이다.

  주희(朱熹)와는 다른 입장을 취해 사문난적(斯文亂賊)으로 몰려 죽임을 낭한 소선시내 윤휴(尹鑴)는, 이 구문을 "사람이 상하지 않았느냐

하시고, 말에 대해 물으셨다[傷人乎不 問馬]"라고 해석하여, 공자를 '천지만물과 자기를 본래 한 몸'으로 여기는 인(仁)을 체득한 사람으로서 말과 사람 모두를 염려하는 것으로서의 의미를 드러내고자 했다. 어쨌든 공자의 이 말은, 우리가 공자를 인본주의(人本主義, humanism)자로 해석하는 근거 중 하나이다.

'인본주의!' 귀한 것은 '오직' 인간이다! 이 얼마나 아름답게 들리는 말인가! 배금주의가 지배하는 요즘, 인본주의는 더욱 강조해야 할 중요한 정신인 것처럼 보인다. 그러나 인본주의는 인간이 자연보다 우월한 존재라는 관념을 바탕에 깔고 있다. 인본주의는 중세의 신과 피조물의 관계에서 신의 자리에 인간을 두고 피조물의 자리에 자연과 동식물 등을 둠으로써 인간이 그들을 부리고 이용하며, 파괴하고 짓밟는 일을 당연시하는 근거로 삼는다.

중세시대에 신과 인간의 경계를 설정하여 많은 투쟁과 전쟁이 일어났듯이, 중세 이후에는 인간과 인간 아닌 존재 사이에 전선(戰線)을 형성하여 수많은 자연 파괴와 동식물에 대한 무차별적인 폭력을 자행했다. 이런 맥락에서 공자를 '귀한 것은 오직 인간'이라는 도식으로서의 인본주의자로 부르는 것은 타당하지 않다. 공자는 '천지만물이 본래 자기와 한 몸'임을 자각한 상태에서, 다만 우리가 인간이기에 인간을 중심에 두고 삶을 바라보고 말했을 뿐이다.

'인간은 다른 존재보다 우월하기에 모든 것을 마음대로 지배할 수 있다'는 의미로서의 인본주의는 사라져야 한다. 사실, 지구 어느 곳에도 인본주의를 통해 사랑이 실현된 적이 없다. 그리고 영원한 시간이 흐르더라도 인본주의를 통해서는 어느 곳에서도 평화가 실현되지 않을 것이다. 왜냐하면 인간과 인간 아닌 것의 경계를 나눌 때 그곳에서 다툼이 일어나며, 경계를 설정한 상태에서의 행위는 같은 인간끼리도 차별과 다툼과 멸시를 낳기 때문이다.

우리가 자기 자신과 다른 존재를 진실로 사랑하기 위해서는, 세상의 모든 존재가 자기와 한 몸임을 체득해야 한다. 다시 말해, 어느 곳에도 경계를 설정하지 않는 존재가 되어야 한다. 그렇게 해야지만, 인간이니 동물이니 식물이니 하는 차별 의식을 갖지 않은 채, 인간을 더욱 소중하게 여길 수 있으며, 다른 존재도 또한 사랑으로 대할 수 있기 때문이다. 물론 우리가 인간이기에 그 사랑은 인간을 중심으로 비롯되어야 하며, 가장 가까운 부모와 자식으로부터 시작되어야 한다.

유학에서는 묵자(墨子)의 겸애설(兼愛說)에 반대하여 우리 삶의 상황적 맥락으로 인해 자연과의 관계에서 어찌할 수 없는 '차서(次序)'가 생겨나며, 같은 인간끼리도 '후박(厚薄)'이 생겨날 수밖에 없다고 말한다. 그러나 이것은 내가 다른 존재보다 더 중요하다거나, 오직 나의 가족이나 나의 부모 등이 다른 가족이나 남의 부모보다 더 중요하다는 등의 순서를 미리 정하여 무관심과 차별심을 통해 행위하는 것과는 다르다. 왜냐하면 유학이 말하는 차서와 후박은, 천지만물을 본래 자기와 한 몸으로 삼는 '사랑[仁]'에 근거한 행위에서 생겨나는 것이기 때문이다. 왕양명은 후박에 대해 다음과 같이 말한다.

오직 도리(道理)에 저절로 후하고 박함이 있기 때문이다. 비유하면 몸은 일체이지만 손과 발로 머리나 눈을 막아서 지키는데, 이것은 어찌 일부러 손과 발을 박하게 대하려고 하는 것이겠는가? 그 도리가 본래 이와 같기 때문이다. … 사람과 금수를 모두 사랑하지만 금수를 잡아 부모를 봉양하고, 제사에 제물도 바치고, 손님을 내섭하는 것은 마음이 또 참을 수 있다. 육친과 길거리의 사람을 모두 사랑하지만 한 그릇의 밥과 한 그릇의 국을 먹으면 살고 먹지 못하면 죽는 상황에서 두 사람 모두 보전시킬 수 없는 경우는 차라리 육친을 구제하고 길가는 사람을 구제하지 않는 것은 마음이 또 참을 수 있다. … 참을 수 있다면[此處可忍] 차마 하지 못하는 것이 없을 것이다.

이처럼 사랑에는 도리상(道理上) 차서와 후박이 생겨날 수밖에 없다. 그러므로 상황에 가장 적절하게 행위하기 위해서는, '참을 수 있는[此處可忍]' 사랑의 마음을 지닌 채 '경계 없이' 행위해야 한다. 다시 말해, 사사로운 욕심 없이 자각 속에서 행위해야 한다.

종이 한 장을 깊이 들여다보자. 틱낫한 스님의 말처럼 종이 한 장에서 나무, 햇빛, 비, 바람, 구름, 공장에서 일하는 노동자, 그들에게 밥을 짓는 어머니의 사랑 등 종이 아닌 모든 것을 볼 수 있어야 한다.

종이가 종이 아닌 모든 것으로 이루어져 있듯이, 우리도 육체, 마음, 영혼 등으로 개념 지어지는 한정된 존재가 아니다. 그러므로 돌 하나, 생명체 하나를 파괴하는 행위는 우주 전체를 파괴하는 일이자 나 자신을 죽이는 일이다. 유학에서는 이것을 '천지만물은 본래 나와 한 몸'이라는 말로 표현했다. 그리고 이 사실을 체득할 때 우리는 사랑[仁]의 존재가 된다고 보았다.

천지만물이 본래 나와 한 몸임을 알면, 나와 나 아닌 것과의 경계를 설정하지 않아 어느 곳에서도 다툼이 일어나지 않는다. 그러나 우리는 천지만물이 본래 나와 한 몸이라는 관념에 사로잡혀 자신과 가족 등을 등한시하는 잘못을 저질러서는 안 된다. 또, 차서를 미리 정하여 다른 존재에게 무관심하거나 차별하는 개인 이기주의나 가족 이기주의 등을 사랑이라고 착각해서도 안 된다.

우리는 인간이면서 인간에 국한된 존재가 아니기에, '전체'로서의 삶과 '개인'으로서의 삶을 걸림 없이 살 수 있어야 한다. 물론 우리가 전체로서 살든 개인으로서 살든 가슴속에는 항상 사랑을 품고 있어야 한다.

11. 「선진(先進)」

과유불급의 사회

 안연이 죽자 안로(顔路)가 공자의 수레를 팔아 외관을 만들 것을 청했다.

顔淵死 顔路請子之車以爲之槨

안연의 부친 안로의 청에 대한 공자의 대답은 무엇이었을까? '안 된다'였다. 안로의 청을 거절하는 대답에는 작게는 공자 사상의 특징이 크게는 유가 사상의 특징이 그대로 드러난다.

안연의 죽음 앞에서 공자는 통곡하며 이렇게 외쳤다. '아! 하늘이 나를 망하게 하는구나! 하늘이 나를 망하게 하는구나!' 「옹야편(雍也篇)」에는 이런 문답이 나온다.

애공(哀公)이 물었다. "제자 중에 누가 학문을 좋아합니까?" 공자가 답했다. "안회라는 자가 학문을 좋아하여 노여움을 옮기지 않으며 잘못을 두 번 다시 저지르지 않았는데, 불행히도 명이 짧아 죽었습니다. 그리하여 지금은 없으니, 아직 학문을 좋아한다는 자를 듣지 못하였습니다."

이렇듯 사랑하는 제자였는데, 공자는 왜 안연의 죽음 앞에서 안로의 청을 거절한 것일까? 그것은 안로의 청을 들어주는 것이 도에 어긋난다는 판단 때문이 아니었을까? 공자는 도와 합치하는 삶을 살아가고자 노력했는데, 도가 원리주의적인 극단에 위치하는 것이 아니라 상충하는 대립 항들의 정중앙에 위치한다고 보았다. 그래서 '시중(時中)'을 잡는다는 것이 공자의 삶의 좌표가 되었다. 적도를 중시하는 공자의 입장은 후대 유가 사상에 지대한 영향을 끼쳤을 뿐만 아니라 동아시아 문화 전반에 깊은 영향을 끼쳤다.

또한 이것은 탈현대 문명을 구상화하는 데도 커다란 의미를 갖는다. 탈현대 문명이란 인간의 가장 높은 부분인 '참나'의 발현에 기반한 문명이다. 그러나 '참나'만으로 존재할 수 있는 인간은 없다. 탈현대인이라고 하더라도 당연히 동물적인 차원과 에고의 차원에서의 존재가 함께한다. 만일 '참나'만을 배타적으로 강조한 나머지 인간 존재의 낮은 차원들에 대한 억압이 이루어진다면, 이것은 현대 사회에서의 인간 소외와는 정반대 의미에서 인간 소외를 유발할 수 있다.

그러므로 '참나'로서의 나를 추구하되, 보다 낮은 차원에서의 나도 존중할 수 있는 사상적인 틀이 요구된다. 그리고 유가 사상은 바로 이런 시대의 요구에 부응할 수 있는 풍부한 자원을 내장하고 있다. 위에서 설명한 중용 사상이 바로 그것이다.

탈현대 사회에서는 인간의 욕망을 억압하지 않을 것이나, 나만 욕망은 현대 사회에서와 같이 궁극적인 추구의 대상은 아니다.

탈현대 사회에서는 인간의 감정을 억압하지 않을 것이다. 다만 현대 사회에서와 같이 분노나 불안과 같은 감정의 노예가 되는 일은 없다.

탈현대 사회에서는 인간의 이성을 존중할 것이다. 그러나 현대 사회에서와 같이 이성을 인간다움의 핵심적인 징표로 삼는 그런 일은 없을 것이다.

탈현대 사회에서는 인간의 본능을 존중할 것이다. 그러나 현대 사회에서와 같이 쾌락과 같은 본능의 만족을 추구하는 일은 없을 것이다.

이를 요약한다면 다음과 같다. 탈현대 사회에서는 현대 사회에서 '목적의 영역'에 있던 것들이 '수단의 영역'으로 새롭게 자리매김된다. 현대 사회에서 목표로 추구되었던 것들은 부정되는 것이 아니라 탈현대 사회의 기반이 된다. 그리고 이런 기반 위에서 '참나의 실현'이라고 하는 궁극적인 목표가 추구된다.

이것은 인간의 가장 높은 부분인 '참나'와 낮은 부분인 '에고와 동물적인 차원', 이 양자 간의 중간점을 잡는 것이 아니다. 삶과 문명의 궁극적인 추구 대상이 바뀌는 것임과 동시에, 인간의 높은 부분과 낮은 부분들이 조화를 이루어 나가는 것이다.

삶의 예술

자공(子貢)이 물었다. "자장(子張)과 자하(子夏)는 누가 낫습니까?" 공자
가 말했다. "자장은 지나치고, 자하는 미치지 못한다." "그러면 자장이
낫습니까?" 하고 물으니, 공자가 말했다. "지나침은 미치지 못함과 같다."
子貢 問 師與商也 孰賢 子曰 師也 過 商也 不及 曰 然則師 愈與 子曰
過猶不及

우리는 모두 삶의 예술가이다. 자신에게 주어진 한 편의 삶을 드라
마처럼 멋지게 만들어 가고 있다. 삶을 아름다운 드라마로 만들고 싶
은 우리에게 공자는 삶의 예술이 아름다운 결실을 맺을 수 있는 핵심
이 바로 중용에 있다고 말한다. 제자들의 인물평에 엄격했던 공자가
지나치다고 한 자장과 미치지 못하다고 한 자하는 어떤 사람이었을
까? 두 사람은 모두 공자의 제자 가운데 대표적인 현인으로 평가받는
인물이다. 그들이 후세에 현인으로 평가받기까지는 삶의 예술을 펼칠
수 있도록 가르친 공자의 영향이 컸을 것이다.

자장은 스승에게 출세와 명성을 얻는 방법을 직접적으로 물을 만
큼 적극적인 성격의 소유자였다. 그는 어떻게 해야 선비가 통달했다고
할 수 있는지 공자에게 물었다. 공자는 '통달'이 무엇이라고 생각하는
지 반문한다. 자장은 "나라에 있어서 반드시 명성을 얻고, 집안에 있

어서도 반드시 명성을 얻는 것이다"라고 답한다. 자장의 답에 대해, 공자는 그것은 명성을 얻는 것이지 통달하는 것이 아니라고 직설 화법으로 가르쳤다. 공자는 "통달한다는 것은 질박하고 정직하며 의로움을 좋아하고 사람을 신중하게 대하는 것이다"라고 구체적이고도 분명하게 말해 준다.

자장은 삶의 외적인 면, 즉 명성이나 출세 등을 얻는 것을 질문하는 사람이었다. 그래서 공자는 늘 자장을 염려했다. 현대 사회의 가치관으로 보자면, 자장은 삶을 잘 사는 사람이라고 할 수 있지 않을까? 그는 집안이 미천했지만 자신의 능력을 마음껏 펼쳐서 세상의 인정을 받았고, 삶을 개척하려는 노력을 게을리하지 않았다. 오늘날 현대인들이 자신의 삶을 열심히 돌보는 방법이라고 믿고 있는 명성이나 출세의 방법을 찾았던 자장의 삶을 공자는 지나치다고 우려한 것이다.

반면, 자하는 어떤 사람이었나? 자하는 문학으로 이름을 알린 사람으로 시와 예(禮)에 통한 사람이었다. 그는 "벼슬하면서 여유가 있으면 공부하고, 공부하면서 여유가 있으면 벼슬하라"는 주장을 할 만큼 공부의 중요성을 강조했다. 자하는 스승인 공자가 시를 함께 논할 만한 인재라고 평한 인물이지만, 소심한 성격의 소유자였다. 자하는 진취적인 면이 부족했던 것이다. 그래서 공자는 자하가 미치지 못한다고 했다.

지나친 것과 미치지 못하는 것 가운데 어느 쪽이 나은가? 공자는 지나침은 미치지 못함과 같다고 답한다. 삶의 예술이란 바로 중용에 있기 때문이다. 지나쳐서도 안 되고 미치지 못해서도 안 되는 것이다. 삶의 외적인 면을 키우는 것에 지나치면 삶의 본질을 잃게 되어 삶으로부터 소외될 수밖에 없다. 그런가 하면, 뜻을 품지 않고 뒤로 물러나 사는 것도 단 한 번뿐인 삶에 대한 예의가 아니다.

여기서 공자의 삶에 대한 예술의 경지가 빛을 발한다. 삶의 모든 순간에 최선을 다 하되, 나에게 온 삶에 집착하거나 더 크게 하려고 하지 않고 있는 그대로 경험하고 사랑하라는 말이다. 우리는 누구나 삶의 예술가가 될 수 있다. 우리는 자신의 삶을 있는 그대로 사랑하고 주어진 삶의 몫에 최선을 다 하는 삶의 예술가를 쉽게 만날 수 있다.

매일 가족을 위해서 오늘 저녁 메뉴는 무엇으로 할까를 궁리하는 주부의 일상에는 이미 가족에 대한 사랑과 자신에게 주어진 삶의 몫을 묵묵히 다 하는 삶의 예술이 펼쳐지고 있다. 일찍부터 가장 역할을 맡을 수밖에 없었던 늙은 어머니의 고단한 일생을 이해하고 은혜에 감사하는 아들의 애틋한 사랑과 어머니의 행복을 염려하는 마음에도 삶의 예술은 묻어난다. 아이돌에서 중년돌이 되어 버린 오래전 스타들이 화려했던 과거에 집착하지 않고 진솔한 삶의 이야기로 대중에게 다가오는 모습도 삶의 예술 그 자체이다.

무엇보다도 경이로운 삶의 예술은 첫걸음을 떼고, 엄마라는 첫 마디를 하며, 낙엽 날리는 가을날 행복을 느끼고, 내가 아닌 다른 사람을 사랑하며, 누군가를 위해서 자기 것을 나누고, 정의롭지 못한 일에 화가 나고, 다른 사람의 아픔에 눈물을 흘리는 우리의 일상이 아닐까?

누구를 위한 조종(弔鐘)인가

"감히 죽음이 무엇인지 묻습니다." 하자, 공자는 "삶을 모른다면 어떻게 죽음을 알겠는가?"라고 하였다.

敢問死 曰 未知生 焉知死

이 구절에 대한 일반적인 해석은 사는 동안 사람답게 사는 것이 중요하지 죽고 난 후의 세상에 대해 궁금해하지 말라는 것이다. 즉 내가 지금 살고 있는 이 세상에서 내 부모와 형제, 그리고 이웃을 최선을 다해 사랑하고 존중하며 행복하게 사는 것이 무엇보다 중요하다는 공자의 인본주의 철학이 담긴 구절이라고 해석한다.

그러나 정자는 이 구절에 대해 다음과 같이 말했다. "낮과 밤은 삶과 죽음의 도이다. 삶의 도를 알면 죽음의 도를 알 것이요, 사람 섬기는 도리를 다하면 귀신 섬기는 도리를 다할 것이다. 삶과 죽음, 사람과 귀신은 하나이면서 둘이요, 둘이면서 하나이다. 혹자들은 말하기를 공자가 자로에게 말해 주지 않았다고 하는데, 이는 바로 깊이 일러 준 것임을 알지 못하고 하는 말이다."

삶과 죽음은 하나다. 그늘과 비교되지 않고서는 빛이 제대로 밝을 수 없듯이 죽음을 외면한 삶은 온전할 수 없다. 엄밀히 말해 삶의 끝에 죽음이 오는 것이 아니라, 삶 속에 보이지 않게 간직되어 온 죽음이 어느 날 문득 다 갖추어진 모습으로 삶 전체를 뒤집는 것이다. 삶은 죽음 없이 존재할 수 없다. 삶이 존재할 공간을 마련하는 것이 죽음이다. 그래서 죽음은 삶이라는 백묵으로 쓰인 칠판이고, 죽음은 삶이 별처럼 반짝이는 밤의 어둠이라고 한다. 죽음을 불안하게 생각하거나, 아니면 미래에 언젠가 올 그 무엇으로 미뤄 놓는다면, 그 삶은 내내 불안한 것일 수밖에 없지 않겠는가?

영국의 시인 존 던(John Donne, 1572~1631)은 '누구를 위한 조종(弔鐘)인가'라는 시에서 다음과 같이 말했다.

어느 누구도 외딴 섬이 아닐지니,
우리 각자는 대륙의 한 조각
또는 대양의 한 부분.

흙덩이 하나가 바닷물에 씻겨 가면
유럽 땅이 그만큼 작아지듯이,
바닷가 모래톱이 씻겨 가도
그대와 친구들의 땅이 씻겨 가도
또한 마찬가지.

그 누구의 죽음도 나를 감소시키네
나는 인류라는 대륙의 일부이므로.
그러니 묻지 말라
누구를 위한 장례의 종인지

바로 그대를 위해 울리는 종이니!

학교와 가까워 점심 식사 후 자주 들르는 성모당에는 대구 지역의 사제 무덤이 있다. 그 무덤 입구에는 'HODHI MIHI CRAS TIBI'라는 라틴어 문구가 새겨져 있다. '오늘은 나, 내일은 너'라는 뜻이다. 사제 들이 "오늘 내가 여기 누워 있지만 내일은 당신이 될 것이다"라고 말 하고 있는 것이다. 당신은 당장 내일 죽어도 좋은 오늘을 살고 있는 가? 신이 당신을 찾아와 이승의 삶을 끝내고 천국으로, 진리의 세계 로 함께 가자고 할 때 "잠깐만 기다려 달라. 나는 아직 준비가 되지 않았다"고 말하지 않고 순순히 따라갈 준비가 되었는가? 당장 내일 죽는다면 당신은 오늘 무엇을 하겠는가?

우리는 피부 밑 자아가 아니라 우주적 존재이다. 태양의 후예가 아 니라 별의 후예이다. 빌 브라이슨은 『거의 모든 것의 역사』에서 다음 과 같이 말했다.

당신의 몸속에 있는 원자들은 모두 몸속에 들어가기 전에 이미 몇 개의 별을 거쳐서 왔을 것이고, 수백만에 이르는 생물들의 일부였 을 것이 거의 분명하다. 우리는 정말로 엄청난 수의 원자들로 구성 되어 있을 뿐만 아니라, 우리가 죽고 나면 그 원소들은 모두 재활용 된다.

| 탈현대 국가 |

백성이 사랑할 수밖에 없는 통치자

공자가 말하였다. 회는 나를 돕는 이가 아니다. 내 말에 늘 기뻐하기만
한다.

子曰 回也非助我者也 於吾言無所不悅

공자가 제자들을 선진과 후진으로 나누어 평하는 데서 시작되는
「선진편」은 제자의 자질을 논한 것이 주된 내용을 이룬다. 공자의 제
자라 하면, 학문을 가장 사랑하였던 안연을 비롯하여 용맹함과 강직
함으로 이름을 떨친 자로, 미래를 보는 혜안을 지녔던 자공 등 수제
자만으로도 칠십여 명이며, 그를 거쳐 지나간 제자를 포함하면 그 수
는 삼천여 명에 이른다고 한다. 말 그대로 강력한 공자 학단이 존재하
였고, 그 공자 학단의 피나는 노력이 오늘날 공자를 동아시아의 가장
위대한 사상가로 만든 것이다.

공자가 제자들을 얼마나 사랑하였는지는 『논어』 전편을 통해 면면
히 확인할 수 있지만, 그러나 그가 가장 사랑하였던 제자는 단연 안
연이었다. 훗날 공자나 맹자처럼 안자(顏子)라 불리었고, 아성(亞聖)으
로 추대되기도 했던 안연은 그러나 가난한 빈민가 태생으로 평생을
가난에서 벗어나지 못하였고, 죽었을 때에도 사인(死因)은 각기(脚氣),
오늘날의 영양실조와 비슷한 것이었다고 전한다. 공자는 왜 안연을

그토록 사랑하였던 것일까? 공자가 사랑한 그의 '학문사랑은' 어떤 것이었을까?

> 공자께서 말씀하셨다. "내가 안회와 더불어 하루 종일 이야기를 나누었는데, 그가 어기는 것이 없어서 어리석어 보였다. 그러나 물러나서 그의 사생활을 살펴보니 가르쳐 준 대로 잘 실천하고 있었다. 회는 어리석은 사람이 아니었다.

질문이 없고 말이 없어서 듣기만 하는 안회가 어리석어 보여 공자는 집으로 따라가 보았다. 집에서의 생활이 한 치도 가르침에 어긋남이 없음을 알고 공자는 감탄했다. 이 구절은 안연에 대한 공자의 사랑이 얼마나 절절하였는지를 엿보게 한다. 이 어리석어 보이기까지 하는 순박한 제자는 실은 공자의 뜻을 가장 잘 이해했고, 이미 체득하여 행위로 드러나는 경지에 이르러 있었던 것이다.

그러나 공자는 이런 안연을 두고 "회는 나를 돕는 사람이 아니다"라고 하였다. '공자를 도왔다'는 것은 「팔일편」, 자하가 공자에게 의문을 제기하여 "나를 분발시키는 이는 상이로구나[起予者商也]"라고 공자를 감탄하게 한 데 연원을 둔 것이지만, 주자의 지적처럼 이 구절은 의문이 없는 안연을 공자가 답답해했다고 이해하기보다는 자신을 진심으로 이해해 주는 제자를 기뻐했다고 보는 편이 옳을 것이다. 실제로 안연은 공자를 기리며,

> 안회가 탄식하며 말했다. "우러러볼수록 높기만 하고, 파고들수록 굳기만 하네. 바로 앞에 계신가 싶다가도 홀연히 뒤에 계신다. 스승

께서는 차근차근 인도하시고 학문으로 나를 넓혀 주시며 예로써 나를 단속하신다. 그만두려 해도 그만둘 수 없도록 하셔서 마침내 내 재주를 다 드러내게 하신다. 도달하신 그 경지가 까마득하니 따르려 해도 따를 수 없구나!"

하고 말했다. 안연이 학문을 사랑할 수밖에 없었던 것은 저 멀리서 자신을 인도하고 넓혀 주는 스승 때문이었던 것이다. 안연은 어쩌면 학문보다 공자를 더 사랑했는지도 모른다.

훌륭한 통치자란 어떤 사람인가? 안연이 공자를 사랑했듯이 차마 사랑하지 않을 수 없는 통치자이다. 그가 우리를 보살피고, 그가 우리를 이끌며, 그와 함께하는 길이 언제나 옳은 길임을 믿게 하는 통치자, 그러면서도 자신을 순순히 따르는 백성들을 보며 왜 나를 따르기만 하는지 의심하는 통치자, 백성이 혹 어리석은 것은 아닌지, 혹은 억압이나 위협은 없었는지 자신을 되돌아보는 통치자, 그런 통치자가 훌륭한 통치자이다.

공자는 스스로 위대해진 것이 아니다. 그를 위대하게 만든 것은 그의 제자들, 그의 열정과 사랑을 체감하고 이해했던 공자 학단이었다. 그러나 동시에 공자는 위대하였다. 그처럼 열렬히 자신을 지지하고 사랑하는 제자를 가졌다면 그것만으로도 그는 위대한 사람일 것이다.

훌륭한 통치자는 스스로 훌륭한 것이 아니다. 그를 훌륭한 통치자로 만드는 것은 그의 열정과 사랑을 몸소 체감한 백성들이다. 오늘날 훌륭한 통치자가 없는 것은 그를 사랑하는 백성이 없는데도 스스로 훌륭해지려 하기 때문이다.

귀신 섬김과 죽음을 아는 일

자로가 귀신을 섬기는 것에 대해 묻자, 공자는 "사람을 잘 섬기지 못한다면 어떻게 귀신을 섬기겠느냐"라고 말했다. "감히 죽음이 무엇인지 묻습니다." 하자, 공자는 "삶을 모른다면 어떻게 죽음을 알겠는가?"라고 하였다.

季路問事鬼神 子曰 未能事人 焉能事鬼 敢問死 曰 未知生 焉知死

초등학교에 다니는 막내 딸 소연이가, "아빠, 진짜 귀신이 있어?" 하고 묻는다. 그러면서 귀신은 무서우니, 너무 무섭지 않은 귀신에 관한 이야기를 해 달라고 조른다. 어릴 때부터 겁이 많던 나는 딸의 질문에 대답하기 위해 귀신을 생각해 보지만, 떠올리는 자체로도 커다란 공포감이 생겨난다. 그러나 딸에게 말해 주기 위해 떠올리는 귀신에 관한 이야기 중 내가 진짜로 경험한 것은 아무것도 없다.

왜 나는 귀신에 관한 생각을 하면 이렇게 무섭고 두려운 것일까? 곰곰이 생각해 보니, 이것은 어릴 적에 TV 프로그램으로 본 '전설의 고향'에서의 무서운 장면들과 친구나 다른 사람으로부터 전해들은 이야기 때문이다. 물론 필자를 포함한 주변 사람 어느 누구도 실제로 귀신을 본 사람은 없다. 그럼에도 불구하고 귀신에 대해 가지고 있는 생각과 감정은 누구에게나 무섭고 부정적인 것으로 가득하다.

귀신에 관한 이야기는 어른이나 어린이나 할 것 없이 누구에게나 궁금한 일이다. 이유는 잘 모르지만, 자로도 공자에게 귀신을 섬기는 일에 대해 묻는다. 공자는 이 질문에 대해 단호하게, "사람을 잘 섬기지 못한다면 어떻게 귀신을 섬기겠느냐"라고 말한다. 이 말은 '현재 닥친 일을 100% 살지 못한다면 귀신도 잘 섬길 수 없으니, 네가 만약 귀신을 잘 섬기려면 지금의 일을 100% 살라'는 말일 것이다.

만약 우리가 일상에서 만나는 모든 존재를 있는 그대로의 모습으로 대할 수 있다면, 귀신을 섬기는 일도 진실함[誠]과 경건함[敬]으로 할 수 있을 것이다. 이처럼 귀신을 섬기는 일은 지금 관계를 맺는 사람을 얼마나 잘 대하느냐에 달려 있다. 우리가 매 순간 관계를 맺는 사람들이나 자신의 일을 소홀히 한다면, 귀신을 섬기는 일이 생긴다 하더라도 그 일 이외의 것에 마음이 빼앗길 것은 너무나 분명한 사실이다. 구르지예프의 말처럼, '차 한 잔을 잘 대접할 수 있다면 무슨 일이든 잘할 수 있는 것'이다. 그러므로 자로의 질문에, 이보다 더 적절한 대답이 어디에 있겠는가?

공자는 귀신을 가장 잘 섬기고, 제사를 가장 잘 지내는 방법은 '정성을 다하여 공경[敬]하는 것'임을 강조한다. 이것은 현재의 일을 깨어서 목적 그 자체로 사는 일이다. 그래서 공자는 "내가 직접 제사에 참여하지 못하면 제사를 지내지 않은 것과 같다"고 했고, 조상에게 제사를 지낼 때에는 조상이 진짜 거기에 살아 계시는 듯이 했으며, 신에게 제사를 지낼 때에도 마치 신이 거기에 계신 듯이 했다. 이런 공자의 현재를 사는 모습에서 볼 수 있는 성(誠)과 경(敬)의 정신은 유학자들이 본성 회복의 공부를 하는 중요한 방법으로 삼는다.

자로는 공자의 이 말을 알아듣지 못하고 다시 죽음에 대해 묻는다.

공자는 "삶을 모른다면 어떻게 죽음을 알겠느냐?" 하며, 삶을 깨어서 살 것을, 그래서 현재의 삶을 100% 진실하게 살 것을 한결같이 말한다. 왜냐하면 현재를 살면 자기의 본성을 알게 되고, 자기의 본성을 알면 죽음이 무엇인지, 그리고 처음부터 죽음은 존재하지 않았다는 사실을 알게 되기 때문이다.

공자는 일반 사람들이 초월적이고 초자연적이라고 여기는 귀신이나 내세의 문제에 대한 논의에 관심이 없었다. 공자의 '지금-여기'의 삶을 강조하는 태도는, 바른 본성 회복 공부를 행하는 모든 전통에서 공유하고 있는 것이다. 왜냐하면 '지금-여기'가 귀신과 죽음의 문제를 푸는 열쇠일 뿐만 아니라, 삶의 모든 문제를 해소(解消)하는 마스터키(Master Key)이기 때문이다.

우리에게 일어나는 죽음에 대한 공포와 두려움은 해소하기 가장 힘든 장애물 중의 하나이다. 그러나 이 장애물은 실제로 존재하는 것이 아니다. 우리가 새끼줄을 뱀으로 잘못 보는 실수를 저지르지 않는다면, 새끼줄을 뱀으로 잘못 본 것에서 생겨나는 두려움과 공포가 있을 수 없듯이, 삶을 있는 그대로 살면 죽음에 대한 잘못된 견해로 인한 고통은 더 이상 겪지 않게 될 것이다. 그럼에도 불구하고 우리가 죽음의 문제를 끊임없이 만들고 스스로를 속박하기에[自繩自縛], 영적 스승들은 죽음의 문제를 해소하는 방법을 우리에게 크게 두 가지로 제시해 준다.

하나는, 자기에게 주어지는 '죽음을 포함한' 모든 것을 진실로 거부하지 않고 받아들이는 것이다. 태어난 모든 것은 죽기 마련임을 깊이 받아들이고 죽음과 관련해 생겨나는 두려움과 공포마저도 '지금-여기'가 주는 '선물(Present)'로서 기꺼이 경험하는 것이다.

인류는 생명을 연장하기 위한 노력을 끊임없이 해 왔다. 심지어 미래에는 인간의 몸을 떠나 기계 속으로 들어가는 일이 일어날지도 모른다. 그럼에도 불구하고 죽음의 문제는 죽지 않으려는 노력을 통해 해결할 수 있는 것이 아니다. 왜냐하면 근본적인 문제를 해소하지 못한 채 죽음의 시기를 연장한다고 해서 죽음에 대한 공포와 두려움이 사라지는 것은 아니기 때문이다. 그리고 무엇보다도 죽음을 올바르게 이해함으로써 생겨나는 '삶에 대한 사랑'을 진실로 깨달은 것이 아니기 때문이다.

우리가 죽음을 떨쳐 버리려고 하면 할수록, 죽음을 외면하고 잊으려고 하면 할수록 죽음은 우리를 더욱 힘들게 한다. 우리가 태어났기에 반드시 죽어야 한다는 사실을 깊이 받아들인다면, 그래서 죽는다는 사실에 거부감이 조금도 없다면, 죽음은 우리를 망가뜨리는 결코 피할 수 없는 절망적인 경험으로 인식되지 않을 것이다. 소크라테스의 경우처럼 죽음을 평생 동안 경험하지 못한 또 다른 하나의 사건으로 여기며, 성장의 기회로 삼고 '지금-여기'의 일로 '살' 것이다. 가슴에는 '지금-여기'가 제공하는 환희를 품은 채 말이다.

다른 하나는, 죽음이란 존재하지 않음을 아는 것이다. 사실 죽음은 육체와 관계되는 일이다. 우리는 육체가 아니기에 우리는 태어난 적이 없다. 우리가 스스로를 육체와 동일시하며, '나는 육체다', '나는 개체다'라는 생각과 동일시하기에 '태어남이 있고, 또 죽음이 있게 되는 것'이다.

우리는 항상 죽음을 진지하게 생각해야 한다. 그리고 자기에게 '나는 누구인가?'를 끊임없이 질문해야 한다. 이것이 죽음을 아는 일이자, 죽음의 문제를 해소하는 가장 강력한 방법이다.

우리는 귀신이 있는지, 죽음이 무엇인지, 사후 세계가 있는지 하고 물을 필요가 없다. 공자와 마찬가지로 석가모니도 이런 질문을 받았을 때, "이런 견해가 있으면 태어남, 늙음, 죽음, 근심, 탄식, 육체적 고통, 정신적 고통, 절망이 있을 뿐이다"라고 말했다. 그리고 이런 물음은 "참으로 이익을 주지 못하고, … 최상의 지혜, 바른 깨달음, 열반 등으로 인도하지 못한다"고도 했다. 그러면서 그는 "'지금-여기'에서 바로 태어남, 늙음, 죽음, 근심, 탄식, 육체적 고통, 정신적 고통, 절망이 소멸하는 법을 가르친다"고 말했다.

우리는 문제를 해소하는 직접적인 방법을 사용해야 한다. 그리고 그것은 '지금-여기'를 사는 일에 계합(契合)하는 일이다.

12. 「안연(顏淵)」

상대편의 아름다움을 이루어 주는 사회

공자가 말했다. "군자는 상대편의 아름다움을 이루어 준다."

子曰 君子成人之美

'성인지미(成人之美)'는 탈현대 사회 건설의 핵심 전략이다. 상대편의 나쁜 점을 들추어내어 탈현대인을 만들 수는 없다. 프로이트는 억압된 지저분한 무의식을 밝혀냄으로써 마음을 밝히고자 했지만, 그런 방식으로는 그 사람이 품고 있는 아름다움에 도달할 수 없었다.

초등학교 6학년 무렵, 나에게는 도벽이 있었다. 나는 아버지의 주머니에서 돈을 훔쳐서 장판 밑에다 숨겨 두었다. 어느 날 숨겨 둔 돈이 발각되었고, 아버지는 나에게 처음이자 마지막으로 매질을 하셨다. 나는 매를 맞으면서 억울하지도 분하지도 않았다. 내가 큰 잘못을 저질렀으니까, 아버지가 나를 때리시는 것이 당연하다고 여겼다.

매질 이후, 아버지는 한 번도 나의 도둑질을 언급하지 않으셨다. 그리고 다시는 도둑질을 하지 않겠다는 나의 말을 굳게 믿으셨다. 실제로 그날 이후 나는 한 번도 남의 물건을 훔쳐 본 일이 없다. 만일 아버지가 그 일로 나를 의심하셨다면 어떤 일이 벌어졌을지 모르겠다.

고등학교 1학년 때 절에 가 있고 싶다고 말씀드렸을 때, 여름방학에는 해인사에, 겨울방학에는 화엄사에 머무는 것을 아버지는 허락해 주셨다. 아버지는 내가 법대나 상대를 가길 원하셨지만, 내가 사회학과에 진학하고 싶다고 하자 그렇게 하도록 허락해 주셨다. 나는 아버지를 많이 좋아하고 존경했다. 만일 지금의 나에게 좋은 점이 있다면, 그것은 아버지가 나에게 준 선물일 것 같다.

싱클레어에게 데미안이란 훌륭한 친구가 있었다면, 나에겐 박원식이란 훌륭한 친구가 있었다. 우리는 학교를 마쳤을 때 학교에서 원식이 집까지 수많은 마음속 얘기를 나누면서 함께 걸었고, 집에 도착했을 때 늘 이야기가 한창 진행 중이어서 우리는 골목길을 뱅뱅 돌며 많은 얘기를 나누었다. 원식이의 도움으로 나는 그때까지 딸 많은 집의 늦둥이 아들이 빠져 있던 태로부터 벗어날 수 있었다. 좋은 친구란 자신이 품고 있는 아름다움을 비추어 주는 친구가 아닐까 싶다.

훌륭한 선생님이란 어떤 사람일까? 나는 직업이 교사여서 이 문제를 종종 생각해 보곤 했다. 내가 떠올릴 수 있는 인류 역사상 가장 훌륭한 선생님은 공자이다. 왜 그런가? 공자는 제자들 안에 잠자고 있는 아름다움을 일깨워 준 선생님이기 때문이다. 나는 공자를 본받아 내 힘이 닿는 한 학생들 속에 살고 있는 아름다움을 일깨워 주려고 노력하고 있다.

TV를 보다 보면, 이 세상은 악인으로 뒤덮여 있는 것 같은 생각이

든다. 토막 살인사건을 저지른 범인, 싸움질만 하는 국회의원, 부정한 방법으로 상속하는 재벌, 갑질을 일삼는 아파트 주민, 민간인에 테러를 자행하는 IS대원, 성추행을 일삼는 직장 상사….

기자들은 기를 쓰며 상대편이 숨기려고 하는 것을 파헤치려 한다. 그리고 그 파헤침이 성공을 거두었을 때, 그는 득의양양해서 '나는 이 사람이 얼마나 파렴치한 사람인가를 알아냈다'라고 생각한다. 과연 그 기자는 그 사람을 진정으로 안 것일까? 그리고 그 기자의 앎은 이 세상을 살기 좋은 곳으로 만드는 데 기여했을까?

나는 내 마음속을 알기 때문에 기자들처럼 노력을 기울이지 않아도 내가 얼마나 파렴치한 사람인지를 잘 알고 있다. 내 마음속을 우리 학생들이 들여다본다면 '저게 무슨 선생이야!' 하며 삿대질을 할 것이다. 내 마음속에는 많은 파렴치한 생각이 살고 있는 것이 사실이지만, 나는 내가 파렴치한 사람이라고 생각하지 않는다. 왜냐하면 내 마음속에는 고결하고 아름다운 것들도 많이 살고 있기 때문이다. 그리고 이런 아름다운 내가 진짜 나라고 생각하기 때문이다.

이 세상 모든 사람들도 나와 마찬가지라고 생각한다. 그러므로 그 사람을 진정으로 안다는 것은 그 사람 속에 숨겨져 있는 '아름다운 것'을 발견하는 것이라고 본다. 탈현대 사회는 다른 사람의 아름다움을 조명하고 이루어 주는 사회이다. 또한 다른 사람의 아름다움을 조명하고 이루어줌을 통해서 우리는 탈현대 사회에 도달할 수 있다.

남의 아름다움을 이루어 주는 삶

공자가 말했다. "군자는 남의 아름다움을 이루어 주고, 남의 악을 이루어 주지 않으니, 소인은 이와 반대다."

孔曰 君子 成人之美 不成人之惡 小人 反是

우리는 매일매일 누군가를 만나고 서로 영향을 주고받으며 산다. 어떤 사람을 만나면 나도 참 좋은 사람이라는 생각으로 행복해진다. 그 사람과의 대화는 내 안에 있는 사랑을 키우고 다른 사람이 주인공인 삶의 드라마에 깊이 공감하도록 한다. 그런 만남은 나에게 무난한 일상에서 감동을 발견하도록 하고 감사하도록 한다.

반면, 어떤 사람을 만나면 나도 별 볼 일이 없는 사람이라는 생각에 씁쓸해지기도 한다. 그 사람의 행동이나 말이 나에게 상처가 되고 내 안에 있는 부정적인 싹을 키운다. 그런 만남은 내가 너무 만만한가, 화를 내야만 하나, 나를 무시하나 등 무의미한 질문으로 나를 불행으로 몰고 간다.

나 자신은 달라진 것이 없는데, 왜 그럴까? 내가 만난 사람이 다르기 때문이다. 공자는 남의 좋은 면을 이루어 주는 사람을 군자라고 한다. 군자를 만나면 자기 안의 좋은 면을 이룰 수 있게 된다. 우리가 군자만 만날 수 있다면, 삶은 꽃길만 걷게 될 것이다. 그렇다고 군자만 찾아서 만나는 것은 불가능하다. 우리가 할 수 있는 선택은 스스로 군자가 되고자 뜻을 품는 것이다.

공자가 군자와 소인은 사람의 다른 면을 이루어 준다는 것을 말한 까닭은 우리에게 군자가 되어서 남의 아름다움을 이루어 주는 삶을 살라는 말을 하기 위해서 일 것이다. 그런 삶의 바탕에는 사랑이 있다. 삶의 진리를 찾아서 오랜 수행 끝에 지금 이대로 완전하다는 깨달음을 얻은 김기태 선생님은 사랑으로 남의 아름다움을 이루어 주는 삶을 살고 있다.

선생님은 상처 있는 사람에게 그 상처로부터 자유로워질 수 있도록 고통에 귀 기울이고 깊이 듣는 스승이다. 그런 사랑은 말더듬이인 자신을 증오하던 청년이 그런 자신을 증오하는 마음을 자각함으로써 말더듬이로부터 자유를 얻고 그의 삶이 활짝 피어나도록 했다. 누구나 말더듬이와 같은 자기 마음에 들지 않는 무엇, 부족하다고 여기는 무엇이 있다.

그것 때문에 삶이 힘들고 빛을 잃었다고 생각하기 때문에 우리는 그것을 없애 버린 삶을 원한다. 말을 더듬지 않으려고 하면 할수록 더욱 더듬을 수밖에 없는 것처럼, 그 무엇에서 벗어나려고 집착하면 할수록 그것의 지배를 받는 삶을 살 수밖에 없다. 크든 작든 상처를 가진 삶의 아름다움은 상처를 제거하는 것이 아니라 상처로 인해 성숙해질 때이다.

남의 아름다움을 이루어 주는 삶이란 그 사람에게서 나쁜 점을 완전히 제거하도록 하는 것이 아니라, 그 사람의 좋은 점이 잘 발휘될 수 있도록 지지하고 기다려 주고 믿는 것이다. 학교생활에 잘 적응하지 못했던 아인슈타인이 언젠가는 잠재력을 발휘할 것이라고 믿고 기다렸던 엄마의 사랑은 아인슈타인의 천재성을 발휘하도록 이끌어 주었다.

50대 중반의 학문적 성과를 거둔 한 교수님은 달동네에서 보낸 유년시절을 추억하면 할머니가 늘 들려주시던 한마디가 힘들었던 그때를 있는 그대로 살아가도록 하는 힘이었다고 한다. 가난을 부끄러워할 수 있는 어린 손자에게 할머니는 우리 손자는 동네에서 가장 높은 곳에 살아서 세상을 비추는 사람이 될 수 있을 것이라며 격려해 주셨다고 한다. 그 한마디가 가슴에 남아서 손자의 좋은 면을 이루는 힘이 되었던 것이다.

실패하거나 부족한 면이 있더라도 비난보다는 할 수 있다는 응원을 보내는 가족이나 친구의 존재가 우리의 아름다운 면을 이루어 준다. 허황되거나 과장된 부추김이 아니라 사랑을 바탕으로 하는 전폭적인 신뢰는 자신의 좋은 면을 활짝 피어나도록 한다. 오늘 여러분은 남의 좋은 면을 이루어 주는 삶을 살았나요? 아니면 나쁜 면이 드러나도록 하는 삶을 살았나요?

예가 아니면

안연이 "그 조목을 묻겠습니다." 하고 말하자, 공자가 말했다. "예가 아니면 보지 말며, 예가 아니면 듣지 말며, 예가 아니면 말하지 말며, 예가 아니면 동하지 않는 것이다." 안연이 말하였다. "제가 비록 불민하오나 청컨대 이 말씀을 따르겠습니다."

顏淵曰 請問其目 子曰 非禮勿視 非禮勿聽 非禮勿言 非禮勿動 顏淵曰回雖不敏 請事斯語矣

인은 '행하는' 것이 아니라 '되는[爲仁]' 것이다. 그리고 인이 되는 것은 자신으로 말미암는[由己] 것이지 다른 사람에게서 전하여 받는 것[由人]이 아니다. 예(禮)란 무엇인가? 주자는 예를 천리(天理)의 절문(節文)이요 인사(人事)의 의칙(儀則)이라고 하였다. 절은 마디를 말하니, 절문이란 마디가 있는 무늬이다. 즉 천리는 마디 있는 무늬와 같이 질서가 있다는 뜻이다. 이러한 질서 있는 하늘의 이치가 인간에게 내재된 것이 곧 인사의 의칙인 것이다. 그러나 인간은 그러한 하늘의 이치가 스스로에게 내재되어 있는지 잘 알지 못한다. 더 나아가 자신을 하늘의 이치 밖에 있는 존재로 여기기도 한다.

인성교육은 자신의 마음속에서 궁극적인 하늘의 이치, 즉 사랑[仁]을 발견하는 교육이다. 요즈음은 인성교육을 도덕교육과 같은 의미로 사용하고 있으나, 사실 인성교육은 도덕교육과 다르다. 인성교육은 말 그대로 자신의 본성을 발견하는 교육이다. 인성이란 인간이라면 누구나 가지는 공통적인 본연지성과 기질에 따라 다른 자기만의 고유한 기질지성을 말한다. 그리고 유학에서는 그것을 사랑[仁]이라고 한다.

맹자가 말했듯이 인간은 누구나 자신의 마음속에 무한한 용량을 가진 사랑의 샘을 가지고 있다. 그런데 그 샘을 막고 있는 바위가 있다. 그 바위 이름은 '나'이다. 인성교육이란 사랑의 샘을 막고 있는 바위를 치우는 일이다. "자기를 이겨 예로 돌아가면 인이 된다"는 것이 바로 그 바위를 치우는 일이다. 따라서 유학에서의 인성교육의 방법론은 어떻게 하면 그 바위를 치울 수 있는가가 핵심적인 것이 된다. 양명은 "성인이 되기 위한 공부는 무아를 근본으로 삼는다[聖人之學以無我爲本]"고 하여 다음과 같이 말했다.

> 제군은 항상 이것을 체득해야 한다. 사람의 마음은 본래 천연(天然)의 리이기 때문에 정명(精明)하기 그지없어 솜털만큼의 물듦도 없으니 단지 하나의 '무아'일 뿐이다. 가슴속에 절대 어떠한 것도 두어서는 안 되니. 어떤 것이라도 두게 되면 오만하게 된다. 옛 성인들이 여러 훌륭한 점을 가지게 된 것은 단지 '나라는 생각을 없애는' 공부가 뛰어났기 때문이다.

안회가 공자에게 극기복례의 구체적인 방법을 물었을 때 공자가 "예가 아니면 보지도 말고, 듣지도 말고, 말하지도 말고, 마음이 동하지도 말라"고 한 것이 '나'라는 바위를 치우는 핵심적인 방법이 된다. 즉 보고, 듣고, 말하고, 마음이 동하는 모든 상황 속에서 '나'라고 하는 에고(ego)가 어떻게 작동하는지 지켜보는 것이 바로 바위를 치우는 방법이다.

모든 경험에는 세 가지 구성 요소가 있다. 감각기관에 의한 인식, 생각 또는 정신적 이미지, 그리고 감정이 그것이다. 공자가 말하는 보고, 듣고, 말하고, 마음이 동하는 상황은 인식과 이미지와 감정을 모두 포함하는 것이다. 즉 사물(四勿)이란 다른 말로 하면 모든 경험 상황을 지칭하는 것이다.

물론 지켜보는 마음이라고 했을 때 그것을 하나의 주체로 여겨서는 안 된다. 지켜보는 것이 누구인가에 초점을 맞추면 그때 지켜보는 자로 여겨지던 것은 그저 바라봄으로 변하고, 다시 이것이 의식의 특성을 체험하는 자의 앎으로 이어지기 때문이다. 이것이 의식의 비인격적 특성이다. 거기에는 지켜보고 주시하고 바라보는 일을 하는 개인적인 실체는 존재하지 않는다. 즉 자신이 생각을 하고 있다는 것을 지켜볼 때 그 지켜봄은 생각의 일부가 아니라 의식의 다른 차원인 것이다. 예컨대 내가 공간을 알아차릴 때 나는 실제로는 아무것도 알아차리지 않지만 알아차림 그 자체를 알아차리는 것이다. 즉 내면의 의식 공간을 알아차리는 것이다. 달리 말하면 우주는 나를 통해 자기 자신을 알아차리는 것이다. 이것이 춤추는 자가 사라지고 춤만 남는다는 말의 뜻이다.

| 탈현대 국가 |

가장 중요한 것은 백성의 믿음

자공이 정치는 어떻게 해야 하는 것인지 물었다. 공자가 말하였다. "풍족한 식량, 충분한 병력, 백성의 신뢰가 있어야 한다." 자공이 말하였다. "어쩔 수 없이 하나를 버려야 한다면 셋 가운데 무엇을 먼저 버려야 합니까?" 공자가 말하기를, "병력을 버려야 한다." 자공이 말하였다. "또 하나를 버려야 한다면 둘 가운데 먼저 무엇을 버려야 합니까?" 공자가 말하였다. "식량을 버려야 한다. 예로부터 사람은 모두 죽지만 백성에게 믿음이 없으면 국가가 존립할 수 없다."

子貢問政 子曰 足食 足兵 民信之矣 子貢曰 必不得已而去 於斯三者何 先 曰 去兵 子貢曰 必不得已而去 於斯二者何先 曰 去食 自古皆有死 民 無信不立

촛불혁명이 성공한 2017년, 사람들은 외쳤다. '이게 나라냐?'라고. 그리고 새로운 정부가 출현한 2018년, 이제 사람들의 가장 큰 관심사는 '나라다운 나라' 만들기이다. 어떤 나라가 '나라다운 나라'인가? 가진 자의 횡포가 없는 사회, 비정규직 노동자가 희생되지 않는 사회, 최저임금이 보장되는 사회, 마음 놓고 아이를 낳고 기를 수 있는 사회, 저녁이 있는 삶 등 참으로 다양한 사람들이 다양한 의견을 내놓았다.

어떤 나라가 '나라다운 나라'인가? 공자는 말한다. '나라다운 나라'는 경제적으로 풍요로운 나라이며, 외부의 침략으로부터 안전한 나라이며, 또 국민이 신뢰할 수 있는 나라라고. 그가 생각한 '나라다운 나라' 역시 우리의 생각과 다르지 않다. 경제력과 국방력은 오늘날에도 여전히 국가를 지탱하는 두 개의 기둥이다. 단, 공자는 경제력과 국방력 위에 '백성의 신뢰'를 두었고, 아무리 경제력과 국방력이 강하여도 백성의 신뢰를 잃으면 그 나라는 존속될 수 없다고 말하였다. 왜 그처럼 백성의 신뢰가 중요한가? 주자는 이 구절을 두고 다음과 같이 주해하였다.

> 가장 먼저 병력을 버린 것은 식량이 풍족하고 신뢰가 두터우면 병력이 없어도 나라를 지킬 수 있기 때문이다. 다음으로 식량을 버린 것은 식량이 없다는 것은 죽는다는 것이다. 그러나 죽음은 사람이라면 누구나 피할 수 없는 것, 신뢰가 없으면 임금은 살아 있어도 스스로 독립할 수 없으니 죽어서 편안한 것이 낫다. 따라서 임금이 차라리 죽을지라도 백성의 신뢰를 잃지 않으면 백성이 또한 차라리 죽을지라도 임금에 대한 신뢰를 저버리지 않으니 나라는 존속할 수 있다.

경제력이 막강하면 군대가 없어도 나라는 존속된다. 군대가 없이도 행복한 나라는 지금도 지구상에 많다. 그러나 경제력이 막강해도 국민이 신뢰하지 않는 나라는 존속할 수 없다. 국민의 믿음이 있으면, 자신의 목숨을 버려서라도 나라를 지키겠지만, 국민의 믿음이 없으면 스스로가 떠나갈 것이기 때문이다.

왜 사람들은 나라를 믿지 못하는가? 어떻게 하면 사람들이 나라를 믿을 수 있을까?

군자가 자주 맹세하니
혼란은 오히려 커지기만 하네.

삼경(三經) 가운데 하나인 『시경』 「소아(小雅)」의 한 구절이다. 설(說), 설, 설, 설이 난무하는 나라, 아니, '설'만 난무하는 나라는 믿음이 사라진 나라이다.

공자는 무엇보다 말이 앞서는 사람을 미워했다. 향당에서 공자는 마치 말이 어눌한 사람 같았고, 스스로 '굳세고, 의롭고, 소박하고, 어눌한 것이 인(仁)에 가깝다'고도 하였다.

지금 세상에는 '설'이 난무한다. 선거 때마다 등장하는 지키지 않을 공약들, '설'들. 그 '설'만이라면 세상은 지상의 낙원도 되었을 것이다. 그런데 현실은 어떠한가? 부정과 비리가 판을 치고, 가진 자의 횡포는 여전하며, 약한 자의 눈물 또한 마르지 않았다.

자신이 비호하던 대통령의 탄핵을 반대한 한 의원은 탄핵이 가결되면 '손에 장을 지지겠다'고 호언장담했고, 국정원 특활비에 연루되어 검찰 수사를 기다리고 있는 모 의원은 자신이 뇌물을 받았으면 '동대구역에서 할복을 하겠다'며 자신의 무죄를 주장했다. 또 모 대선주자는 자신이 선거에 패배하면 물에 빠져 죽겠다고 국민을 협박하기도 했다. 번지르한 '설'만 난무한 것이 아니라 독한 막말도 난무하고 있다. 참으로 정치가들이 자주 맹세하니 나라는 혼란스럽고 국민은 믿을 곳이 없다.

말은 행동을 가릴 수 없다. 나라를 다스리는 사람은 헛된 맹세로 국민을 속이려 들기 전에 자신의 행동을 바로잡아야 한다. 정치가들이 헛된 맹세로 국민을 기만하지 않는 나라, 그 나라가 바로 '나라다운 나라'이다.

나는 누구인가?

안연(顔淵)이 인을 묻자 공자가 말했다. "자기를 이겨 예로 돌아가면 인이 되는 것이니, 하루 동안이라도 자기를 이겨 예로 돌아가면 천하가 인으로 돌아가는 것이다. 인이 되는 것은 자신에게 달려 있으니, 남에게 달려 있는 것이겠는가?" 안연이 "그 조목을 묻겠습니다." 하고 말하자, 공자가 말했다. "예가 아니면 보지 말며, 예가 아니면 듣지 말며, 예가 아니면 말하지 말며, 예가 아니면 동하지 않는 것이다." 안연이 말하였다. "제가 비록 불민하오나 청컨대 이 말씀을 따르겠습니다."

顔淵問仁 子曰 克己復禮爲仁 一日克己復禮 天下歸仁焉 爲仁由己 而由人乎哉 顔淵曰 請問其目 子曰 非禮勿視 非禮勿聽 非禮勿言 非禮勿動 顔淵曰 回雖不敏 請事斯語矣

인(仁)에 대한 질문은 본성 회복 공부의 관점에서 볼 때, '나는 누구인가?'라는 질문과 맥을 같이한다. 왜냐하면 인이 되는 일은 '참나[眞我]'를 아는 일이기 때문이다. 공자는 본성 회복 공부에 가장 열정적이었던 수제자 안연이 인에 대해 물었을 때, '자기를 이겨[극복하고] 예로 돌아가면 인이 되는 것'이라고 말했다. 그렇다면 공자가 말한 이겨야 할 '자기'는 누구이고, 인이 되었을 때의 '자기'는 또 누구일까? '자기'가 둘일 수 없으니, 이 중 하나는 '참나'가 아닐 것이다.

지금 이 순간, 너무나 분명하게 현존함에도 불구하고 우리가 답하기 힘든 질문 중의 하나는, '나는 누구인가?'라는 물음이다. 이 질문에 자신이 누구인지를 진실로 답할 수 있다면, 삶의 많은 문제는 잘못된 자기 동일시에서 생겨나는 것임을 알 것이고, 자신은 생로병사(生老病死)와 아무런 상관이 없는 존재임도 알 것이며, 자신은 있는 그대로 자유이고 진리이며 평화임도 알 것이다.

게으른 자기, 사소한 일에도 분노하는 자기, 같은 실수를 반복하는 자기, 용기가 부족한 자기, 미래에 대해 불안해하는 자기, 자신만이 불행한 일을 당한다고 생각하는 자기 등 우리가 못마땅해하는 자기는 헤아릴 수 없이 많다. 그러나 이런 자기가 진짜 '나'일까? 그리고 극복하기 위해 사용하는 통제와 조절의 방법들은 참나를 아는 일에 꼭 필요한 것일까?

사실, 극복하고자 하는 '어떤' 자기도 '참나'가 아니다. 우리가 나라고 여기는 모든 것은 생각, 감정, 느낌들이 만든 허구의 '나[ego]'일 뿐이다. 우리가 몸을 '나'라고 여기거나, 생각과 감정과 느낌의 다발을 '마음'이라고 부르며 '나'와 동일시하기에 삶의 대부분의 문제가 생겨난다. 그래서 많은 성인(聖人)들이 '나'라는 것은 거북의 털이나 토끼의 뿔처럼 본래부터 존재하지 않은 것[無我]임을 가르쳐, 삶의 모든 문제를 한꺼번에 해소해 주고자 했던 것이다.

우리가 흔히 '나'라고 부르는 것이 참나가 아님을 알면, 그래서 생각과 감정과 느낌 등을 간택 없이 있는 그대로 허용할 수 있으면, 나쁜 생각이랄 것도 없고 없앨 감정이랄 것도 없어, 때에 맞게 맞이하고 사용하며 보낼 수 있다. 또, 사욕에도 휘둘리지 않을 수 있어 곧장 예를 회복하고 인이 된다.

새끼줄을 뱀으로 잘못 보았을 때 뱀으로 인한 두려움과 괴로움이 생겨나듯이, 에고를 '참나'로 잘못 알 때 생로병사의 고통뿐만 아니라, 모든 괴로움이 생겨난다. 새끼줄을 뱀으로 잘못 알아서 생겨난 고통은 새끼줄을 새끼줄로 아는 즉시 사라지듯이, 에고를 에고로 알면, 다시 말해 참나를 '알면', 더 나은 '나'가 되기 위해 극복해야 할 '나'도 없고, 없애야 할 '나'도 없으며, 통제나 조절을 통해 수행하고 닦을 '나'도 없음을 알게 된다. 그러므로 자기를 '이긴다[克]'는 말은, 자기를 '안다'는 말이다.

빛을 비추면 어둠은 있을 수 없듯이, 우리는 못마땅한 자기와 싸울 필요도, 없애고자 노력할 필요도 없다. 그러므로 '자기를 알아 예로 돌아가면 인이 된다'는 말은, 자기를 알면 순식간에 사사로운 생각이 사라져 예로 돌아가게 되고, 그와 동시에 인이 된다는 말이다. 물론 인이 되는 일은 한 사람의 개체로서 인을 얻는 것이 아니라, 소금인형이 바다와 만나면 흔적도 없이 녹아 바다와 하나가 되듯이, '나'가 사라진 천지만물일체(天地萬物一體)로서의 '천하[眞我]'가 인이 되는 것이다.

공자의 말처럼, 인이 되는 일은 전적으로 자기에게 달려 있다. 그러므로 '나는 누구인가?'라는 물음을 끊임없이 함으로써 모든 관심을 자기 자신을 아는 일에 보내야 한다. 왜냐하면 참나를 알려는 열망이 가득차야만 자기가 누구인지에 대한 의문이 저절로 해소되기 때문이다.

위의 대화에서 공자는 자기를 이기는 기간이 '하루 동안'만 되더라도 천하가 인으로 돌아간다고 했다. 사실 천하가 인으로 돌아가게끔 하기 위해 자기를 아는 시간은 '하루'를 필요로 하지 않는다. 어떤 영적 스승은 3초간의 무아(無我) 체험으로도 한평생을 진리에 순종했다고 하니, 중요한 것은 체험의 길고 짧음이 아니라 체험을 통한 해소인 것이다.

그렇다면 왜 공자는 인이 되기 위한 공부의 조목을 묻는 안연에게 '~한 예를 행하라'라고 하지 않고, '예가 아니면 ~하지 말라'라고 했을까? '예가 아니면[非禮]'이라는 말은, 사욕(私慾)이 개입되었음을 말한다. 그러므로 '예가 아니면 ~하지 말라'는 말은 보고 듣고 말하고 행동하는[視聽言動] 일에 사욕이 개입되면 행하지 말라는 말이다. 그러므로 이 말은 우리의 본성은 사욕을 알아차리면 저절로 예로서 행위를 할 수 있으므로, 다만 '삶을 자각 속에서 살라'는 말이다. 왜냐하면 우리가 자각할 때 참나로서 살 수 있기 때문이다.

안연은 공자의 가르침에 조금의 망설임이나 의심도 없이, '비록 민첩하지 않으나 청컨대 이 말씀을 따르겠습니다'라고 말했다. 공자는 "말해 주면 게을리하지 않는 자는 안회이다." 또, "안회는 나를 돕는 자가 아니다. 나의 말에 대해 기뻐하지 않는 것이 없구나"라고 안연을 칭찬했다.

도를 아는 일은, 스승을 깊이 신뢰하고 그의 말을 전적으로 받아들이며 실천할 때 가능하다. 스승을 신뢰하고 가르침을 받아들이는 일은 자신에게 '나는 누구인가?'를 끊임없이 묻는 일이다. 빚쟁이에 쫓기는 절박한 심정으로 '나는 누구인가?'에 대해 끊임없이 의문을 품는다면, 오래지 않아 그 열망으로 인해 참나가 모습을 드러내어 모든 '거짓 나'를 불태울 것이다.

13. 「자로(子路)」

| 탈현대 문명 |

명(名)을 바로 세워야

 공자가 말했다. "반드시 명(名)을 바로 세우겠다."

子曰 必也正名乎

"반드시 명(名)을 바로 세우겠다." 이것은 위(衛)나라에서 정사를 잡으면 무엇을 우선하겠느냐는 자로(子路)의 질문에 대한 공자의 대답이다. 이에 대해, 자로는 '선생님의 우활하심이여!'라고 한탄조의 직격탄을 공자에게 날린다. 이는 번역하자면 다음과 같다. '참으로 물정 모르시는 선생님이시여! 답답하십니다!'

전란의 한가운데에서 나라의 흥망이 엇갈리는 가운데, 공자가 가장 시급하게 하겠다는 일은 급박한 현실과 너무 동떨어져 있는 것이 아니냐는 자로의 반문은 충분히 이해할 만하다. 그러나 일국의 흥망이 아니라 인류 문명의 존속 자체가 위태로운 현시점에서, 우리가 가장 시급히 해야 할 일은 '명을 바로 세우는 일'이라고 주장하고자 한다. 자로가 하늘처럼 섬기는 선생님의 말씀임에도 불구하고, '우활하다!'며 비웃음을 산 그 주장을 나는 왜 지금 되풀이하려고 하는가?

'명을 바로 세운다'는 것은 '무엇이 옳고, 그른 것인가'를 바로잡는 일을 말한다. 이것이 왜 가장 시급한 일인가? 만일 그릇된 명의 바탕 위에서라면 노력을 더 많이 기울이면 기울일수록 더 큰 문제가 양산될 것이다. 그러므로 '명을 바로 세우는 일'이 가장 시급한 일이 되는 것이다. 특히 문명의 전환기에는 더욱 그러하다.

문명의 전환기는 그것을 향해 문명의 노를 저어 가는 북극성을 바꾸어야만 한다. 북극성을 바꾼다는 것은 '명을 새롭게 세우는 것'을 의미한다. 만일 그렇게 하지 못하면, 지구호는 천 길 낭떠러지로 떨어져 버리고 말 것이다. 현 지구의 상황이 바로 그렇다.

지구호는 지난 수백 년간 '풍요로운 사회 건설'이라는 북극성을 향해 열심히 노를 저어 왔다. 그리고 마침내 과거에는 상상조차 하기 힘든 풍요로운 사회를 건설했다. 그러나 인류의 노질은 멈추지 않고 있다. 오히려 더 빨라지고 있다. 왜인가? 현대 사회에서 '풍요로운 사회 건설'은 문명의 궁극적인 목표이기 때문이다.

만일 인류가 그것을 향해 노를 저어 갈 북극성을 바꾸지 못한다면 어떻게 될 것인가? 천 길 낭떠러지 아래로 떨어져 버릴 것이다. 인류의 끝없는 탐욕으로 인해 지금 지구는 신음하고 있다. 수많은 생명체들이 병들고 멸종되고 있다. 하늘과 바다가 오염되고 있다. 탐욕의 바다에 빠진 인류 역시 소외되고 고통받고 있다. 더 많은 소유와 소비를 위해 소중한 삶을 탕진한다면, 그것은 얼마나 통탄스러운 낭비인가!

그러므로 지금 인류가 해야 할 일은 낡은 북극성을 향해 너 열심히 노를 젓는 일이 아니다. 가장 시급한 일은 그것을 향해 노를 저어 갈 북극성을 바꾸는 일이다. 무엇이 인류의 새로운 북극성이 될 수 있는가? '참나의 실현', 이것이 인류의 새로운 북극성이다. 돈 몇 푼을 얻기 위해 미친 듯이 떠돌아다닌 것이 과거 인류의 삶이었다면, 우리 안에 내장된 무진장한 보고를 발견하고자 하는 것이 새로운 인류의 목표가 되어야 한다.

새로운 기준에서 보면, 무엇이 옳은 것이고 무엇이 그른 것인가?

소유와 소비를 삶의 목적으로 삼는 것은 틀린 것이다. 부지런히 일해야 된다는 생각도, 경쟁이 발전을 가져온다는 생각도 틀린 것이다. 너와 내가 세상으로부터 분리된 개체이며, 그러므로 우리 모두 하찮은 존재라는 생각도 틀린 것이다. 성공해야 한다는 생각도 틀린 것이다. 이익을 추구해야 한다는 생각도 틀린 것이다.

옳은 것은 무엇인가? 우리 안에는 '눈부시게 아름다운 나'가 잠들어 있다는 생각이 옳은 것이다. 우리가 행복을 얻기 위해서 어딘가로 갈 필요가 없다는 생각도 옳은 것이다. 너를 행복하게 하지 않고는 내가 행복해질 수 없다는 생각도 옳은 것이다. 용서받을 수 없는 죄는 없다는 생각도 옳은 것이다. 평화롭게 마음을 다해 걷고, 숨 쉬는 일이 가장 시급한 일이란 생각도 옳은 것이다.

'명을 바로 세우는 일'이 과연 우활한 것일까? 그렇지 않다. 명을 바로 세우는 일! 이것은 문명의 파국을 막고, 눈부시게 아름다운 신문명으로 나아가기 위한 가장 시급한 과제이다.

인기 있는 삶

자공이 물었다. "마을 사람들이 모두 좋아하면 어떻습니까?" 공자가
답했다. "옳지 않다." "마을 사람이 모두 싫어하면 어떻습니까?" 공자가
말했다. "옳지 않다. 마을 사람 중에 착한 사람이 좋아하고 착하지 않은
사람이 미워하는 것만 못하다."

子貢問曰 鄕人皆好之 何如 子曰 未可也 鄕人皆惡之 何如 子曰 未可也
不如鄕人之善者好之 其不善者惡之

현대인들은 인기에 관심이 많다. 인기가 자신의 존재를 확인하는
방법이라고 생각하는 사람도 있다. 그래서 인기를 얻기 위해서 많은
노력을 하고 인기에 연연하는 삶을 살기도 한다. 최근 청소년이나 젊
은이들 사이에 유행하는 '관종'이라는 신조어가 있다. 사람들의 관심
을 얻고 싶어 하는 사람을 부르는 비속어로 '관심 종자'의 줄임말이
다. 표현이 적나라할 뿐만 아니라, 다른 사람의 관심을 끌거나 인기를
얻으려는 행동을 노골적으로 폄하하는 부정적인 말이다.

현대인의 삶은 관심이나 인기를 얻는 것에 과도하게 집착하는 경향
이 있다. 트위터나 페이스북 등 소셜 네트워크 서비스[SNS]를 활용하
여 사람들의 관심을 받고 자기 존재감을 과시하려는 경향이 현대적인
트렌드이다. 자기 일상의 소소한 체험에서부터 특별한 일까지 사진을

찍고 의미를 부여한 후에 다른 사람에게 공개한다. 자기의 삶에 대해서 사람들이 '좋아요'를 클릭하고 부러워하도록 애쓰는 삶을 사는 것이다.

이런 삶에 빠진 사람들은 SNS에 공개할 내용을 만들기 위해서 일상을 포장하기도 하고 경험을 과장하기도 한다. 그렇게 공개한 자기 글이 다른 사람의 관심을 끌지 못할까 불안해하고 반응이 없으면 우울해하고 시선을 끌기 위해서 더 자극적인 소재를 찾기도 한다. 이런 삶이 주는 피로감을 호소하면서, 관심을 끌어야 한다는 부담감으로부터 벗어나기 위해서 SNS 탈퇴를 선택하는 사람도 있다.

한국 사람들은 자신의 직업을 선택할 때도 자신의 개성을 우선적으로 고려하기보다는 다수의 사람들이 좋다고 생각하는 것을 선호하는 경향이 있다. 다수의 사람들이 좋다고 생각하는 직업을 가지려고 하면, 결과적으로 치열한 경쟁에 노출될 수밖에 없고 경쟁을 이기고 그것을 얻었더라도 자기 개성을 무시한 선택에 만족하기는 어렵다. 치열한 경쟁을 하는 과정에서 사람들은 많은 것을 잃게 된다. 다수의 사람들이 원하는 것을 손에 넣기 위해서는 삶의 소중한 것을 희생할 수밖에 없다.

왜 사람들은 삶에서 소중한 것들을 잃는 희생을 감수하면서도 다른 사람들이 좋다고 생각하는 것을 얻는 길을 선택할까? 아마도 그 이유는 자기 삶의 가치를 자기 안에서 발견하려고 하지 않고, 다른 사람의 가치에 기준을 두기 때문일 것이다. 한국 사람들이 다른 사람의 시선이나 평가에 신경을 많이 쓰고, 다른 목소리를 내는 것을 꺼리는 이유도 그런 이유 때문이라고 할 수 있다. 모두가 좋다고 하는 것을 따르고 모두가 좋아하는 사람이 되려는 것이다.

모두가 좋아하는 사람, 모두가 좋다고 생각하는 삶에 대해서 공자는 어떻게 생각했을까? 공자는 모두가 좋아하는 사람이나 모두가 싫어하는 사람은 옳지 않다고 한다. 착한 사람이 좋아하고 착하지 않은 사람이 싫어해야 옳은 삶을 사는 사람이라고 한다. 모든 사람들이 좋아하는 사람이 되려고 애쓰고, 모든 사람이 좋아하는 것을 가지려고 치열하게 사는 현대인을 공자가 본다면 희한하게 여길 것이다. 자신의 삶임에도 불구하고 다른 사람이 좋아하는 것을 선택하려고 하고, 정작 자기가 원하는 삶에는 관심이 없는 것이 공자의 눈에는 기이하지 않을까?

공자가 모든 사람이 좋아하는 사람이 아니라 착한 사람이 좋아하고 착하지 않은 사람은 싫어하는 사람이 되어야 한다고 말한 이유는 착한 사람과 착하지 못한 사람이 추구하는 것이 다르기 때문이다. 그래서 모든 사람이 좋아하는 사람이란 옳지 않다. 모든 사람이 좋아하는 사람이 되려고 하는 것은 그들의 마음을 얻기 위해서 인기에 영합할 수밖에 없다.

마음공부를 시작하기 전에 나는 상대가 좋아할 말만 골라서 하고, 상대가 기분 상해할까 두려워서 무슨 일이든 거절하지 못했으며, 상대가 무리한 부탁을 하면 속으로 무례한 사람이라며 비난하면서도 친절히 부탁을 들어주었다. 그러면서 사람들이 나를 좋아하고 여기저기서 나를 찾으면 '이놈의 인기 때문에!'라고 생각하며 우쭐거렸다. 그러던 어느 날 방글방글 웃고는 있지만 속은 곪아서 터진 불행한 나를 만나게 되었다.

모든 사람에게 좋은 사람이 되고 싶다는 생각과 인기 있는 사람이 되고 싶다는 생각, 그리고 모든 사람이 좋아하는 삶을 살겠다는 생각을 내려놓는 순간, 나는 나 자신과 다른 사람을 진심으로 만날 수 있었다. 그 후로 나는 다른 사람의 마음을 얻기 위해서 친절을 베풀지 않는다. 나 자신을 사랑하듯 그 사람을 사랑하는 마음에서 자연스럽게 친절할 수 있다. 그렇게 베푸는 친절은 힘이 드는 일이라고 해도 나를 피곤하게 하는 일은 아니다.

프란치스코 교황은 전 세계인의 인기를 한 몸에 받고 있는 분이다. 교황은 손수 성소수자, 재소자, 무슬림 난민을 위한 세족식으로 사람들을 섬기고, 트위터를 통해서 사람들에게 평화와 사랑의 메시지를 보내며, 오랜 비행 시간을 마다 않고 자신의 위로가 필요한 곳이라면 세계 어디든 날아간다. 만약 교황이 인기를 위해서 이런 수고를 한다면 사람들은 처음에는 관심을 가지다가도 결국에는 외면했을 것이다. 그러나 그가 사랑의 존재로서 자신의 삶에 충실했기에 착한 사람들은 모두 그를 좋아한다. 인기를 좇지 않아서 진짜 인기 있는 삶을 사는 것이다.

정명(正名)과 호명(呼名)

> 자로가 말했다. "위나라 군주가 선생님을 모시고 정사를 펼치고자 합니다. 선생님은 장차 무엇을 먼저 하시렵니까?" 공자가 말했다. "반드시 이름을 바로잡겠다."
>
> 子路曰 衛君 待子而爲政 子將奚先 子曰 必也正名乎

　나라를 다스리는 데 이름을 바로잡는 것이 다른 무엇보다 중요한 까닭은 무엇일까? 공자는 다음과 같이 말했다. "이름이 바르지 못하면 말이 순하지 못하고, 말이 순하지 못하면 일이 이루어지지 않으며, 일이 이루어지지 않으면 예악이 일어나지 못하고, 예악이 일어나지 못하면 형벌이 알맞지 못하고, 형벌이 알맞지 못하면 백성들이 손발 둘 곳이 없어진다."

　공자의 설명은 위나라 세자인 괴외의 이야기와 관련되어 있다. 괴외는 위나라 영공(靈公)의 아들이다. 그가 세자로 있을 때 어머니인 남자(南子)가 음란하다고 죽이려고 하다가 실패하고 진(晉)나라로 달아났다. 영공이 죽자 남자는 괴외의 아들 첩(輒)을 세우니 그가 출공(出公)이다. 진나라는 괴외를 위나라로 다시 돌려보냈지만 출공은 왕위를 빼앗길까 봐 두려워 아버지 괴외의 귀국을 막았다. 이에 진나라는 위나라와 매우 가까운 석(戚) 땅에 괴외를 머물게 했다. 기원전 480년,

출공 13년 괴외가 마침내 누이 공백희(孔伯姬)의 도움을 얻어 위나라에 들어와 아들 출공을 노(魯)나라로 내쫓고 왕이 되었다. 이때 공자의 제자 고시(高柴), 즉 자고(子高)는 난을 피해 살아 돌아왔지만, 다른 제자 중유(仲由), 즉 자로(子路)는 집정대신 공회를 구하러 들어갔다가 전사하고 말았다. 괴외가 왕위에 오르니 그가 장공(莊公)이다. 장공은 즉위하자마자 궁으로 들어가 어머니 남자를 직접 죽였다.

호씨는 이 구절을 다음과 같이 해석하였다. 즉 괴외는 어머니를 살해하려다 부왕에게 죄를 얻었고, 괴외의 아들 첩은 나라를 차지하고서 아버지를 막았는바, 두 사람 모두 아버지가 없는 자들이니 이들은 나라를 소유할 수 없다. 공자가 정사를 하면 영공이 세우려고 했던 공자 영(郢)을 군주로 세웠을 것이니, 이것이 곧 이름을 바로잡는 것이라는 말이다. 이처럼 공자에게 있어서 이름을 바로잡는 것은 잘못된 일을 바로잡는 것과 다르지 않다. 즉 군주는 군주답고, 신하는 신하다우며, 어버이는 어버이답고, 자식은 자식다워야 한다(君君臣臣父父子子)는 주장과 같은 말이다.

그러나 이름을 바로잡기 전에 반드시 선행되어야 할 것이 있다. 그것은 이름을 정확하게 불러 주는 것이다. 김춘수 시인은 꽃에 대해 내가 이름을 불러 줄 때까지 하나의 몸짓에 지나지 않았다고 하였다. 또 미국 작가 딜라드(Annie Dilard)는 "나는 평생 종(鐘)이었으나 누가 나를 들어 쳐 줄 때까지 내가 종인 줄 몰랐다"고 노래했다. 고세훈은 이처럼 이름을 불러 주는 것, 즉 호명(呼名)이 상대를 이해하고, 위로하고, 기억하고, 안심시키는 것이니, 곧 공동체를 세우는 일과 다름없다고 하였다. 그는 『다산포럼』 제858호에서 누구도 내 이름을 불러 주지 않는 곳이 바로 지옥이라고 했다.

단테는 「신곡」 지옥 편에서 지상에서 범한 죄와 닮거나 대비시키는 방식으로 지옥의 형벌을 그리곤 했다. 신약성서의 복음서에 나오는 걸인 나사로는 천국에 가서도 같은 이름으로 불리지만, 지옥에 간 부자는 이름이 특정되지 않은 채 그냥 부자로 묘사된다. 이는 필시-단테의 상상력을 빌리면-지상에서 "오로지 자기 이름을 높이기 위해"(창세기 11:4) 부와 권력과 명예의 바벨탑을 쌓으며 평생을 보낸 이들이 마침내 받아야 할 마땅한 형벌이리라. 누구도 내 이름을 불러 주지 않는 투명인간들의 세상, 그곳이 바로 지옥 아니겠는가.

이름을 올바로 불러 주는 것은 매우 중요한 일이다. 무지한 자들은 꽃 이름을 알려고 노력하는 것을 분별심이라고 폄하하지만, 호명은 결코 분별심이 아니다. 김경수는 식물을 보는 눈을 기준으로 세 등급의 인간을 나누었다.

예로부터 꽃이 활짝 핀 것을 보고 아름다움을 느끼는 사람은 3등급 수준이라고 했습니다. 2등급의 사람은 나무에 꽃망울이 맺힌 것을 보고 그 꽃이 얼마나 아름다운 꽃을 피울지를 아는 사람이고, 1등급의 사람은 꽃나무만 보고도 이 나무에 어떤 꽃망울이 달릴 것이며, 그 꽃이 피면 얼마나 아름다울지를 알아볼 수 있는 사람이라고 했습니다.

1등급의 인간이 되려면 이 식물이 어떤 꽃을 피울지 알아야 하기 때문에 식물의 이름을 반드시 알아야 할 필요가 있다. 그런 이유일까? 공자는 제자들에게 『시경』을 공부할 것을 권면하며, 시를 배우는 목적 중의 하나로 새와 짐승, 풀과 나무의 이름을 많이 아는 것[多識於鳥獸草木之名]이라고 하였다. 6월에 피는 태산목 꽃을 그냥 '하얀 꽃'이라고 부르거나, 목련 꽃이라고 잘못 부르는 것은 이 땅을 단테가 말하는 투명 생명들의 세상, 곧 지옥으로 만드는 것과 다름없다.

이름을 부르는 것은 과거와 미래를 기억하는 일이다. 그래서 이름을 잊으면 다 잊는 것이다. 치매환자들이 그토록 마지막까지 사랑하는 사람의 이름을 기억하려고 애쓰는 까닭을 생각해 보라. 『현대문학』 2016년 1월호에서 안규철은 '이름에 대하여'라는 글을 통해 다음과 같이 말했다.

김춘수 시인은 '내가 그의 이름을 불러 주었을 때/ 그는 나에게로 와서 꽃이 되었다'고 했는데, 진은영 시인은 '내가 이름을 불러 보기 전에 사라져 버린 것들이여/ 내가 입을 열기 전에 사라져 버린 모음들/ 손을 담그기 전에 흘러가 버린 강물이여'라고 쓰고 있다. … 시인은 '다만 하나의 몸짓에 지나지 않았던 것'의 이름을 부르고, '이름을 불러 보기 전에 사라져 버린 것들'을 호명하는 사람이다. … 사물의 이름을 부르는 것은 그것을 다른 것들로부터 구별하고, 그것이 사라져 버린 뒤에도 그 존재를 가리키기 위해서이다. 사물에 이름이 있다는 것은 그것이 다른 것들 속에 섞이고 강물처럼 흘러가 버릴 경우가 예상된다는 뜻이다. 이름이 있다는 것은 다행스러운 일이다. 이름이 없다면 우리는 그 이름으로 부르는 대상이 사라졌을 때 아무것도 기억할 수 없기 때문이다. 이름을 잊으면 다 잊는 것이다. 이름이 없다면 과거를 기억할 수 없고, 아직 오지 않은 미래를 상상할 수도 없다.

군자는 완벽함을 요구하지 않는다

공자가 말하였다. "군자는 섬기기는 쉽지만 기쁘게 하기는 어렵다. 정당한 방법이 아니면 기뻐하지 않는다. 사람을 부릴 때는 적당한 인재를 그 자리에 맞도록 쓴다. 소인은 섬기기는 어렵지만 기쁘게 해 주기는 쉽다. 정당하지 않은 방법이라도 기뻐한다. 사람을 부릴 때는 완벽하기를 요구한다."

子曰 君子易事而難說也 說之不以道 不說也 及其使人也 器之 小人難事而易說也 說之雖不以道 說也 及其使人也 求備焉

어느 통치자가 세상을 잘 다스리고 싶지 않았겠는가? 그런데도 왜 태평성대는 그토록 짧고, 난세(亂世)는 긴 것일까? 아첨하는 무리와 아첨에 눈먼 통치자, 그리고 아첨에 눈먼 통치자가 가진 막강한 권력, 언제나 그것이 문제였던 것이다.

춘추시대 오패(五霸)의 한 사람으로, 한때 명군이라 칭송받았던 환공(桓公)은 만년에 요리사 역아(易牙)에게 마음이 빼앗겨 차디찬 감옥에서 생(生)을 마감하였다. '세상의 맛있는 음식은 다 먹어 보았지만 인육만을 먹어 보지 못했다'는 환공의 말에 자신의 세 살짜리 아들을 요리해 바친 역아에게 환공은 진정한 충신이라 감격하였지만, 관중(管仲)은 "제 아들을 죽인 자가 무슨 짓인들 못하겠느냐"고 산언하였다. 정도(正道)에 어긋나는 충정(忠情)은 충정이 아니다. 옳지 않은 방법으로 나를 즐겁게 하면 그는 간신이요, 악인일 뿐이다.

문왕은 강태공을 스승으로 모셔 태평성대를 이루었고, 유비는 제갈량을 맞이하여 천하 통일을 꿈꾸었다. 그러나 강태공이나 제갈량은 걸세출의 영웅들, 그런 인물들을 쉽게 얻을 수는 없다. 그러므로 주공(周公)은 말한다. "친한 이를 저버리지 말 것이며, 등용되지 않는다고 원망하는 대신이 없도록 하라. 오랜 친구는 큰 잘못이 없으면 버리지 말 것이며, 한 사람에게 완벽하기를 요구하지 말라." 훌륭한 인재는 따로 있는 것이 아니다. 사람이 가진 재능을 보는 눈, 그 눈을 가진 통치자에게는 세상에 인재가 아닌 사람이 없다.

그러므로 『시경』 「소아」에서 노래한다.

네 마리 수말이 수레를 끌면
네 마리 목 힘이 다 다르네.

모두가 천재일 필요도, 모두가 영웅일 필요도 없다. 서로 다른 재능을 가진 사람이 각각의 재능을 필요한 곳에 쓰기만 하면 세상에는 못할 일이 없다. 그런데도 눈이 밝지 못한 통치자는 자신의 치세(治世)에는 인재가 없다고 한탄한다. 인재가 왜 없겠는가? 저마다 가진 재능은 보지도 못하면서 그 사람이 완벽하기만을 요구하니 인재가 없는 것이다.

'인사 참사', '코드 인사'는 정권이 바뀔 때마다 늘 듣는 이야기지만 박근혜 정부에서는 거기에 보태어 '비선실세'까지 등장했다. 더 강한 권력을 원하는 통치자와 그 권력을 등에 업고 전횡을 일삼고 싶은 무리들, 그들이 할 수 있는 것은 정치가 아니라 농단이다. 그리고 그 농단의 주역들은 역사 속에서 늘 그랬듯이 권력이 사라지는 순간 스스로를 부정하며 책임을 회피했다.

아첨하는 자와 아첨에 눈먼 통치자는 21세기 대한민국에서도 여전히 똑같은 어리석음을 되풀이하고 있었으며, 그 때문에 친한 자가 버려지고 인재는 등용되지 못했으며, 어렵게 등용된 인재는 완벽함을 요구받아 무능한 인간이 되었던 것이다.

문재인 정부에서도 '인사 참사', '코드 인사' 논란은 되풀이되고 있다. 그러나 이번만은 적어도 그것이 아첨에 눈먼 결과가 아니기를, 또 아첨에 눈먼 통치자가 가진 막강한 권력 때문이 아니기를, 그리고 진정한 인재가 버려지고 있는 것이 아니기를, 혹한 속에서 촛불을 들었던 사람들은 기도하고 또 기도한다.

중도를 행하는 선비가 되자

공자가 말했다. "중도(中道)를 행하는 선비와 함께할 수 없다면 반드시 광자(狂者)와 견자(狷者)를 취할 것이다. 광자는 진취적이고 견자는 하지 않는 바가 있다."

子曰 不得中行而與之 必也狂狷乎 狂者進取 狷者有所不爲也

지구상에서, 경전을 읽고 성인(聖人)의 말씀에 귀를 기울이는 사람이 얼마나 될까? 인도의 영적 스승인 파파지는 인류 중 2% 정도의 사람만이 경전을 읽으나, 이들 중 대부분은 경전의 문구나 성인의 말에 얽매여 더욱 자유롭지 못하게 된다고 했다. 경전과 성인은 우리에게 완전한 자유를 가르치는데, 경전을 읽는 대부분의 사람들은 그것을 하나의 신념으로 받아들여 더욱 얽매이고 구속된다는 것이다.

파파지에 따르면, 지금 이 글을 읽고 있는 당신은 최소 2% 안에 드는 사람임이 분명하다. 만약 당신이 진실로 도에 뜻을 두어[志於道] 경전의 내용과 성인의 말씀에 귀를 기울이는 사람이라면, 경전의 내용과 성인의 가르침은 우리를 '지금-여기'의 삶을 살 수 있도록 이끌기 위한 방편임을 알아, 무작정 모방하거나 맹목적으로 따르며 구속당하는 사람이 되어서는 안 될 것이다.

공자는 중도를 행하는 선비와 함께하고자 했다. 중도를 행하는 선비는 도에 뜻을 두고 '지금-여기'를 살아, 어떤 상황에서든 '지나침이나 모자람 없는[過不及]' 행위를 할 수 있는 사람을 말한다. 이들은 생각과 감정과 행위에 사사로움이 없어, 다른 존재에게 자유와 평화를 나누어 주는 삶을 살 수 있다. 그러나 중도를 행하는 사람은 우리 주변에서 좀처럼 찾아보기 힘들다.

우리가 중도를 행하는 사람을 주변에서 찾기 힘든 이유 중의 하나는, 자기 자신이 도를 행하는 일에 마음을 두지 않기 때문이다. 우리가 열대어에 관심을 가지면 우리 주변에는 열대어를 기르는 사람들이 모여들고, 출세에 관심을 가지면 출세하려는 사람들이 모여들듯이, 우리가 도에 뜻을 두고 자신의 본성을 회복하는 일에 관심을 둔다면 우리 주변에는 도를 행하는 사람들이 가득 모여들 것이다. 그러므로 당신이 어떤 사람들과 함께할 것인가 하는 것은, 전적으로 무엇에 관심을 가지느냐를 결정하는 자신에게 달려 있다.

공자가 중도를 행하는 선비와 함께할 수 없을 때 차선으로 택한 사람은 광자(狂者)와 견자(狷者)이다. 맹자에 의하면, 광자는 항상 성인에 대해 말은 하지만 그 뜻이 고원(高遠)하여 행실이 말을 따르지 못하는 자이고, 견자는 도덕적으로 떳떳하지 못함[不潔]을 달갑게 여기지 않는 자이다.

광자로 대표되는 인물은 증자(曾子)의 아버지인 증점(曾點)이다. 증점은 자신의 포부를 묻는 공자의 질문에, "늦봄에 봄옷이 이미 이루어지면 갓을 쓴 어른 5, 6명과 동자(童子) 6, 7명과 함께 기수(沂水)에서 목욕하고 무우(舞雩)에서 바람 쐬고서 노래하며 돌아오겠습니다"라고 말했다. 이에 대해 공자는 '아!' 하고 감탄하며, "나는 증점과 함께하겠다"고 말했다. 공자는 증점이 자신의 말을 실천할 수 있을지 없을

지에 상관없이, 어떤 의도나 기필하고자 하는 마음 없이 자신이 처한 형편에 따라 자연과 하나 됨을 즐기려는 진취적인 기상을 높이 평가했다.

비록, 광자로 대표되는 증점은 후대 사람들에게 세속적인 욕심 없이 자연과 하나 되려는 천인합일의 태도를 지녔다는 긍정적인 평가와, 현실의 문제를 도외시한다거나 남을 위하려는 마음 없이 자신의 일상생활의 떳떳함만을 즐길 뿐이라는 부정적인 평가를 함께 받고 있음에도 불구하고, 도와 하나 되고자 하는 자기의 길을 결코 회피하지 않는 올바른 뜻을 지녔다.

공자가 함께하고자 했던 또 다른 차선의 사람은 견자이다. '견자는 하지 않는 바가 있다'는 말은, 도덕적으로 떳떳하지 못한 생각이나 행위를 달갑게 여지지 않음이 있다는 말이다. 견자는 옳지 못한 행동을 하지 않으려고 노력할 뿐 아니라, 설령 그런 행동을 했다고 하더라도 자신의 행동을 부끄럽게 여기며 잘못을 고치려고 노력한다. 견자는 광자와 마찬가지로, 도(道)에 뜻을 두고 도를 실천하려는 삶을 살려는 변함없는 마음[恒心]을 지니고 있다. 그러므로 공자는 중도를 행하는 선비와 함께할 수 없다면, 차선의 사람인 광자와 견자를 취하고자 했던 것이다.

사실, 우리 주변에는 중도를 행하는 선비는 물론이거니와, 광자와 견자의 면모를 지닌 사람조차도 찾아보기 힘들다. 많은 사람들이 도에 뜻을 두고 사는 사람을 보면 현실을 모른다느니, 도에 뜻을 두면 현실을 잘 살 수 없다느니 하면서 이들을 비웃거나 외면한다.

왜 사람들은 도에 뜻을 두는 것을 가치 없는 일로 여기거나 비웃는 것일까? 우리가 도에 뜻을 둘 때 '지금-여기'에 현존(現存)함으로써 생기는 행복을 누릴 수 있고, 또 다른 사람을 진정으로 도울 수 있는 데도 말이다. '지금-여기'를 진실하게 살고, 다른 존재에게 자유와 평화와 행복을 나누어 주는 일, 이것이 현실을 아는 일이자 가장 잘 사는 법이 아닐까?

우리는 광자와 견자를 생각할 필요도 없이, 곧장 중도를 행하는 선비로서의 삶을 살아야 한다. 왜냐하면 우리가 도에 뜻을 두고 '나는 누구인가[克己]?'를 진지하게 탐구한다면, 어느 순간 공자와 같은 사람이 우리 주변에 모여들어 자신을 이끌어 줄 것이 틀림없기 때문이다.

우리가 중도를 행하는 상근기의 선비가 되느냐, 긴가민가하는 중근기나 크게 비웃는 하근기의 선비가 되느냐 하는 것은, 오로지 자신이 무엇을 선택하느냐에 달려 있다. 우리 모두는 한순간에 도(道)를 깨닫고, 매 순간을 도로써 행위할 수 있는 존재들이다. 그러므로 우리가 이들 중에 하나를 선택해야 한다면, 자신이 진정한 자유와 평화를 얻어 다른 존재에게 그것을 나누어 줄 수 있는 상근기의 선비가 되면 어떨까?

14. 「헌문(憲問)」

| 탈현대 문명 |

불가능한 줄 알면서도 하는 자

자로가 석문에서 유숙하였는데, 신문(晨門)이 묻기를 "어디에서 왔는
가?" 하자, 자로가 "공씨(孔氏)에게서 왔소"라고 대답하니, 그는 바로 "불
가능한 줄을 알면서도 하는 자 말인가?" 하였다.

子路宿於石門 晨門曰 奚自 子路曰 自孔氏 曰 是知其不可而爲之者

'불가능한 줄을 알면서도 하는 자', 이런 말을 전해 들었을 때 공자
의 심경은 어떠했을까? '맞다. 나는 불가능한 줄을 알면서도 하는 자
이다.' 이것이 공자의 마음속 대답이 아니었을까 싶다. 그러나 만일 공
자가 불가능한 줄을 알고 신문(晨門)처럼 아무것도 하지 않았다면 어
떻게 되었을까? 중국의 역사와 사상사는 많이 달라졌을 것이며, 중국
인들은 수천 년 동안 더 열악한 상황을 살았을 개연성이 크다.

수천 명의 제자를 거느렸다는 공자에 견주어 볼 때, 예수와 열두

제자는 무척 초라한 집단이다. 열두 명의 제자 중에는 안회와 같은 제자도 없었던 듯하다. 누가 그들이 유럽인들의 정신과 삶을 뒤바꾸어 놓을 것이라고 생각했을까!

인류의 역사에서 큰 족적을 남긴 사람들은 거의 예외 없이 불가능에 도전한 사람들이 아니었나 싶다. 또한 그들 중 많은 사람들은 살아 있는 동안 비웃음을 사고, 뼈아픈 실패를 경험했었다.

지금 우리의 도전도 동일한 것이 아닐까 싶고, 어쩌면 가장 불가능한 도전일 것 같은 생각도 든다. 현 인류에게 맡겨진 과제는 '에고에 바탕을 둔 문명'으로부터 탈피해서 '참나에 바탕을 둔 탈현대 문명'을 건설하는 것이다. 개인적인 차원에서조차도 에고로부터 탈피해서 참나를 실현한다는 것이 얼마나 험난하고 어려운 일인지를 우리는 잘 알고 있다. 그런데 인류적인 차원에서의 존재혁명이라니! 이 얼마나 황당하고 불가능한 과제란 말인가! 그러나 인류적인 차원에서의 존재혁명은 외통수이다. 이것은 선택이 아니다.

만일 인류적인 차원에서 존재혁명을 이루는 데 실패한다면, 우리는 모두 죽을 것이다. 문명은 종말을 고할 것이고, 녹색별 지구는 죽음의 행성이 될 것이다.

만일 인류적인 차원에서 존재혁명을 이루어 낸다면, 우리는 상상조차 하기 힘든 아름다운 문명을 건설하게 될 것이다. 인류는 지구상의 모든 생명과 조화롭게 공존하며, 행복할 것이다. 그리고 우리는 지구라는 작은 행성을 벗어나 우주시대에 진입하게 될 것이다.

존재혁명에 성공했을 때 그 과실은 말할 수 없이 크지만, 이것은 험난한 길이고 거의 불가능해 보이는 과업이다. 우리는 실패할 가능성이 무척 커 보이는 이 길을 걸어가고자 한다. 왜냐하면 이 길은 현 인류에게 주어진 유일한 길이기 때문이다.

인류의 실제적인 미래의 모습은 수많은 SF 영화에서 묘사하고 있는 것과 같은 것일 가능성이 크다. 잿빛 도시, 모든 것이 파괴된 지구, 어두운 사람들….

그러나 인류가 나아가야 할 이 불가능해 보이는 길에 우군이 없는 것은 아니다. 수천 년간 계속된 에고의 문명은 한계에 다다랐다. 그래서 에고의 문명 속에서의 삶은 고통스럽다. 인류적인 차원에서 누적되어 가는 이 고통과 불행이 고통과 불행을 불태워 버릴 에너지원으로 작용할 수 있다.

존재변화를 이룬 성인의 말씀이 폐부로 스며들었던 사람들은 바로 큰 고통을 겪고 있는 사람들이었다. 이들은 변화를 위한 준비가 된 사람들인데, 이제 인류적인 차원에서 이런 준비가 진행되고 있는 것이다.

또한 최근의 기술적인 발전도 인류의 존재혁명을 위한 중요한 역할을 할 수 있다. 유튜브를 틀면 전 세계의 깨달음이 깊은 분들의 말씀을 쉽게 접할 수 있다. 그리고 인류의 존재변화에 도움을 줄 수 있는 로봇이 출현할 날도 멀지 않은 것 같다. 우리 학자들의 계몽 활동도 거대한 변화에 일조할 수 있으리라고 기대한다.

더 이상 개체로서의 나의 욕망을 채우기 위한 삶이 아니라 우리의 후손들이 행복하게 살 수 있는 세상 건설을 위해 인류의 에너지가 모아질 때, 불가능해 보이는 이 변화는 어쩌면 우리 아주 가까운 곳에 와 있는 것인지도 모르겠다.

훌륭한 말과 용기

공자가 말했다. "덕이 있는 자는 반드시 훌륭한 말을 하거니와 훌륭한 말을 하는 자가 반드시 덕이 있지는 못하다. 인자는 반드시 용기가 있거니와 용기가 있는 자가 반드시 인하지는 못하다."

子曰 有德者 必有言 有言者 不必有德 仁者 必有勇 勇者 不必有仁

훌륭한 말과 용기는 누구나 바라는 삶의 덕목이다. 공자는 덕이 있는 사람은 반드시 훌륭한 말을 하고, 인한 사람은 반드시 용기가 있다고 한다. 반면 훌륭한 말을 하는 사람이 반드시 덕이 있는 것은 아니며, 용기가 있는 사람이 반드시 인하지는 못하다고 한다. 훌륭한 말과 용기만 보고 무조건적으로 매료된 적은 없는지, 덕이 있는 사람이 되고 인한 사람이 되려고 애쓰기보다는 훌륭한 말을 하고 용기 있는 사람이 되려고 한 적은 없는지, 스스로 질문해 본다.

덕이 있는 사람의 말은 꾸미지 않아도 듣는 사람의 마음을 움직이는 힘이 있다. 덕이 안으로 쌓여서 흘러나온 것이 그의 말이기 때문이다. 그래서 공자는 덕이 있는 사람은 훌륭한 말을 한다고 했다. 훌륭한 한마디의 말로 사람들에게 희망을 주고 공감을 불러일으키며 삶의 의미를 자각하도록 하기도 한다.

최근 말을 참 잘하는 사람으로 주목을 받는 사람이 있다. 20년 이상의 연기 경력을 바탕으로 최고의 스타로 평가받는 정우성이 바로 그 주인공이다. 사십 대를 넘어서면서 정우성은 그동안의 과묵하던 이미지와 달리 소신 발언과 세상에 대한 따뜻한 시선을 진술하게 소통하면서 대중들의 공감을 얻고 있다. 그 어느 때보다 더욱 활발하게 방송 출연과 활동을 이어 가고 있는 그의 행보는 세상에 대한 깊은 사랑과 이해로 충만하기 때문에 감동적이다.

얼마 전에는 JTBC 뉴스룸에 출연해 개봉한 영화의 홍보보다도 유엔 난민기구 친선대사로 활동하면서 보고 느낀 난민촌의 참혹한 실상에 국제사회가 함께 관심을 가져야 한다고 말했다. 로힝야족 난민촌의 물도 전기도 부족한 암울한 실상을 전했다. 그가 전하는 실상보다 더 가슴이 아픈 사실은 로힝야족 어린이 대부분이 부모의 죽음을 목격한 아픔을 안고 있으며, 난민들 대부분이 죽음의 공포로부터 도망쳐 난민촌으로 왔지만 사랑하는 사람을 잃은 고통을 안고 있다는 것이다.

정우성은 난민문제에 대해서 우리가 관심을 가져야 하는 이유를 바로 '우리의 문제'이기 때문이라고 말한다.

난민은 자의가 아닌 전쟁 등 불가항력적인 이유로 어려움에 봉착한 이들이다. '평범하지 않은 시간을 견디는 평범한 사람들'이다. 왜 난민을 도와야 하는가라고 묻는다면 지구 반대편에 난민들의 문제가 사실 '우리의 문제'이기 때문이라고 답하겠다. 먼 나라 난민문제가 당장 우리와 상관없는 문제라고 외면하거나 방치해 두면, 또 다른 문제로 변해서 우리에게 돌아오게 된다.

그의 말은 훌륭하다. 그리고 진심으로 사람들에게 그런 말을 전하고자 하는 그의 용기는 멋지다. 정치적 소신을 솔직하게 표현하는 그와의 인터뷰에서 한 앵커가 "유명인들의 정치적인 소신 발언에 대해 어떻게 생각하느냐?"고 질문을 하자, 그는 "제가 얘기하고 있는 말과 표현은 정치적 발언이 아니라 한 국민이 나라에 바라는 염원을 이야기하는 것"이라고 답했다. 유명인이기 이전에 한 사람의 국민으로서 역할에 충실하겠다는 그의 말이 사람들에게 울림을 주었을 것이다.

연예인이라는 직업은 사람들의 관심이 집중된다는 점에서 매우 불편하고 힘든 직업일 것이다. 어떤 말을 하고 행동을 하는지에 따라서 대중들의 사랑의 온도는 오르락내리락하기도 한다. 그런 대중의 반응에 일희일비하지 않고 자신의 소신을 가지고 하는 말은 용기를 잘 보여 준다. 나는 정우성을 개인적으로는 잘 모른다. 그러나 분명한 것은 그는 연기자로서 그리고 이 시대를 살아가는 사회 구성원으로서 덕이 있는 사람이며, 세상을 사랑하는 인한 사람이라는 점이다. 그래서 그의 말은 훌륭하고 그의 삶에는 용기가 있다.

억압의 도덕

"이기기를 좋아하고, 공로를 자랑하며, 원망하고, 탐욕 부리는 것을 행하지 않으면 인(仁)이라고 할 수 있겠습니까?" 공자가 말했다. "어렵다고는 할 수 있으나 그것이 인인지는 내 알지 못하겠다."

克伐怨欲 不行焉 可以爲仁矣 子曰 可以爲難矣 仁則吾不知也

질문을 한 사람은 공자의 제자인 원헌(原憲)이다. 원헌이 처음에 수치스러운 것이 무엇인지 물었을 때, 공자는 나라에 도(道)가 있을 때에 녹만 먹는 것이 수치스러운 일이며, 나라에 도가 없을 때 녹만 먹는 것도 역시 수치스러운 일이라고 대답하였다. 나라에 도가 없을 때 공연히 봉급을 받는 일은 수치스러운 일임에 분명하지만, 나라에 도가 있을 때에 봉급을 받는 것은 왜 수치스러운 일일까? 나라에 도가 있을 때에는 적극적으로 도를 실천하여 백성을 위해 봉사해야지 복지부동해서는 안 된다는 것을 말하고 있는 것이다.

이기기를 좋아하고[克], 공로를 자랑하며[伐], 원망하고[怨], 탐욕 부리는 것[欲]은 모두 인간의 본능적 이기심의 작용이다. 살아가면서 그런 본능적 이기심이 전혀 작용하지 않도록 하기는 매우 어렵다. 그러나 공자는 그것이 어려운 일이기는 하지만 인(仁)인지는 모르겠다고 대답하였다. 정자(程子)는 원헌의 노력이 인이 될 수 없는 것은 그것이 본능적 이기심의 작용을 극복하려는 노력이기는 하지만, 공자가 안회에게 설명한 '자신을 이겨 예로 돌아가서 인이 되는[克己復禮爲仁]'것과는 다르기 때문이라고 하였다. 즉 극기복례는 천리(天理)의 근본으로 돌아가 더 이상 본능적 이기심이 남아 있지 않지만, 원헌이 말한 네 가지를 극복하는 것은 단지 제어하여 행해지지 못하게 할 뿐[制而不行]이기 때문에 병의 뿌리를 완전히 뽑아 버린 것에는 미치지 못한다는 것이다.

맹자도 부동심(不動心)에 대한 설명에서 자신의 부동심은 마음을 억지로 제어하는 고자의 부동심과 다르다고 설명한 바 있다. 즉 고자의 부동심은 유명한 자객인 북궁유의 부동심과 마찬가지로 마음을 억지로 제어하여 움직이지 못하게 한 것이라면, 자신의 부동심은 언제나 의(義)에 맞게 작용하는 부동심이라고 하였던 것이다. 맹자와 고자의 부동심의 가장 중요한 차이는 마음에 대한 억압 여부이다. 즉 고자는 마음을 억압하여 감정에 의해 동요되지 않는 마음이 부동심이라고 주장한 반면, 맹자는 그 일어나는 마음이 의에 부합되어 아무런 동요가 없는 마음이 부동심이라고 주장하였던 것이다. 양명은 맹자의 부동심과 고자의 부동심의 차이를 다음과 같이 설명하였다.

맹자의 부동심과 고자의 부동심은 단지 터럭만 한 차이밖에 없다. 즉 고자는 오직 부동심만을 공부의 내용으로 삼았지만 맹자는 곧장 마음이 일어나는 근원에서부터 분석해 들어갔다. 마음의 본체는 원래 동요되지 않는 것이다. 다만 행위가 의(義)에 합치되지 못하면 동요하게 되는 것이다. 맹자는 마음이 동요하느냐 동요하지 않느냐는 문제 삼지 않고 오직 '의를 쌓기만[集義]'했다. 모든 행위가 의에 맞지 않음이 없게 되면 자연히 그 마음이 동요할 이유가 없게 된다고 본 것이다. 고자는 오직 마음을 동요되지 않게 하려고만 해서 곧장 자신의 마음을 붙잡아 둠으로써 끊임없이 생성되는 마음을 도리어 틀어막았다. 맹자가 말한 집의의 공부를 택하면 자연히 마음이 수양되고 충실해져서 전혀 허전한 느낌이 없게 된다. 그러면 자연스럽게 종횡으로 자재하게 되고 생동감이 넘치게[活潑潑]된다. 이것이 바로 호연지기(浩然之氣)이다.

일어나는 마음을 지켜보는 마음은 일어나는 마음과 확연히 다르다. 지켜보는 마음은 결코 동요되는 일이 없다. 아무리 거세게 일어나는 마음도 지켜보는 마음이 작동하면 수그러들게 된다. 지켜보는 마음이 작동하기 시작하면 일어나는 마음에 더 이상 에너지가 공급되지 않기 때문이다.

두 가지 부동심과 마찬가지로 두 가지 도덕이 있다. 한 가지는 인간의 본능적 이기심을 억압하는 도덕이고, 또 한 가지는 인간의 본성을 발현시키는 도덕이다. 현재 우리나라 학교 도덕교육의 기본 원리로 활용되고 있는 칸트의 실천이성과 콜버그의 도덕성은 모두 억압의 도덕이다. 인간의 실천이성에 따라 무엇이 옳고 그른 것인지 밝히고 도덕적 선의지를 통해 본능적 이기심을 억압하는 것을 기본 원리로 삼고 있기 때문이다. 반면 유학의 도덕은 본능적 이기심과 동등한 에너지를 갖고 있는 본성을 발현시키는 것이다. 맹자가 말했듯이 아이가 우물에 빠지려고 할 때 아무 생각도 없이—어떤 도덕적 판단이 일어나기도 전에—아이를 향해 달려가는 것이 바로 본성의 발현이기 때문이다.

부끄러워해야 할 것

> 헌이 부끄러움에 대해 물었다. 공자가 말하였다. "나라에 도가 있어도 녹을 먹고, 나라에 도가 없어도 녹을 먹는 것이다."
>
> 憲問恥 子曰 邦有道 穀 邦無道 穀 恥也

「헌문편」은 공자의 제자 원헌이 '부끄러움'에 대해 묻는 물음으로부터 시작된다. 군자라면 마땅히 '무엇을 부끄러워해야 하는가?' 공자는 나라에 도가 있든 없든 '녹을 먹는 것'을 부끄러워해야 한다고 대답했다. 이때 원헌은 나라에 도가 없음을 한탄하며, 관직에 나가기를 포기한 채 가난을 감내하고 있었다. 원헌이 감히 무엇을 부끄러워해야 하는지 물을 수 있었던 것은 적어도 자신은 도가 없는 나라에서 녹을 먹는 파렴치한은 아니라는 자부심이 있었기 때문일 것이다. 그런데 왜 공자는 나라에 도가 있어도 녹을 먹는 것이 부끄럽다고 한 것일까?

후한의 저명한 학자, 왕부(王符)는 그의 『잠부론(潛夫論)』에서 공자의 "나라에 도가 있을 때는 가난하고 천한 것이 수치이다. 그러나 나라에 도가 없을 때에는 부유하고 귀한 것도 수치이다"라는 말을 인용하고, 나라가 어지러우면 고결한 선비일수록 신분이 천해지고, 간신배들일수록 신분이 높아진다고 탄식하였다. 그것은 달리 말하면 나라에 도가 있을 때는 뜻이 고결한 선비일수록 신분이 높아져야 한다는 것일까?

고결한 선비일수록 신분이 높아진다는 것은 무슨 뜻인가? 나라에 도가 있다는 것은 원대한 포부를 가진 사람은 누구나 그 포부를 펼칠 수 있는 세상이 되었다는 것이다. 그런 세상에서라면 선비는 마땅히 공을 세워야 하고 그에 걸맞은 신분을 가져야 한다. 주자가 이 구절을 두고 "나라에 도가 있는데도 천하 국가를 위해 큰 뜻을 세우지 못한다면 부끄러워해야 한다"라고 하고, 그저 "친척들이 효성스럽다고 칭찬하고, 마을 사람들이 공손하다고 칭찬하는 것만으로는 부족하다"라고 하였다. 나라에 녹을 먹는 군자라면 현실에 안주하지 말고 천하 국가를 위해 더 큰 공을 세우는 것이 마땅하다는 것이다.

최순실의 국정 농단이 정점에 달한 때에 높은 자리를 차지하고 권력을 휘둘렀다면, 그것은 부끄러운 일이다. 앉아서는 안 될 자리에 앉았고, 가져서는 안 될 권력을 가졌기 때문이다.

나라가 어지러운데 곤궁하지 않고 풍요로운 사람이 있다면 그 또한 부끄러워해야 한다. 그는 분명히 정당하지 않은 방법으로 돈을 벌었기 때문이다. 정당하지 않은 방법으로 번 돈은 가난한 사람, 열심히 노력하는 사람, 정직하게 살려는 사람들의 눈물이며 한숨이다.

반대로 나라가 지극히 안정되어 있는데도 높은 자리에 앉거나 권력을 가지는 것을 부끄러워해야 하는 사람이 있다. 그는 바로 무능한 사람이다. 재능을 발휘할 수 있는 기회가 주어졌고, 재능을 발휘하기만 하면 세상이 달라지는데도 그저 일신의 편안함만을 추구한 것이니, 그런 사람들은 마땅히 부끄러워할 줄 알아야 한다.

그러나 나라가 어지러워서 가난을 벗어나지 못한 것은 부끄러운 일이 아니다. 일자리가 없어서 일자리를 갖지 못한 것도 부끄러운 일이 아니며, 일자리가 줄어서 일자리를 잃은 것 또한 부끄러운 일이 아니다. 그러므로 아직 일자리를 갖지 못한 청년들은 부끄러워할 필요가 없다. 하루아침에 해고 통고를 받은 직장인도 부끄러워할 필요가 없으며, 일자리를 갖지 못해 가난한 모든 사람들 또한 부끄러워할 필요가 없다. 그 사람의 잘못이 아니기 때문이다.

그런데도 나라가 어지러운데 높은 자리에 앉아 권력을 휘두른 사람이 부끄러워하는 것을 본 적이 없다. 나라가 어지러운데도 남보다 부유한 것을 부끄러워하는 사람도 본 적이 없다. 나라가 안정되었는데도 천하 국가를 위해 아무런 노력도 하지 않는 사람이 부끄러워하는 것 또한 본 적이 없다. 그러나 마찬가지로 일자리가 없어서 일자리를 갖지 못하고, 일자리가 줄어서 일자리를 잃었을 뿐인데도 부끄러워하지 않는 사람 역시 본 적이 없다. 왜 언제나 부끄러움은 부끄러워하지 않아야 하는 사람의 몫인지, 그래서 원헌이 공자에게 '부끄러움'에 대해 물었던 것이 아닐까? 또 그래서 「헌문편」은 '부끄러움'을 묻는 물음을 첫 장에 두었던 것이 아닐까?

현실의 일을 통해 도에 통달하라

공자가 말했다. "나를 알아주는 이가 없구나." 자공이 말했다. "어찌하여 선생님을 알아주는 이가 없는 것입니까?" 하자, 공자가 말했다. "하늘을 원망하지 않으며 사람을 탓하지 않고, 아래로 배우면서 위로 통달하나니, 나를 알아주는 것은 하늘이실 것이다."

子曰 莫我知也夫 子貢曰 何爲其莫知子也 子曰 不怨天 不尤人 下學而
上達 知我者其天乎

　　공자는 혼탁한 시대 상황 속에서 사람들의 본성 회복을 통한 행복한 세상 만들기에 어느 누구보다도 헌신적이었다. 공자는 진정한 행복과 평화는 자기의 본성[仁]을 아는 일로부터 시작되는 것임을 알고, 사람들이 '자기를 위하는 공부[爲己之學]'에 전념할 것을 강조했다. 그럼에도 불구하고 세상 사람들은 '다른 사람에게 자신을 드러내기 위한 공부[爲人之學]'에 힘썼다.

　　자기를 위하는 공부는 다른 존재와 자기가 둘이 아님을 아는 공부이기에, 위기지학을 한다는 것은 모든 존재를 위하는 삶을 사는 일이다. 반면 다른 사람에게 자신을 드러내기 위한 공부는, 오늘날 공공연하게 행해지고 있는 자신의 몸값을 높이기 위한 스펙 쌓기 공부, 출세를 위한 공부, 명성을 얻기 위한 공부, 자신의 욕망을 충족시키기 위한 도구로서의 공부 등을 말한다. 한마디로 말해, 자신의 에고를 충족시키는 일이다.

공자는 "옛날에 배우는 자들은 자기를 위하였는데[爲己], 지금에 배우는 자들은 남을 위한다[爲人]"고 말하며, 에고를 키우는 공부에 빠져 있는 당시의 풍토를 개탄스러워했다. 당연히 공자는 위인지학에 빠져 있는 사람들로부터 인정받지 못했을 뿐만 아니라, 어느 정도 자기수양을 이룬 은자(隱者)들로부터도 많은 비난을 받았다. 은자는 혼탁한 세상을 바로잡을 수 없다고 여겨, 세상을 바꾸려는 시도를 하지 않는 사람을 가리킨다.

공자는 은자인 신문(晨門)에게 '안 되는 줄 알면서도 하는 자'라는 비난을 받았다. 그리고 자신이 두드리는 경쇠 소리를 들은 한 은자로부터는, "마음이 있구나, 경쇠를 두드림이여. 비루하다. 너무 확고하구나. 자신을 알아주지 않거든 그만둘 뿐이니, 물이 깊으면 옷을 벗고 건너고 얕으면 옷을 걷고 건너야 하는 것이다"라는 비난을 받았다. 이런 비난은 시대의 흐름을 제대로 읽지 못한 채, 자기 욕심에 빠져 바꿀 수 없는 세상을 억지로 바꾸려는 모습이 너무나 한심스러워 보인다는 의미일 것이다.

이에 공자는 은자에게 "과감하구나, 어려울 것이 없겠구나"라고 말한다. 이 말은 자신의 부모와 자식과 형제와 같은 사람들이 고통을 당하고 있는데, 자신의 안위(安危)만을 생각하며 그들을 내버려 두고 세상 밖으로 숨는 일을 어떻게 그렇게 쉽게 할 수 있느냐는 것이다. 공자는 나라에 도가 있을 때나 없을 때나 군자가 녹(綠)만 먹는 것은 수치스러운 일로 여겼기에, 세상에 도(道)가 없는 지금이야말로 도의 회복과 고통 속에 빠져 있는 사람들을 구세하기 위해 사신을 불태우는 것은 너무나 당연한 일이라 생각했다.

공자는 군자(君子)의 일은 단순히 '자기를 닦는 일[修己]'에 그치는 것이 아니라, 세상 사람들을 편안하게 하는 일이며, 세상 사람들을 편안하게 하는 일은 아무리 해도 다함이 없는 일이라 여겼다. 그래서 군자에 대해 묻는 자로에게, "경(敬)으로써 자기를 닦아서 백성을 편안하게 하는 것[修己以安人]이니, 자기를 닦아서 백성을 편안하게 하는 것은 요임금과 순임금도 오히려 부족하게 여기셨다"라고 말했다.

공자는 '세상에 이런 선생님을 알아주는 사람이 왜 없느냐?'는 자공의 물음에, 자신을 알아주지 않는 사람들을 탓하거나, 도가 바로 세워진 시대를 만나지 못한 것에 대해 결코 하늘을 원망하지 않았다. 대신, 자신이 도를 바로 세우는 일에 능하지 못함을 근심했다. 그러면서 그는 도의 체득은 구체적인 현실의 일을 통해 이루어져야 함[下學而上達]을 말하며, "나를 알아주는 것은 하늘이실 것이다"라고 대답했다.

공자는 본성 회복을 위해 고원(高遠)하고 은밀(隱密)한 형이상학적인 문제에 매달리는 것을 통한 공부를 경계했을 뿐만 아니라, 현실 참여를 등한시하는 것도 멀리했다. 공자는 일상에서 중도(中道)를 행하는 선비와 함께하고자 했지, 결코 현실을 떠난 은자들과 함께하고자 하지 않았다. 왜냐하면 은자의 뜻이 비록 고상하기는 하지만, 자신의 편안함에만 머문 채 고통당하는 사람들을 외면하는 것은 선비로서 올바른 태도가 아니라고 여겼기 때문이다.

공자는 도(道)를 통달하는 일은 비근(卑近)한 일상 속에서 절실하게 묻고 가까운 것에서부터 생각하는[切問近思] 것으로부터 시작되어야 하며, 주변에 고통당하는 사람들을 돕는 일을 통해서 이루어져야 한다고 여겼다. 그래서 그는 다른 존재를 구제하는 일과 자기의 본성을 회복하는 일을 결코 분리해서 생각하지 않았다.

현실을 떠나 자신만의 평안함에 머물지 않고, 다른 존재의 행복과 평화를 위해 헌신하는 삶. 이것이 삶의 여정 속에서 우리가 해야 할 일이 아닐까?

15. 「위령공(衛靈公)」

억만장자들의 세상

> 공자가 말했다. "군자는 자신에게서 찾고, 소인은 남에게서 찾는다."
> 子曰 君子求諸己 小人求諸人

'거지가 떼를 지어 우글거리는 세상', 이것이 현대 사회의 모습이다. 현대인은 굶주림으로 뱃가죽과 등허리가 들러붙은 채로 '한 푼 줍쇼', '한 푼 줍쇼' 이렇게 칭얼거리며 거리를 유랑한다. 이들은 무엇에 이리 굶주려 있는 것일까? 이들은 칭찬에 굶주려 있고, 인정에 굶주려 있고, 감사에 굶주려 있고, 사랑에 굶주려 있고, 용서에 굶주려 있고, 존경에 굶주려 있다. 너무나도 배가 고픈 나머지, 이들은 미친 듯이 떠돌아다니면서 열심히 구걸을 하지만 벌이는 신통치 않다.

어쩌다 몇 푼을 얻는 데 성공하는 수도 있다. 하지만 밑이 뚫린 위장에 들어간 음식물이 얼마 되지 않아 다시 텅 비어 버리듯이, 이들은 금방 굶주림 속에 다시 한 푼이라도 얻어 보려고 추운 겨울 거리를 배회한다. 왜 이들의 구걸은 번번이 실패로 끝날까? 그것은 이들이 구걸 행각을 벌이는 대상 역시 거지들이기 때문이다. 때로 그들은 상대편 거지가 원하는 것을 주고 싶어 하지만, 그들 역시 빈털터리라 줄 수가 없다.

현대의 부부관계는 두 사람의 남녀 거지가 서로에게 끝없는 구걸 행각을 벌이는 것이다. 그러나 내가 구걸하는 배우자 역시 무일푼의 거지 신세다. 그래서 부부는 서로에게 실망하고 불행해진다. 아내는 이렇게 말한다. '여보, 나 머리 새로 했어요. 예쁘죠?' 남편은 아내의 헤어스타일이 바뀐 것조차 알지 못한다. 아내는 시무룩해지고, 화가 난다. 그리고 빛을 잃고 시들어 버린다. 남편은 이렇게 말한다. '여보, 나 오늘 회사에서 참 자존심 상하는 일이 있었어. 그래도 당신과 아이들을 위해 참았어. 나 잘했지?' 아내는 '옆집 의사 남편은 돈도 쉽게 잘 벌어 오는데, 우리 남편은 왜 돈도 몇 푼 못 벌면서 저렇게 힘든 걸까?' 하고 생각한다. 남편의 어깨는 축 늘어진다.

텔레비전을 함께 보는데, 남편이 젊고 예쁜 여자 탤런트에게 눈길을 빼앗기고, 침을 흘린다. 아내는 생각한다. '아이 추해! 어떻게 저렇게 더럽게 늙어 가냐!' 남편은 추하고 더럽게 늙어 간다. 아내는 '절약!'을 모른다. 남편은 생각한다. '아이, 참 재수 없이 난 왜 저렇게 헤픈 여자를 만난 거야! 아무리 벌면 뭐 해! 밑 빠진 독에 물 붓기지!' 아내는 밑 빠진 독과 같은 사람으로 전락해 간다.

거리를 걷다 보면 찢은 바지를 입고 다니는 사람, 굉음을 내는 오토바이나 차를 타고 다니는 사람, 머리카락을 형광색으로 물들인 사람, 심한 노출을 한 사람 등을 만날 수 있다. 이들의 합창은 '제발 날 좀

보소!'이다.

학생들은 선생님이 제발 자신을 존중해 주길, 관심을 가져 주길, 칭찬해 주길, 사랑해 주길 갈구한다. 선생님 역시 학생들에게 자신을 깊이 존경해 주길 갈구한다. 하지만 학생들도 선생님도 원하는 것을 얻지 못한다. 상대편이 바라는 것을 가지고 있지 않기 때문이다.

백화점 점원은 VIP 고객이 자신에게 함부로 대하지 말아 주길 갈구한다. 늙고 가난한 고객은 점원들이 자신을 하찮게 여기지 않기를 갈구한다. 그러나 점원도 고객도 본인이 원하는 것을 얻지 못한다. 유색인종은 백인종에게, 가난한 사람들은 부자들에게, 외국인 노동자들은 고용주에게, 약소국은 강대국에게, '제발 나를 존중해 주세요!'라고 말한다. 그러나 그들은 존중받지 못한다. 그래서 고통을 겪고 불행해진다.

현대 사회에서 우리 모두는 피해자임과 동시에 가해자이다. 그래서 우리가 사는 이 세계는 고통스런 곳이 되어 버렸다. 왜 이런 고통의 악순환을 피할 수 없는가? 그것은 우리가 스스로를 '하찮은 에고'라고 간주하기 때문이다. '결핍감'은 유한하고 무의미한 개체로서의 나의 본질이다. 그래서 우리는 끊임없이 나의 결핍감을 해소시켜 줄 인정, 칭찬, 감사, 존경, 사랑을 역시 결핍감 덩어리인 너에게서 구할 수밖에 없다[求諸人].

탈현대 사회는 어떨까? 탈현대 사회는 억만장자들의 세상이다. 내 금고에는 헤아릴 수 없을 만큼의 금은보화가 가득 차 있다. 나는 너의 인정, 칭찬, 감사, 존경, 사랑을 받아야만 허기를 겨우 면할 수 있는 가난뱅이가 아니다. 나는 억만장자이며, 나에게 구걸하는 모든 사람에게 충분히 나누어 주고도 줄어들지 않는 재산의 소유자다[求諸

리]. 너도 억만장자이다.

그래서 아내와 남편은 서로 사랑하고, 존경하며, 서로의 존재에 깊은 감사와 기쁨을 느낀다. 선생님은 학생을 사랑하고 존중하며, 학생은 선생님을 깊이 존경한다. 백화점 점원은 가난한 고객을 따뜻하게 대하고 존중하며, VIP 고객은 점원을 존중하고 겸손하게 행동한다. 그들은 의아한 표정으로 이렇게 말한다. '왜 현대라는 암흑시대에는 사람들이 서로를 무시하고 함부로 대하면서 모두 고통의 바다에 빠졌던 것일까요?'

군자의 자랑과 함께하는 삶

 공자가 말했다. "군자는 긍지를 갖되 다투지 않으며, 무리를 짓되 편당을 짓지 않는다."

子曰 君子 矜而不爭 群而不黨

    공자는 군자란 긍지를 갖지만 다투지 않고, 여러 사람이 모이고 어울리지만 이익을 위해서 집단행동을 하지 않는다고 한다. 긍지를 갖지만 다투지 않는 것이 가능할까? 긍지를 갖는다는 것은 자기의 대단한 면이나 잘난 면을 드러내는 것이다. 이런 자랑은 다툼을 일으키기 쉽다. 속담에 '자랑 끝에 쉬슨다[불 붙는다]'는 말이 있다. 이 속담의 뜻은 너무 자랑하면 그 끝에 말썽이나 화가 생긴다는 의미와 너무 잘난 체하며 거들먹거리면 일을 그르치게 된다는 뜻을 가지고 있다.

    속담처럼 자랑이 다툼을 초래하는 사례를 주변에서 쉽게 볼 수 있다. 세계에서 가진 것이 가장 많은 미국과 중국은 존재감을 자랑하기 위해서 다양한 방식으로 세계인의 마음을 불편하게 하는 묘한 재주를 가지고 있다. 미국은 GDP 1위의 경제대국이며, 최고의 군사력을 가진 나라이다. 미국은 이런 막강한 힘을 수시로 과시하고 세계인에게 자랑한다. 세계 질서를 지킨다는 명분 아래 다른 나라의 일에 개입하고 힘으로 지배하려고 한다.

전 세계에서 가장 인구가 많고 GDP 2위인 중국은 중화주의라는 오랜 전통을 가진 강한 긍지를 오늘까지 유지하고 있다. 중국이 세상의 중심이라는 기본 입장에서 자문화중심주의라는 배타적인 자세를 가지고 있다. 세계 대국이라고 자랑하면서 자기들만 잘났다는 생각을 노골적으로 표출한다.

미국과 중국은 끊임없이 다툰다. 미국은 중국이 걷는 걸음마다 견제하고 이유 없이 얕잡아 보면서 다투려고 한다. 중국은 틈만 나면 미국을 위협할 수 있는 미사일을 자랑한다. 미국과 중국이 충돌하면 세계에 심각한 영향을 미칠 것이라고 세계를 향해서 경고하기도 한다. 세계인은 두 나라를 싫어한다. 물론 세계인 가운데 세계 경찰을 자처하는 미국에 대해서 호의를 가지는 사람도 있다. 그러나 왜 세계 경찰이 되려고 하는지 조금만 깊이 생각하면 금방 미국의 이기심에 실망할 수밖에 없다.

자랑은 다툼을 초래하기 십상이다. 그런데 어떻게 군자는 자랑하되 다투지 않을 수 있단 말인가? 군자의 자랑은 도와 하나인 삶을 산다는 것이다. 즉 자신의 올바른 삶을 자랑하는 것이다. 이러한 군자의 자랑은 세상에 누가 되지 않고 그 누구와도 다툴 일이 없다. 온 세상 사람이 다 같이 올바른 삶을 살고자 하면 다투는 것이 아니라 협력할 수 있기 때문이다. 그래서 군자는 자랑해도 다투지는 않는다.

세상은 함께 살아가는 곳이다. 인간의 삶은 여러 사람이 모이고 어울려 함께하는 것이다. 군자도 세상 속에서 여러 사람들과 모이고 어울려 산다. 이때 군자는 다른 사람들과 조화롭게 어울리고 무리를 짓지만 편당을 짓지는 않는다고 한다. 여러 사람이 모이면 마음이 더 맞고 이해관계가 잘 맞는 사람이 있기 마련이나. 이때 이해관세들 우선하다 보면 편당이 생기게 된다. 편당은 자기들의 입장을 정당화하고 입장을 관철시키기 위한 파괴적인 원동력이 되기도 한다.

미국의 트럼프 대통령은 2017년 12월에 "이제는 공식적으로 예루살렘을 이스라엘 수도로 인정할 때"라며 주(駐)이스라엘 대사관을 텔아비브에서 예루살렘으로 이전하는 명령을 내렸다. 트럼프의 기자회견 이후에 예루살렘에는 다시 불행이 확대되고 있다. 예루살렘은 역사적으로 유대교, 기독교, 이슬람교의 성지가 공존하기 때문에 언제나 정치 및 군사적으로 불안한 지역이다. 예루살렘의 소유권을 두고 이스라엘과 팔레스타인은 전쟁과 휴전을 반복하는 불안한 상황을 지속하고 있다. 이번 트럼프의 발언으로 다시 유혈사태가 일어났고, 예루살렘을 보는 세계인의 시선은 불안하다. 사람들은 트럼프의 사위가 유대인이고 딸이 유대교로 개종한 사실을 근거로 그가 이스라엘의 편을 든다고 생각한다. 세상 사람들은 그의 편 가르기가 얼마나 위험한 선택일지 염려하고 있다.

군자가 사람들과 모이고 어울리지만 편당을 짓지 않을 수 있는 이유는 무엇일까? 군자는 함께하지만 이해관계를 내세우지 않기 때문이다. 이해관계를 추구하는 순간 편을 가르게 되고 자신과 자기편이 유리한 쪽으로 뭉칠 수밖에 없다. 그렇게 뭉치다 보면, 조화로운 함께하기는 불가능하다. 이해를 따지지 않기 때문에 군자는 무리를 짓지만 편당을 짓지 않는다.

덕(德)과 색(色)

> 공자가 말했다. "어쩔 수 없구나. 내 덕을 좋아하기를 여색을 좋아하듯
> 이 하는 자를 보지 못하였다."
>
> 子曰 已矣乎 吾未見好德如好色者也

덕이란 무엇일까? 네이버 백과사전에는 덕을 '윤리적·도덕적 선에 대한 의지의 항상적 지향성 및 선을 실현하는 항상적 능력'이라고 정의하고 있다. 아리스토텔레스는 덕을 윤리적인 탁월성이라고 하여 덕은 본성적으로 주어지는 것이 아니라 행위의 습관화로 생기는 능력이라고 하였다. 예컨대 중용에서 성립하는 행위선택의 상태로 비겁과 만용의 중용으로서의 용감이 덕이라고 하였다. 스토아학파는 이성적·자연적 생활을 덕이라 하고, 에피쿠로스학파는 참다운 쾌락이란 무엇인가를 통찰하는 능력을 덕이라고 하였다. 이처럼 서양 철학에서의 덕이란 칸트가 종합한 바와 같이 이성적 판단 능력과 그것을 실천할 수 있는 도덕적 선의지를 말한다.

그러나 데이비드 호킨스는 『놓아버림』에서 "도덕적인 분개를 잘 살펴보면 자기만족과 자부심으로 지탱된다는 것을 알 수 있다"고 하였다. 즉 칸트가 실천이성이라고 부른 도덕적 선의지는 실천이성이 아니라 감정적으로는 자기만족과 자부심에 근거해 있다는 것이나. 프랑스

대혁명과 미국의 독립전쟁, 러시아혁명에 이르기까지 근대의 모든 혁명은 이성적으로는 불의에 대한 저항이지만 감정적으로는 자부심에 근거한 분노에 지나지 않는다. 왕당파에 대한 분노가 없었다면 프랑스대혁명이 성공할 수 없었을 것이다. 영국군의 과도한 세금과 탄압에 대한 적개심이 없었다면 어떻게 미국이 독립할 수 있었을까? 황제와 귀족들에 대한 뼈에 사무치는 원한이 없었다면 러시아혁명이 성공할 수 있었을까? 그래서 마르크스는 정확하게 피억압자의 분노가 혁명의 에너지라고 했던 것이다.

물론 감정이라고 해서 그것이 도덕적 선의지에 비해 열등한 것으로 여길 필요는 없다. 강신주는 『감정수업』에서 '좋음과 나쁨'을 '선과 악'에 대비하여 "감정을 순간적이라고 저주하면서 현재를 부정하는 사람들, 그래서 현재에 살지만 과거와 미래에 사로잡힌 사람들의 행동준칙은 선과 악이다. 반면 내면에서 우러나오는 감정의 목소리에 충실한 사람들이 따르는 행동 준칙은 좋음과 나쁨이다"라고 하였다. 실천이성의 판단에 따라 선과 악을 구별하고 도덕적 선의지를 발현하여 선을 실천하고 악을 배척하는 것보다는 좋고 나쁘다는 감정의 요구에 충실하게 살아가는 사람들이 더 바람직하다는 말이다.

유학에서 도(道)는 일반적으로 인간의 본성을 말하고, 덕은 이러한 본성을 지성으로 이해하고 실천을 통해 인격으로 획득한 것을 의미한다. 허신(許愼)은 『설문해자(說文解字)』에서 덕을 "밖으로 다른 사람에게 바람직하고 안으로 나에게 획득된 것"이라 했고, 단옥재(段玉裁)는 그 주석에서 "안으로 나에게 획득된 것이란 몸과 마음에 체득된 것이요, 밖으로 다른 사람에게 바람직한 것이란 다른 사람이 혜택을 받도록 하는 것"이라 하였다. 그렇다면 공자가 말하고 있는 여색을 좋아하듯 덕을 좋아하는 사람은 어떤 사람일까?

여색은 인간의 본능이다. 아름다운 여자를 보면 저절로 끌리는 것이 여색이다. 공자는 정말로―드물기는 하겠지만―아름다운 여자에 끌리듯 덕에 끌리는 사람이 있으리라고 생각했을까? 아니면 단지 그랬으면 좋겠다는 희망사항을 말한 것일까?

『대학』에는 "악을 미워하기를 악취를 미워하는 것과 같이하며, 선을 좋아하기를 여색을 좋아하는 것과 같이하여야 하니 이를 자겸(自謙)이라고 한다"는 구절이 있다. 이 구절을 두고 본성은 선악이 아니라 기호라고 주장하는 사람들이 있다. 즉 본성의 발현은 생각하고 판단해서 결정하는 것이 아니라, 본능과 마찬가지로 저절로 발현되는 것이라는 주장이다. 그렇지만 본성이 기호가 아니라고 주장하는 사람들은 그렇게 하면 본성과 본능의 구별이 어려워진다고 말한다.

『대학』에서 말하는 자겸의 사전적 의미는 '스스로 마음을 겸손하게 가짐'이라고 할 수 있다. 그러나 왕양명은 더 나아가 자겸을 '존재론적 충만감'으로 해석한다. 인간은 본래적으로 천지만물과 하나였기에 본래 충만한 존재였지만 자신을 분리된 개체로 여기면서 자겸으로부터 멀어지게 되었다는 것이다. 또 양명은 자겸을 '스스로 만족함'의 뜻으로 이해하기도 했다. 인간은 누구나 자신의 본성을 실현할 수 있는 능력을 가지고 있는데 이를 치양지(致良知)라고 한다. 치양지는 스스로 만족함[自謙]과 참된 즐거움[眞樂]으로 나타나며, 자겸과 진락은 곧 치양지의 경지라고 주장했던 것이다.

조선시대에 유일하게 양명학을 받아들여 공부한 하곡 정제두는 자겸을 '도덕적 자기 신뢰'로 이해했다. 자겸이라는 개념이 『대학』의 성의에 대한 설명에서 나오는 것이기 때문에 이렇게 해석하는 것이 타당할 것 같기도 하다. 성의란 뜻을 성실하게 하는 것으로서 자기를 속이지 않는 것[毋自欺]을 말한다. 그래서 자겸이란 마음의 안과 밖이 투명한 상태, 흔히 유학자들의 행장에서 '유리항아리'로 표현되는 마음의 상태를 말한다고 할 수 있다. 이런 관점에서 자겸을 이해하면 덕은 칸트의 도덕적 선의지와 큰 차이가 없게 된다.

덕은 본성의 실현이라는 측면에서 우리가 힘써 가꾸어 나가야 할 그 무엇이다. 그러나 그 덕의 이해와 실천은 이성적인 것이 아니라 감정적인 것이다. 즉 덕은 무엇이 옳고 그른지 이성적으로 판단하고 그 판단에 근거하여 억지로 노력해서 달성해야 할 그 무엇이 아니다. 오히려 덕은 그 획득의 과정에서 참된 즐거움과 존재론적 충만감을 맛볼 수 있는 것이다. 왜냐하면 덕의 실천은 과거와 과거의 투사인 미래에서 유일한 실재인 지금 여기로 돌아오는 것이기 때문이다.

덕을 가르치는 것은 덕목을 주입하는 것과는 다르다. 그렇기 때문에 덕을 가르치는 것은 어렵지 않다. 왜냐하면 덕을 획득하는 과정이 꽃을 가꾸는 아이들이 싹이 돋아나고 꽃봉오리가 피어나는 것을 바라보는 것과 같이 즐거운 것이기 때문이다.

뜻을 펼치는 법

자장이 행에 대해 묻자 공자가 말했다. "말이 충직하고 믿음직하며, 행동이 독실하고 경건하다면, 비록 오랑캐의 나라에서도 행할 수 있을 것이다. 말이 충직하지 않고 믿음직하지 않으며, 행동이 독실하지 않고 경건하지 않다면 비록 마을에서라도 행할 수 있겠는가? 서 있으면 이 몇 글자가 눈앞에 있는 듯하고, 수레를 타고 있으면 이 몇 글자가 멍에 위에 펼쳐져 있는 듯하다. 그런 다음에야 행할 수 있다."

子張問行 子曰 言忠信 行篤敬 雖蠻貊之邦行矣 言不忠信 行不篤敬 雖州里行乎哉 立 則見其參於前也 在輿 則見其倚於衡也 夫然後行

자장이 공자에게 물었다. 어떻게 하면 자신의 뜻을 펼칠 수 있을지를. 그것은 통치수단, 또는 통치방법을 물은 것이라 할 수 있다. 그러나 공자는 통치수단이나 통치방법 대신에 "말은 충직하고 믿음직스럽게 하며, 행동은 신중하고 경건하게 하라"고 대답했다. 즉 내 뜻을 펼칠 수 있는 방법을 내 밖에서 구하지 말고 내 안에서 구하라는 것이다.

그러자 자장이 다시 물었다. 어떻게 하면 내 말이 충직하고 믿음직스러우며, 내 행동이 진지하고 경건할 수 있을지를. 공자는 "서 있으면 이 몇 글자가 눈앞에 있는 듯하고, 수레를 타고 있으면 이 몇 글자가 멍에 위에 펼쳐져 있는 듯하라." 즉 한순간도 그 말이 내 마음에서 떠나지 않도록 하라고 대답했다. 그렇게만 한다면 오랑캐 나라에 가도 내 뜻을 펼칠 수 있을 것이며, 만약 그렇게 하지 않으면 내 작은 마을에서조차 뜻을 펼칠 수 없을 것이라고.

이 말이 주는 간절함 때문이었을까? 주자는 훗날 자신이 강학한 백록동서원의 학규에 이 구절을 넣어서 수신(修身)의 요체로 삼았고, 조선에서는 동규(童規)를 비롯하여 학규, 가훈 등에도 널리 사용되었으며, 마침내 일상적인 삶의 준칙이 되었다. 다음 시는 그 한 예일 것이다.

> 용양의 호익선을 다시 쓸 필요 없는 때라
> 시 잘 외우는 사자가 글을 품고 가는구나
> 만리에 부는 바람 잠깐만 얻어 타고 가면
> 부상 나무 해 뜨는 곳에 곧바로 도착하리
> 봄빛이야 늦고 빠른 차이가 있는 줄 알겠소만
> 차고 또 이지러지는 달은 몇 번이나 보게 될꼬
> 행실이 오직 독경하고 말이 충신하다면야
> 연과 월을 오고 간들 무슨 문제가 있으리요

조선왕조 건국 후 약 200년에 걸친 일본과의 교린외교는 임진왜란 후 단절되었지만, 도요토미 히데요시 사후 새로이 정권을 잡은 도쿠가와 이에야스는 국내외 안정을 위해 조선에 국교회복을 요청하였고, 조선은 마침내 회답사(回答使)를 파견하게 된다. 이때 조선이 군이 야만적인 일본과 교역을 재개해야 했던 것은 전쟁 중 일본으로 끌려간 백성들의 쇄환(刷還)과 그들의 재침 의도를 살필 필요가 있었기 때문이었다. 위 시는 조선 중기의 대표적인 문인, 간이(簡易) 최립(崔岦)이 회답사의 일원으로 일본에 가게 된 친구 여호길(呂浩吉)을 위해 쓴 것으로, 거기에는 중대한 임무를 띠고 침략국 일본으로 떠나게 된 친구를 염려하는 마음이 담겨 있다.

내 말이 충직하고 믿음직스러우며, 내 행동이 진중하고 경건하다면 오랑캐의 나라에 가더라도 뜻을 펼칠 수 있으리라. 최립은 일본이라는 나라를 탓하기 전에 내 말과 행동을 바로잡으라고 조언한 것이다.

2017년, 문재인 정부의 출범과 더불어 우리는 새로운 외교환경 구축이라는 과제에 직면했다. 미국과는 굳건한 안보동맹을, 일본과는 위안부 합의의 수정과 새로운 관계 맺음을, 그리고 중국과는 사드문제로 굴절된 관계를 정상화하고, 무엇보다 그들의 경제보복을 완화시켜야 했다. 그들을 오랑캐의 나라라 치부할 수는 없지만, 철저하게 자국의 이익을 추구하는 강국 앞에서 우리는 스스로 자신을 보호해야 했다.

조선의 선비라면 분명히 그렇게 말했을 것이다. 내 말이 충직하고 믿음직스러우며, 내 행동이 진중하고 경건하다면, 그 나라가 어떤 나라든 내 뜻을 펼칠 수 있지 않겠느냐고. 이웃나라를 탓하기 전에 우리 자신을 되돌아보며, 우리의 뜻이 바른지를 살피고, 우리의 말과 행동을 올바르게 한다면, 그다음은 그들의 문제일 뿐 우리의 문제는 아닐 것이라고.

2018년 대통령의 신년사 발표 후 일본 아베 정부는 위안부 합의를 수정하려는 한국을 맹공격하였다. 그 뜻이 정당하고 그 말과 행동이 올바른지를 되돌아보는 것은 그들의 일일 뿐 우리의 일은 아니므로, 그것을 두고 우리가 논할 필요는 없다.

선(善)을 실현하는 일

공자가 말했다. "지식이 거기에 미치더라도 인(仁)이 그것을 지킬 수 없으면 비록 얻더라도 반드시 잃는다. 지식이 거기에 미치며 인이 그것을 지킬 수 있더라도 장엄함으로써 백성에게 임하지 않으면 백성들이 그를 공경하지 않는다. 지식이 거기에 미치고 인이 그것을 지킬 수 있으며 장엄함으로써 백성에게 임하더라도 백성들을 분발시키기를 예(禮)로써 하지 않으면 선(善)이 아니다."

子曰 知及之 仁不能守之 雖得之 必失之 知及之 仁能守之 不莊以涖之 則民不敬 知及之 仁能守之 莊以涖之 動之不以禮 未善也

공자는 선(善)을 실현하기 위해서는 인(仁)을 체득한 후, 장엄함으로 사람들에게 임하며, 예(禮)로써 도울 때 가능하다고 보았다.

'지식(知識)이 거기에 미친다'는 말은, 도(道)가 무엇인지를 이론적으로 어렴풋이 이해했다는 말이다. 그러나 도는 결코 지식으로 이해할 수 있는 것이 아니다. 우리가 교육 현장에서 가르치고 배우는 사랑, 평화, 행복, '지금-여기', 도(道), 진리 등은 몸소 경험[體得]함으로써 알 수 있는 것이지, 경전과 성인의 말을 많이 읽거나 암기하거나 유추해 본다고 해서 알 수 있는 것이 아니다.

'현재만이 진실한 삶이다'라고 이해했다고 해서 현재를 사는 것이 아니고, '생각과 감정을 있는 그대로 경험해야 한다'는 것을 안다고 해서 자각의 삶을 사는 것도 아니며, 깨어 있고자 한다고 해서 자나 깨나 한결같은[悟寐一如] 불이(不二)의 삶을 살고 있는 것도 아니다. 이처럼 '지식이 진리[道]에 도달하는 일'은 결코 있을 수 없다.

사실, 깨달음의 체험이 없으면 자기의 본성이 무엇인지를 알 수 없을 뿐만 아니라, 경전의 내용이나 스승의 말을 자기 자신에게서 인증(引證)할 수도 없다. 그러므로 바른 견해를 갖기 위해 도에 관한 이론적인 공부를 하는 것도 중요하지만, 반드시 인을 체득함으로써 도에 대한 지식들을 걸림 없이 다룰 수 있도록 해야 한다.

'인이 그것을 지킬 수 없으면 비록 얻더라도 잃는다'는 말은, 인을 체득하지 못하면 공부 도중에 '무엇'인가를 얻는다 하더라도 반드시 그것을 잃는다는 말이다. 도는 얻은 적도 없고 잃은 적도 없는 '잠시도 떠날 수 없는 것'이기에, 자기에게 본래 없던 것이 생겨났거나, 밖으로부터 얻게 된 신통(神通)이나 초능력과 같은 것은 깨달음이 아니다.

또, 깨달음은 황홀경과 신비 체험 속에서 영원히 고통을 당하지 않는 일이거나, 영원한 지복(至福) 속에 머물며 자신만의 평안함을 누리는 일도 결코 아니다. 깨달음의 부산물로 생겨날 수 있는 황홀경, 신비 체험, 지복(至福) 등을 깨달음으로 오해하여 그것에 집착한다면, 마음은 여의주(如意珠)와 같아 그런 상황을 스스로 만들어 내어 경험할 수는 있지만, 이런 체험들도 깨달음이 아닐 뿐만 아니라, 시간이 지나면 반드시 잃게 된다. 심지어 지나간 이런 경험들을 다시 겪고자 노력한다면, 그 노력은 오히려 '지금-여기'의 삶을 놓치게 하는 가장 강력한 족쇄로 작용할 것이다.

진정한 깨달음은 자신과 세상을 선이니 악이니 하며 둘로 나누어 바라보는 것을 그만두는 일이고, 구하는 것을 끝마치는 일이며, '지금-여기'의 삶이 전부임을 알아 진실한 마음으로 삶의 모든 과정을 더 깊이 참여하는 일이다.

공자는 진실로 인을 체득했기에, 자공에게 '자신은 많이 배우고 그것을 기억하는 것이 아니라, 한 가지 이치로 만 가지 일을 꿰뚫고 있다[一以貫之]'고 말할 수 있었고, 사욕(私欲) 없이 상황에 적절하게 행위[中道]할 수 있었던 것이다. 그러므로 공자에게 있어 인의 체득, 즉 깨달음은 무척 중요한 일이다.

공자는 "지식이 거기에 미치며 인이 그것을 지킬 수 있더라도 '장엄함'으로써 사람[民]들에게 임하지 않으면 사람들이 그를 공경하지 않는다"고 했다. '장엄함으로써 사람들에게 임한다'는 말은, 몸가짐을 단정하게 하고 도(道)에 대한 확신을 드러내되 겸손하며, 품위가 있되 권위를 내세우지 않는 태도로 사람들을 대한다는 말이다. 사람들을 장엄함으로써 대해야 하는 이유는, 그렇게 해야지만 사람들이 그를 신뢰하기 때문이다.

어떤 사람들을 만나더라도 그 사람은 '또 다른 나'임을 알기에, 그들의 질문을 귀담아 듣고, 그들의 고통을 자신의 아픔으로 여기며, 근기와 상황을 고려하여 생각의 양단(兩端)을 돌이켜 볼 수 있게 해 줌으로써 그들 스스로 자신의 문제를 해소할 수 있도록 도와준다. 그리고 가르침을 청하는 사람이 아무리 악하다 하더라도 차별 없이 가르쳐 주며[有敎 無類], 가르친 후에는 도왔다는 마음을 내지 않는다. 사람들이 이런 사람을 공경하고 그의 가르침을 따르는 것은 너무나 당연한 일이다.

'백성들을 분발시키기를 예(禮)로써 한다'는 말은, 사람들이 본성을 회복할 수 있도록 도울 때에는 일상의 구체적인 일을 토대로 다른 사람과의 관계 속에서 사랑[仁]이 적절한 형식으로 드러날 수 있도록 하라는 말이다. 깨달음 공부가 자기 자신에만 머물거나 사람들 위에 군림하기 위한 것이라면, 그것은 '천지만물을 자기와 한 몸[天地萬物一體]'으로 삼는 본성 회복 공부라 할 수 없다.

티베트의 영적 스승 욘게이 밍규르 린포체는 자기만의 평화에 머무르는 일을 뺨에 찔려 있는 날카로운 바늘 두 개 중 한 개를 뽑는 일로 비유했다.

> 오른쪽 뺨에서 느끼는 고통은 자신이 겪는 불행과 고뇌를 상징하고, 왼쪽 뺨의 고통은 자신이 싫어하는 사람이나 존재가 겪는 아픔과 불행을 상징한다. 우리가 자신의 해방만을 위해 노력하는 것은 마치 한쪽 뺨에서만 바늘을 빼는 일과 같다. 다른 쪽 뺨에 바늘이 남아 있는 한 우리는 언제까지고 불편함과 아픔과 두려움을 느낄 것이다.

우리는 자신의 본성을 회복하는 일과, 예(禮)로써 다른 존재를 돕는 일을 삶의 중요한 과제로 삼아야 한다. 진정한 평화와 해탈은 고통당하는 사람들 속에서 자신만은 물들지 않는 삶을 사는 일이 아니라, 그들의 불편함과 아픔과 두려움을 제거할 수 있도록 사랑으로 돕는 일이다. 이것이 우리가 진정으로 선(善)을 실현하는 일이다.

16. 「계씨(季氏)」

| 탈현대 문명 |

잘 나이 들어 가는 것의 문명사적 의미

공자가 말했다. "군자에게 세 가지 경계함이 있으니, 젊을 때엔 혈기가 정해지지 않았으므로 경계함이 여색에 있고, 장성해서는 혈기가 한창 강하므로 경계함이 싸움에 있고, 늙어서는 혈기가 이미 쇠하므로 경계함이 얻음에 있다."

子曰 君子有三戒 少之時 血氣未定 戒之在色 及其壯也 血氣方剛 戒之在鬪 及其老也 血氣旣衰 戒之在得

현재 우리는 인류 역사의 가장 드라마틱한 지점을 통과하고 있다. 인류에게 주어지지 않은 선택은 지금 이대로 현대적인 삶과 문명을 지속시키는 것이다. 우리의 실제적인 선택지는 두 가지이다. '문명의 대파국'과 '문명의 비약'이 그것이다.

인류는 어떻게 '문명의 비약'의 길로 나아갈 수 있는가? 인류적인 차원에서의 존재혁명을 통해서이다. 인류는 문명 발생 이전 수백만 년을 동물적인 본능의 바탕 위에 살아왔다. 그리고 문명이 발생한 이후 지금까지 에고 속에서 살아왔다. '에고를 탈피해서 참나에 도달하는 것', 이것이 바로 존재혁명의 의미이다.

공자를 비롯한 동서양의 성인들이 한 가지로 추구한 것이 바로 '존재혁명'이다. 어떻게 존재혁명을 이룰 것인가? 이 질문에 대해 위의 구절에서 공자는 생애 시기별로 존재혁명을 이루는 방법을 압축적으로 서술하고 있다.

젊은 시절에는 성욕을 비롯해서 솟구치는 본능의 노예가 되지 않도록 경계해야 한다. 장년기에는 자아확장투쟁으로서의 삶에 매몰됨을 경계해야 한다. 노년기에는 노욕에 사로잡히는 것을 경계해야 한다.

이 중에서도 가장 중요하고 어려운 것은 노욕(老欲)에 사로잡히지 않는 것이다. 현대인은 자신을 에고라고 생각한다. 노년기가 되면 필연적으로 에고가 수축된다. 에고가 나라고 생각할 때, 에고의 수축운동은 격심한 고통을 수반한다. 이에 대한 현대인의 유일한 대응방법은 에고의 수축운동에 저항하는 것이다. 그래서 현대인은 늙어 가면서 필사적으로 늙지 않으려는 노력을 기울이는 것이다.

이런 노력의 대표적인 발현이 '노욕'이다. 늙으면 자연스러운 욕망은 시들어 가는데, 삶에 대한 집착을 비롯해서 욕망에 대한 집착은 더 커진다. 그 결과 노인은 불행해지며, 이 세상을 고통스럽게 만드는 존재로 전락한다. 오늘날 대부분 노인들의 상황이 이와 같다.

전 지구촌이 고령화사회에 진입하고 있는 현시점에서 노인 불행은 필연적인 것인가? 그렇지 않다. 노인 불행의 근원은 '나 자신을 세계로부터 분리된 개체[에고]'라고 인식하는 현대 인간관이다. 그러므로

'에고와 나의 동일시'를 멈추는 순간, 노인 불행도 끝나게 된다.

'에고와의 동일시를 멈춤'을 다른 말로 하면 '존재혁명'이다. 존재혁명이란 '참나로서의 나'를 자각하고 실현하는 것이다. 이것은 잘 나이 들어 가는 것을 의미한다. 잘 나이 들어 감이란 참나의 자각과 실현을 통해 나이가 들수록 아름답고 행복한 존재가 되어 가는 것이다.

잘 나이 들어 간 노인의 모습은 어떠할까? 그는 범사에 감사할 수 있고, 사랑스럽지 않은 것을 사랑할 수 있으며, 용서하기 힘든 일을 용서할 수 있고, 사람을 대함에 존경심을 갖고 겸손한 마음가짐으로 대하며, 아름답게 미소 지을 수 있다.

잘 나이 들어 간다면, 우린 나이 들수록 더 큰 행복과 기쁨을 향유할 수 있을 것이다. 뿐만 아니라 우린 이 세상에 행복과 기쁨을 선물할 수 있는 멋진 존재가 된다. 내가 행복한 존재가 된다는 것과 이 세상이 행복한 곳이 된다는 것은 떼어 놓을 수 없다. 인류적인 차원에서 각자의 존재혁명을 통해 우리는 탈현대 문명을 건설할 수 있다. 이것이 바로 지금 이 시대에 '잘 나이 들어 감의 문명사적인 의미'이다.

내가 좋아하는 것과 내 삶의 모습

공자가 말했다. "유익한 좋아함이 세 가지이고 손해되는 좋아함이 세 가지 있다. 예악으로 절제하기를 좋아하고, 사람의 선함을 말하기를 좋아하며, 현명한 벗이 많음을 좋아하면 유익하다. 교만함을 좋아하고, 안일함을 좋아하며, 향락을 좋아하면 손해가 된다."
孔子曰 益者三樂 損者三樂 樂節禮樂 樂道人之善 樂多賢友 益矣 樂驕 樂 樂佚樂 樂宴樂 損矣

자신이 어떤 삶을 살고 있는지 알고 싶다면, 내가 무엇을 좋아하는지 생각해 보면 된다. 어떤 사람이 무엇을 좋아하는가를 살펴보면, 그 사람의 삶의 가치관을 읽을 수 있기 때문이다. 공자는 좋아해서 유익한 것이 세 가지가 있고, 손해가 되는 것이 세 가지가 있다고 말한다. 공자가 말한 좋아하면 손해가 되는 교만, 안일, 향락은 설명할 필요도 없이 누구나 쉽게 수긍할 수 있는 것이다. 한편, 공자가 말한 좋아하면 유익한 세 가지에 대해서는 곱씹어 볼 필요가 있다.

공자가 말하는 좋아하면 유익한 것은 절제하면서 예악을 즐김, 사람의 선함을 말함, 현명한 벗과 사귐이다. 예악을 즐기는 것, 사람에 대해 말하는 것, 벗과 사귀는 것은 누구나 비교적 쉽게 좋아할 수 있는 것이다. 그러나 예악을 절제하는 것, 사람의 선함을 말하는 것, 현명한 벗과 사귀는 것을 좋아하기는 쉽지만은 않다. 왜 그럴까?

예악이란 예법과 음악을 말하는데, 예법을 중시하다 보면 언행을 삼가는 데만 치중하여 격식을 지키는 쪽으로 치우치기가 쉽고, 음악을 즐기다 보면 심취하여 그 즐거움에서 헤어나기가 쉽지 않기 때문이다. 무엇이든 절제하면서 좋아할 수 있는 것은 쉽지 않은 일이다. 예법의 가치는 인정하되 형식에 편중되지 않고, 음악을 좋아하되 감성을 해치지 않아야 한다.

요즘 예법을 아는 사람도 만나기 쉽지 않지만 좀 안다 하는 사람들은 격식에 치우쳐서 함께하면 불편하고 피곤한 기분이 든다. 예법을 제대로 알지 못하기 때문이다. 진짜 예법을 안다면 격식보다는 상대에 대한 배려로 편안함과 따뜻함을 느끼게 해 줄 것이다. 예의 근본정신이 피어나는 예절은 딱딱한 격식에서 나올 수 없고, 사랑에서 나오기 때문이다.

사랑의 삶을 살고 있는 프란치스코 교황은 바티칸에서 열리는 수요미사에 세계 각국의 사람들과 함께할 수 있도록 개방하고 있다. 그 사람의 종교, 인종, 지위, 국가 등을 따지지 않는다. 그리고 미사가 열리는 성당 안에서 그들이 격식에 억눌리고 침묵하기를 요구하기보다는 자유롭게 환호하고 한마음으로 세계의 평화와 자신의 소망을 기원할 수 있도록 허락한다. 예법의 형식을 절제하기 때문에 프란치스코 교황이 집도하는 미사는 가장 성스러운 감동을 선물한다.

예법뿐만 아니라 음악을 좋아하는 것도 마찬가지이다. 음악을 마음을 감화시키는 것의 대명사로 이해한다면, 이것을 절제 없이 좋아하면 오히려 감성에 젖고 해치는 결과를 낳을 수도 있다. 그래서 공자는 절제를 강조한 것이다.

공자가 주목한 다음 내용은 말이다. 사람들은 다른 사람에 대해서 말하는 것을 좋아하는 경향이 있다. 조금이라도 아는 사람이라면 그 사람을 도마에 올리고 이렇게 저렇게 요리하고 싶어 한다. 이때 그 사람의 선한 면을 말하기보다는 험담을 하는 것을 더욱 즐기기도 한다. 인류의 발전이 뒷담화에서 비롯되었다는 유발 하라리의 예리한 분석을 말하지 않더라도 뒷담화의 공유가 사람들의 결속력의 기폭제가 된다는 것을 수긍할 수 있다.

공자가 사람의 선함을 말하기를 좋아해야 유익하다고 딱 집어서 말한 이유는 무엇일까? 다른 사람의 선함을 말하는 것이 스스로의 삶을 돌아보고 배우는 과정이기 때문이다. 우리의 삶은 매 순간 배움의 기회이다. 공자는 그 생생한 공부의 기회를 놓치지 말고 깨어서 사람들의 선함에서 배우라고 독려하고 있다. 흠을 찾고 문제 삼으려는 사람은 배우고자 하기보다는 가르치고 분별하려는 마음이 강하다. 반면 선한 면을 말하려는 사람은 배우고자 하는 생각이 크다. 나는 어떤 사람인가? 스스로에게 꼭 질문해 보도록 하자.

마지막으로, 공자는 현명한 벗이 많음을 좋아해야 한다고 한다. 우리는 어떤 벗을 사귀기를 좋아하는가? 벗의 현명함을 생각하기보다는 내 말에 동조하는지, 내게 도움을 주는지, 함께하면 즐거운지 등을 따지지 않는가? 내 말은 무조건 옳다고 하는 벗, 내 삶에 도움이 되는 벗, 내게 즐거움을 주는 벗은 달콤함을 주지만, 그런 벗을 좋아하는 것이 나에게 유익하지만은 않다는 것을 누구나 알고 있다.

공자는 우리가 무엇을 좋아하는지 질문하고 그 질문의 답을 통해서 스스로 삶의 모습을 확인하도록 기회를 준다. 나는 무엇을 좋아하는가? 내 삶의 모습이 내가 좋아하는 것으로 결정된다는 것을 생각

하면, 예악으로 절제하며 사람들의 선함을 말하고 현명한 친구 사귀
기를 좋아하는 일을 게을리하고 싶지 않다.

정직함이란 무엇인가?

공자가 말했다. "구야! 군자는 하고자 한다고 말하지 않고 굳이 변명하는 것을 미워한다."

孔子曰 求 君子 疾夫舍曰欲之 而必爲之辭

위의 말은 노나라 대부인 계씨가 노나라의 부용국(附庸國)인 전유(顓臾)를 치려고 하자 공자가 당시 계씨 밑에서 벼슬을 하고 있던 제자 염유와 자로를 야단치면서 한 말이다. 염유는 처음에는 계씨가 전유를 치려고 하는 것이지 자신들과는 관계가 없다고 변명하였다. 공자가 다시 신하의 역할을 들어 두 사람을 나무라자 염유는 할 수 없이 사실대로 고백할 수밖에 없었다. 공자의 말에서 '욕지(欲之)'란 그 이익을 탐함을 말한다. 솔직하게 전유를 취하는 것이 이익이 되기 때문임을 처음부터 고백하지 않고, 어쩔 수 없었다고 변명하는 것을 나무라는 것이다. 그렇다면 모든 것을 솔직하게 고백하는 것이 정직한 것일까? 「자로편」에는 다음과 같은 일화가 소개되어 있다.

섭공이 공자에게 말했다. "우리 동네에 스스로 정직한 자가 있으니 그의 아버지가 양을 훔치자 이를 고발하였습니다." 공자가 말했다. "우리 동네의 정직한 자는 이와 다릅니다. 아버지는 자식을 위해 숨

겨 주고, 자식은 아버지를 위해 숨겨 주니 정직함은 그 가운데 있습
니다."

솔직하게 고백하는 것이 정직이 아니라면 무엇이 정직인가? 유학에
서의 정직은 본성을 드러내는 것, 본성에 따르는 것과 다름없다. 『맹
자』 「진심장구 상」에는 다음과 같은 이야기가 있다. 맹자의 제자인 도
응(桃應)이 물었다. 순임금이 천자가 되고 고요가 법을 집행할 때 순임
금의 아버지 고수가 살인을 저지르면 고요는 어떻게 할까요? 맹자는
고요는 법을 집행할 뿐이라고 하였다. 그러자 도응은 다시 순임금은
아버지 고수가 처형당하는 것을 그대로 보고 있을 것인지 물었다. 그
러자 맹자는 순임금은 아버지 고수를 몰래 업고 도망하여 멀리 바닷
가에 거처하면서 종신토록 즐거워하면서 천하를 잊었을 것이라고 하
였다.

고요는 순임금 당시 사법을 담당하는 관리로서 법리에 통달하여
형법을 제정했고 감옥을 만든 사람이라고 한다. 『서경』 「대우모편」에
는 순임금이 우(禹)에게 선위(禪位)할 뜻을 말하자, 이에 우(禹)는 고요
(皐陶)를 천거하며 고요의 덕과 공로가 크다고 이야기하는 장면이 있
다. 이 구절에 대해 주자는 법을 담당하는 관리가 된 자는 다만 법이
있음을 알고 천자의 아버지가 높다는 것을 알지 못하며, 자식 된 자
는 다만 아버지가 있음을 알고 천하가 큼을 알지 못한다고 하였다. 즉
고요는 법에 따라 고수를 처벌하는 것이 공(公)이고, 순임금은 아버지
를 살리는 것이 곧 공이라는 말이다.

서구 근대 공교육에서의 공(公)과 사(私)는 멀리 아테네의 오이코스
(oikos)와 폴리스(polis)의 구분에서 비롯되었다. 오이코스는 가족이 기

거하는 물리적 공간을 의미하며, 이것은 철저히 사적 원리에 의해 운영되었다. 반면 폴리스는 도시국가를 말하며 철저히 공적 원리에 의거 운영되었다. 아리스토텔레스는 오이코스와 폴리스의 혼돈을 모든 병폐의 근원으로 간주하였다. 현대 문명 속에서도 이러한 아테네의 공과 사의 구분이 적용된다. 즉 공적 영역에는 사적인 이익이 개입해서는 안 되고, 사적 영역에는 공적 개입이 있어서는 안 된다는 것이 공공성의 보편적인 원리인 것이다.

그러나 앞에서 살펴보았듯이 유학에서의 공공성은 영역으로 구분되는 것이 아니다. 유학에서의 공과 사는 인간에 내재된 본성에 의해 구분된다. 따라서 공자가 말했듯이 아버지가 아들을 숨겨 주고, 아들이 아버지를 숨겨 주는 것이 공이다. 왜냐하면 부모와 자식 사이의 사랑은 인간에 내재된 본원적 도덕성이기 때문이다. 그래서 정이천은 단도직입적으로 '인(仁)의 도(道)를 요약컨대 공(公) 한 글자'라고 하였다. 인은 천하의 공도[天下之公道]이고, 천지가 만물을 낳은 마음[天地生物之心]이기 때문이다. 주자는 공(公)과 인(仁)과 사랑의 관계를 다음과 같이 말하였다.

> 공이라는 것은 인(仁)을 체득(體得)하는 방법이니, '자기를 극복하여 예(禮)로 돌아가면 인이 된다'(克己復禮爲仁). 대체로 공은 곧 인이며, 인은 곧 사랑이며, 효제(孝悌)는 인의 작용이고, 용서하는 것은 베푸는 것이다.

인간의 본성인 인의 궁극적인 표현은 사랑이고 공이다. 반면 본성이 아닌 사적 욕망에서 비롯된 것은 그것이 아무리 공적인 영역의 것이라고 해도 사(私)이다.

이런 기준으로 오늘날 우리의 공교육을 바라보면 어떨까? 공공이란 사익에 반대되는 개념이기 때문에 국가나 학생 혹은 학부모 공히 사적인 이익을 위해 공교육을 이용해서는 안 된다. 국가나 정권의 사적인 이해관계, 예컨대 유신정권과 같이 정당성 없는 정권의 정당성 창출을 위해 교육을 이용하거나, 일부 대학에서 실시하고 있는 주문형 교육과 같이 자본의 이익을 위해 자본이 요구하는 인력을 양성하는 것은 공의가 아니라 사익을 위한 교육이다. 수혜자의 입장에서도 공동체에 대한 자기헌신을 전제로 하지 않고 개인의 출세와 영달을 위한 교육은 공교육이 아니다.

우리는 공교육을 논함에서 무엇이 평등이고 무엇이 불평등인지를 논의하는 것에 앞서 무엇이 사익이고 무엇이 공의인가를 분명하게 구분해야 한다. 평등교육의 원리에 의거 모든 국민이 자신이 가지고 있는 능력을 최대한 발현할 수 있는 교육기회를 제공해야 하는 것도 물론 중요하지만, 더욱 중요한 것은 공의(公義)의 원리에 의거하여 그러한 교육을 통해 기르고자 하는 자율적이고 창의적인 인간이 공공의 정의를 위해 얼마나 헌신할 수 있는지를 고려하는 일이다. 교육의 공공성은 수요자 중심 교육에서 강조하는 이기심과 자기주장이 아니라, 공동체를 통한 자기극복과 공동체에의 헌신을 배우는 데서 찾아야 한다.

공정하지 못한 것을 근심하라

내가 듣자하니 "나라를 다스리는 사람과 집을 소유한 사람은 적은 것을 근심하지 않고 균등하지 않은 것을 근심하며, 가난을 근심하지 않고 편안하지 않은 것을 근심한다"고 하였다. 균등하면 가난이 없고, 화목하면 재물이 적어도 괜찮으며, 편안하면 위태롭지 않다.

丘也聞 有國有家者 不患寡而患不均 不患貧而患不安 蓋均無貧 和無寡 安無傾

현종 5년부터 3년간 이어진 가뭄은 조선 전역을 황폐화하고 수많은 사람들의 목숨을 앗아 갔다. 현종은 스스로의 부덕을 탓하며 피전(避殿)하였고, 음악을 철폐하였으며, 널리 직언을 구하였다. 현종 8년, 탈주자학의 선봉으로 일컬어지며 실학을 체계화하였다고 평가되는 서계(西溪) 박세당(朴世堂)은 왕의 구언(求言)에 응답하여 19수의 상소문을 올린다.

혁파해야 할 폐단을 혁파하지 않은 채 하늘이 내린 재앙을 그치게 한다는 것은 허언에 불과하다고 비판한 그는 "적은 것을 근심하지 않고 균등하지 않은 것을 근심한다"라는 공자의 말에 의거하여 다음과 같이 세금과 요역체제의 개혁을 주장했다.

지금 백성을 10등분해 보면, 공천(公賤)과 사천(私賤)이 6등분을 차지하고 이름난 사족이 2등분을 차지하며 평민이 2등분을 차지합니다. 옛날을 상고하고 만국을 살펴보아도 이런 세상은 없을 것입니다. 이미 심하게 고착되어 갑자기 바꾸기는 어렵습니다. 그러나 똑같은 공천이라 하여도 공천 중에 가볍고 무거운 신역(身役)이 있으며, 똑같은 사천인데도 가볍고 무거운 신역이 있고, 똑같은 평민인데도 가볍고 무거운 신역이 있습니다. 그런데 이름난 사족의 경우는 어려서부터 늙을 때까지 하는 일이 없어 책을 읽지도 않고 활쏘기를 익히지도 않으면서 공가의 신역에 참가하지 않는 자가 열에 여덟아홉이나 됩니다.

천민의 수가 나라의 반을 넘었다면 그 나라는 평민의 천민화가 급속하게 진행되었다는 뜻이며, 문벌 귀족들의 횡포가 그만큼 가혹하였음을 의미한다. 박세당이 이런 나라는 동서고금 어디에도 없을 것이라 한탄한 것은 결코 과장이 아니었다. 그러나 보수파인 노론과 개혁파인 남인 사이에서 온건한 개혁을 주장한 소론의 영수답게 그는 사회 구조의 전면적인 개혁보다는 세금과 요역체제를 재편함으로써 사회적 모순을 극복하고자 하였다.

「계씨편」은 노나라의 실권자 계씨가 전유를 치려 하는 데서 시작된다. 이때 계씨의 신하로 있던 자로와 염유는 자신들은 결코 전쟁을 원하지 않았다고 변명하면서도 후환을 없애기 위해서는 전유를 칠 수밖에 없다고 주장했다. 그러나 그런 제자들을 향해 공자는 말했다. 왜 그들이 불복하게 되었는가? 혹시 그것은 그들이 복종하였을 때 편안하게 지켜 주지 못했기 때문이 아닌가? 만약 그렇다면 분란의 원인은 계씨 자신에게 있으며, 전유를 친다고 해서 문제는 해결되지 않는다.

백성을 편안하게 하려면 어떻게 해야 하는가? 먼저 백성들이 화목해야 한다. 어떻게 하면 백성들이 화목할 수 있는가? 불균형을 해소하고 공정하게 하라. 그러면 재물이 적다고 불평하지 않고 가난을 감내하며 편안해한다. 나라가 위태로운 가장 큰 원인은 불균형, 불공정이다. 공정하지 못한 나라는 나라가 아무리 강대해지고 아무리 부유해져도 사람들은 스스로를 가난하다 여기며 만족하지 못한다. 3년이나 이어진 대재앙에서도 박세당이 세금과 요역체제의 개편을 첫 번째 과제로 삼았던 것은 그 때문이었던 것이다.

지난 10년 우리나라도 양극화 현상이 심화되었다. 그 양극화가 세계적인 추세라 하더라도 한국이 당면한 양극화의 배후에는 부자감세로 나라의 경제력을 제고하고자 한 이명박, 박근혜 정부의 정책과 부정한 방법으로라도 자신의 이익을 극대화하려 했던 나약한 인간들의 어리석은 선택이 있었다. 아무리 경제가 성장하고 세계적인 기업이 등장한다 하더라도 그 결실이 고르게 배분되지 못하고, 그 방법이 올바르지 못하다면 그 나라는 결코 편안할 수 없다. 노동의 가치가 폄하되고 자본이 지배하는 사회에서 자본이 소수에게 집중되는 사회만큼 위험한 사회는 없다.

나라의 위기를 극복하고 싶은가? 그렇다면 이 사회에 만연된 불공정을 살피고 그 불공정의 원인은 제거하라. 그러면 사람들은 저절로 화목할 것이고, 가난을 가난이라 여기지 않을 것이다.

어리석은 사람이 되지 말라

공자가 말했다. "태어나면서 아는 사람은 상지(上知)이다. 배워서 아는 사람은 다음이다. 통하지 못하는 바가 있어서 힘써 배우는 사람은 또 그다음이다. 통하지 못하는 바가 있는데도 배우지 않으면 백성으로 가장 어리석은 사람이 된다."

孔子曰 生而知之者 上也 學而知之者 次也 困而學之 又其次也 困而不學 民斯爲下矣

공자는 사람들이 도(道)를 아는 과정에 대해 상지(上知), 다음[次], 그다음[其次], 하우(下愚)로 나누어 말한다. 공자의 말은 마치 사람들을 네 부류로 나누어 차등하는 것처럼 보이지만, 그 의도는 도를 아는 데에는 다양한 과정이 있으니 자신이 어떤 상황에 있든 뜻을 두고 배우면 누구든지 행복과 평화의 삶을 살 수 있음을 말하기 위함이다. 특히 자신이 만든 굴레 속에서 끊임없이 고통을 받고 있으면서도 도를 무시하고 배우려고 하지 않는 사람, 즉 '가장 어리석은 사람[下愚]'이 되어서는 결코 안 됨을 말하기 위함이기도 하다.

우리가 상황에 적절한 행위를 할 수 있느냐 없느냐[時中]는 자신의 본성을 회복했느냐 회복하지 못했느냐에 의해 좌우되는 것이기에, 중요한 것은 자신의 본성을 '알고 실천하는가?' 하는 사실이다. 그러므로 한 번 듣고 알든 수십 년간 온갖 수행을 통해 알든, 본성을 회복하면 그 양자는 아무런 차이가 없다. 그래서 양시(楊時)는 "태어나면서 아는 사람과 배워서 아는 사람으로부터 힘써서 배우는 사람에 이르기까지는 비록 그 기질이 같지 않으나 앎에 이르면 똑같다. 그러므로 공부하는 사람은 오직 배우는 것을 귀하게 여기니, 통하지 못하는 바가 있는데도 배우지 않은 뒤에야 가장 어리석은 사람이 되는 것이다"라고 하였다.

상지에서 하우로 일컬어지는 모든 사람들의 본성은 천지만물일체(天地萬物一體)의 인(仁)으로서 모두 같다. 비록 저마다의 기질이나 삶의 맥락이 달라 당장 자신의 본성을 실현하지는 못한다 하더라도, 누구나 도에 대한 관심을 갖고 자신에게 적절한 배움을 갖는다면 모든 사람들은 단박에 도를 알고 본성을 실현하며 평화를 누릴 수 있다. 그러므로 통하지 못하는 바가 있는데도 배우지 않는 사람을 가장 어리석은 사람이라고 말하는 것이다. 정이천(程伊川)은 우리가 가장 어리석은 사람이 되는 이유를 두 가지로 설명한다.

어리석은 사람이 되는 것은 두 가지가 있다. 자포(自暴)와 자기(自棄)이다. 사람이 진실로 선(善)으로써 자신을 다스린다면 변화시킬 수 없는 것이 없으니, 비록 지극히 어둡고 어리석은 사람이라고 하더라도 모두 차츰 연마하여 나아갈 수 있다. 오직 자포하는 사람은 거절하여 믿지 않고, 자기하는 사람은 체념하여 하지 않으니, 비록 성인(聖人)이 함께 거처하더라도 능히 변화시켜 들어가게 할 수 없으니, 공자가 말한 하우(下愚)이다. … 성인이 (이들은) 자기 스스로 선을 끊는다고 하여 가장 어리석은 사람이라고 말한 것이다.

도의 스승들은 우리를 위해 근기에 맞는 수많은 가르침을 방편으로 만들어 놓았다. 우리가 배우고자 하는 강한 열망을 갖는다면, 우리 주변에 좋은 도반과 스승이 모여들어, 자신의 문제를 해결하는 데 도움을 줄 것이다. 그러므로 우리가 할 일은 도를 알고자 하는 강한 열망을 갖고[立志] 부지런히 배우고자 하는 마음을 키우는 일이다.

공자 자신은 "나는 나면서부터 아는 사람이 아니라, 옛것을 좋아하여 힘써서 구한 사람이다"라고 말했다. 또 『중용』에서는 "다른 사람이 한 번에 능하면 나는 열 번을 하고, 다른 사람이 열 번에 능하면 나는 천 번을 한다"고 하며, 자신의 상황을 탓하지 않고 성실하게 공부해야 함을 말하고 있다.

사실, 공자나 『중용』에서처럼 힘써 도를 구한 사람이 태어나면서 아는 사람보다 다른 사람을 더 잘 도울 가능성이 크다. 왜냐하면 힘써 구한 사람은 자신의 힘들었던 경험을 통해 다른 사람이 무슨 일로 힘들어하는지, 우리의 생각과 감정이 다양한 상황에서 어떻게 반응하는지를 잘 알아, 공감과 배려하는 마음으로 상대방을 대할 가능성이 크기 때문이다. 그러므로 자신이 어떤 고통을 겪고 있다면, 그 고통을 존재계가 보내 준 큰 선물[Present]로 여기고, 그것을 있는 그대로 경험함으로써 배움의 기회로 삼아야 한다. 그렇게 한다면, 고통이 자신을 크게 성장시켜 준다는 사실과 깨어서 겪는 고통 그대로가 바로 우리가 찾고 있는 평화이자 도를 사는 일임을 알게 될 것이다.

맹자의 말처럼, 우리는 예(禮)와 의(義)를 비방하여 스스로를 해치는 사람[自暴]이나, 자신이 인(仁)과 의(義)에 따라 살지 않아 스스로를 버리는 사람[自棄]이 되어서는 안 된다. 삶은 끊임없이 변화해 가는 것이기에, 우리도 겸손한 마음으로 변화하는 삶과 함께 성장하고 흘러

갈 수 있어야 한다. 그러므로 자신에게 어떤 상황이 닥치더라도 도에 대한 배움을 피하거나 멈추는 어리석은 사람이 되어서는 안 된다.

만약 우리가 진정한 행복을, 자유를, 평화를 알기 위해 누군가에게 배울 준비가 되어 있다면, 가르칠 준비를 마친 많은 스승들이 이미 우리와 함께하고 있다는 사실을 알게 될 것이다.

17. 「양화(陽貨)」

| 탈현대 문명 |

도와 합치하는 문명 건설

공자가 말했다. "하늘이 무슨 말씀을 하시는가? 사시가 운행하고 온갖 만물이 생장하는데, 하늘이 무슨 말씀을 하시는가?"
子曰 天何言哉 四時行焉 百物生焉 天何言哉

공자가 살았던 춘추전국시대와 우리가 살고 있는 현대 사회의 공통점은 무엇인가? 약육강식이 횡행하는 무도한 사회라는 점이다. 양시대의 공통된 과제는 무엇인가? 도와 합치하는 문명 건설이다. 공자 사상은 춘추전국시대의 도가 무너진 사회를 바로 세우고, 도와 합치하는 문명 건설의 염원으로 집약될 수 있다. 바로 이런 의미에서 공자 사상은 우리 시대에 큰 시사점을 제공해 준다.

도와 합치하는 문명 건설을 위한 공자의 전략은 무엇이었던가? 그것은 하늘의 말씀을 듣고 따르는 것이었다. 왜냐하면 하늘은 도와 한

치도 어긋남이 없기 때문이었다. 공자의 목표는 '예에 바탕한 평화롭고 인의가 구현된 사회'를 건설하는 것이었다.

예에 바탕한 사회의 핵심은 무엇인가? '겸(謙)'이다. '겸'이란 약육강식과는 정반대의 처세이다. '겸'이란 높은 곳에 위치한 자가 낮은 곳에 위치한 자의 아래에 위치하는 것이며, 또한 낮은 곳에 위치한 자가 높은 곳에 위치한 자의 위에 위치하는 것을 말한다. 그래서 공자는 여러 차례 되풀이해서 부귀한 자는 교만해서는 안 되며, 빈천한 자는 부귀한 자 앞에서 당당해야 함을 역설했다.

그러나 이런 주장의 당위성을 인정하더라도 실제로 이런 '겸'한 행위가 이루어지기 위해서는 무엇이 전제되어야 하는가? 그 답은 '인(仁)의 발현'이다. 이것이 수신(修身)이 유가 교육의 핵심이 되게 된 이유이다. 수신을 통해 '인'이 발현될 때, '겸'에 바탕한 도덕적인 사회질서가 수립될 수 있는 것이다.

약육강식이 팽배한 '무례한 사회'라는 점에서 현대 사회는 춘추전국시대와 흡사하다. 그렇다면 '도와 합치하는 문명 건설'을 위해 온 삶을 바친 공자의 새로운 사회질서 수립 전략은 지금 이 시대에도 큰 의미를 가질 수 있다.

공자가 '도와 합치하는 문명 건설'을 위해 주력한 것은 '수신을 통한 인의 발현'이다. 이것은 거의 그대로 도와 합치하는 새로운 문명인 탈현대 문명 건설 방안으로 활용될 수 있다. 현대가 '무례한 사회'의 늪을 벗어날 수 없는 근본 원인은 현대를 지배하고 있는 현대 인간관이다. 현대는 '인간이란 자신을 둘러싸고 있는 세계로부터 분리된 하찮은 존재'라고 간주한다. 그래서 현대인은 존재론적인 '하찮음'으로부터 벗어나 '대단한 존재'가 되기 위해 필사적인 노력을 기울인다. 이런 현대적인 삶을 '자아확장투쟁으로서의 삶'이라고 필자는 명명했다.

'자아확장투쟁으로서의 삶'의 결과는 필연적으로 '투쟁에서 성공을 거둔 대단한 사람'과 '투쟁에서 패배한 하찮은 사람'으로 양분시킨다. 이때 '대단한 사람'은 자신을 대단하게 여김과 동시에 '하찮은 사람'을 하찮게 여긴다. 차별, 편견, 착취, 모욕, 멸시 등은 대단한 사람이 하찮은 사람을 하찮게 여기는 다양한 방법들이다. 이때 대단한 사람은 비인간화되며, 하찮은 사람은 격심한 고통을 받고, '무례한 사회'는 끊임없이 확대 재생산된다.

어떻게 이 악순환의 고리를 끊을 것인가? 방법은 간단하다. 현대기에 형성된 '인간이란 세계로부터 분리된 하찮은 존재'라고 하는 새 시대에 맞지 않는 낡은 생각을 폐기처분하면 된다. 그리고 공자를 계승해서 '인간이란 '참나'를 내장하고 있는 아름답고 위대한 존재'라는 새 시대와 조화를 이룰 수 있는 탈현대 인간관을 수용하면 된다.

물론 현대 인간관의 폐기와 탈현대 인간관의 수용은 변화의 끝이 아니고 시작이다. 우린 수행을 통해 '참나'를 활성화시켜야 한다. '참나'를 활성화시킨 사람은 '겸'을 행할 수 있게 되며, '겸'이 행해지면 '도와 합치하는 새로운 사회'가 출현할 수 있다.

마음으로 본받고 깨닫는 배움의 삶

> 공자가 말했다. "나는 말을 하지 않으려고 한다." 자공이 말했다. "선생님께서 말씀을 하시지 않으면 저희들이 무엇을 전하겠습니까?" 공자가 말했다. "하늘이 무엇을 말하더냐? 네 계절이 운행되고 만물이 생겨나지만 하늘이 무엇을 말하더냐?"
>
> 子曰 予欲無言 子貢曰 子如不言 則小子何述焉 子曰 天何言哉 四時行焉 百物生焉 天何言哉

    사람들은 누군가에게 무엇을 가르쳐 주려고 할 때 말로 설명하고 설득하려고 한다. 가르쳐 주려고 하는 것에 따라서 말로 설명할 수밖에 없는 경우도 있지만, 말로써 가르치는 것에는 언제나 한계가 있다. 삶의 진리와 지혜를 가르치고자 할 때는 더욱 그렇다. 그럼에도 불구하고 가르치려는 사람도 배우는 사람도 말로 가르치고 말로 배우려고 한다.

    이러한 가르침과 배움의 풍토에 대해 공자는 일침을 가한다. 오늘날의 기준으로 보면, 공자는 시대를 대표하는 유명 강사라고 할 수 있다. 말로써 진리를 설파하던 그가 홀연히 말을 하지 않겠다고 선언한다. 공자의 도를 세상에 전하려고 하던 제자들은 스승이 말해 주지 않으면 어떻게 전할 수 있겠느냐고 묻는다. 이때 공자는 "하늘이 무엇을 말하더냐? 네 계절이 운행되고 만물이 생겨나지만 하늘이 무엇을 말하더냐?"라고 답한다.

하늘이 도를 일상에서 자연 그대로 보여 주듯이, 공자는 자신이 전하고자 하는 삶의 진리 또한 말이 아니라 삶의 현장에서 보고 마음으로 본받고 깨달아야 한다고 말한다. 공자가 이런 말을 한 이유는 제자들에게 끊임없이 세상의 도리를 가르쳐도 그들이 말로만 배우고 일상에서 몸소 행하지 않으면 진정한 배움을 얻을 수 없기 때문이다. 공자가 말하는 가르침의 방법은 세상 모든 것에 그대로 적용될 수 있다.

부모들은 아이들이 좋은 사람이 되고, 행복한 삶을 살기를 바란다. 현대 사회와 같이 공동체가 와해되고 인간관계가 힘들어지는 사회에서 부모들은 자녀가 원만한 인간관계를 맺고 좋은 사람으로 살아가기를 원한다. 자신만의 사회경험의 노하우로 인간관계가 왜 중요한지, 원만한 인간관계를 위해서 어떻게 해야 하는지, 수많은 말로 설명할 수 있다. 그러나 자녀의 원만한 인간관계에 가장 직접적인 영향을 줄 수 있는 것은 부모가 보여 주는 일상생활에서의 모습이다.

부모가 행동으로 보여 주는 삶에 대한 사랑과 겸손한 태도 그리고 신뢰는 자녀에게 수많은 말로 설명하는 인간관계의 중요성보다 강력한 가르침이 된다. 이미 부모가 건강하고 안정된 인간관계를 향유하고 있다면, 말로 가르치려고 하지 않아도 자녀들은 저절로 배우게 될 것이다.

가장 어리석은 사람은 자기 부모를 홀대하고 불행하게 만들면서 자기 자녀는 자신을 좋아하고 효자가 되기를 바라는 사람이 아닐까? 엘리베이터에서 만난 이웃을 외면하는 사람이 자녀의 인사성과 예의를 걱정하는 것은 코미디가 아닐까? 온 세상에 인색하고 자기 이익만

챙기는 사람이 자녀는 양보하고 나누는 행복한 삶을 살기를 바랄 수 있을까? 자기 삶을 불평불만으로 가득 채우는 사람이 자기 아이들은 일상에 감사하기를 바란다면 가능할까?

부모님을 공경하고 사랑하는 사람은 자녀로부터 공경을 받고 사랑을 받을 가능성이 훨씬 커질 것이다. 주변 이웃에게 먼저 인사를 건네고 공손하면 나의 자녀는 주변 사람에게 인사성이 밝고 예의바른 아이로 자랄 수밖에 없다. 다른 사람에게 양보하고 나누는 것을 즐기는 삶을 살면 내 아이도 친구에게 양보하고 나누는 것에서 행복을 발견할 수 있는 삶을 살게 될 것이다. 부모가 일상생활에서 소소한 행복을 발견하고 감사할 줄 알면, 자녀들은 말로 가르치지 않아도 사소한 일상생활의 행복을 만끽하게 될 것이다.

마음으로 본받고 깨닫는 배움의 삶은 공자가 주목했듯이 말로 하는 가르침이 아니라 몸소 행하는 모습을 통해서 가능하다. 자녀를 깊이 사랑하여 삶의 진리를 가르쳐 주고자 한다면, 부모는 말이 아니라 스스로 자신의 삶을 사랑하고 일상을 즐길 수 있어야 한다. 이미 부모가 몸소 삶을 사랑하고 즐기는데, 자녀에게 행복한 삶을 살라고 말로 가르칠 필요가 있을까?

공부의 근본(根本)과 지말(枝末)

> 재아가 밖으로 나가자 공자가 말했다. "재아의 인하지 못함이여. 자식이 태어나서 3년이 지난 뒤에야 부모의 품을 벗어나게 된다. 3년상은 온 천하에 공통된 상이니 재아는 부모에 대한 3년의 사랑이 있는가?"
> 宰我出 子曰 予之不仁也 子生三年然後 免於父母之懷 夫三年之喪 天下之通喪也 予也有三年之愛於其父母乎

　　재아는 공자의 제자이다. 재아는 공자에게 3년상이 너무 길어 1년으로 줄이자고 제안하였다. 3년간 거상(居喪)하는 동안 예를 행하지 않으면 예가 무너지고, 3년간 음악을 익히지 않으면 음악이 무너질 것이라고도 했다. 또 1년이면 새 곡식이 나고 땔나무도 바뀌니 거상은 1년이면 족하다고 주장했던 것이다. 그러자 공자는 재아에게 상중에 거친 베옷을 입고 거친 밥을 먹는 것보다 쌀밥을 먹고 비단옷을 입는 것이 편안하냐고 물었다. 재아가 편안하다고 대답하자, 공자는 군자가 거상할 때는 맛있는 것을 먹어도 달지 않으며, 음악을 들어도 즐겁지 않은데 네가 편안하면 그리하라고 하였다.

　　재아는 상(喪)에서 무엇이 근본이고 지말인지 모르는 제자이다. 예와 악이 왜 필요한가? 그것은 모두 사랑[仁]을 위한 것이고, 그 사랑은 바로 부모와 자식 간의 관계에서 처음 시작되는 것이다.

"다음 생에는 공부를 잘하겠습니다. 미안합니다." 이 글은 20대 남성 A씨가 자신의 부모에게 남긴 한 통의 마지막 문자이다. 2017년 6월 5일 서울 광진경찰서와 경기 의정부경찰서에 따르면 A씨는 이 문자를 남기고 가출한 뒤 나흘 만에 익사체로 발견되었다. A씨의 부모는 문자를 받고 의정부경찰서 실종수사팀에 가출신고를 접수했는데, A씨는 고등학교 졸업 후 대학에 진학하지 않고 반도체 회사에 취직했지만, 5개월 전쯤 실직한 것으로 알려졌다.

이 기사를 접한 많은 사람들이 하나같이 마음 아파했다. 조희연 서울시교육감은 이 기사를 읽고 트위터에 "인간이 공부의 도구가 되어버린 우리 교육 현실을 다시 생각해 본다. 청년이 쓴 '다음 생에는 공부 잘할게요'라는 말 속에 담긴 우리 사회의 현실이 마음을 무겁게 한다"라고 썼다. 또 어떤 사람은 "나도 두 명의 장성한 아들이 있지만, 공부가 절대 중요한 것이 아닌데 얼마나 힘들었겠나. 이 세상이 젊은 분들을 너무 힘들게 하나 봅니다"라고 댓글을 달았다.

이 문자를 본 A씨 부모의 마음을 어땠을까? 자식에 대해 관심이 없는 부모야 없겠지만 아들이 마지막으로 이런 문자를 남긴 것으로 보아, 그의 부모도 아들의 공부에 무척이나 관심이 많았을 것이다. 특히 대학에 진학하지 않은 아들에 대한 실망이 컸을 것이고, 이것이 A씨에게 커다란 압력으로 작용하였을 것으로 짐작된다.

도대체 우리 사회에서 공부를 잘한다는 것은 무엇일까? 현행 우리나라의 교육제도에서 공부를 잘한다는 것은 학문 분야별로 잘게 쪼개 놓은 교과의 추상적 개념을 잘 이해하고 암기하는 일에 지나지 않는다. 국가교육과정이란 이처럼 모든 학생들이 배워야 할 지식의 내용과 순서를 정해 놓은 것에 불과하다. 그렇지만 인터넷을 비롯한 나양한 매체를 통해 언제 어디에서나 필요한 지식을 얻을 수 있는 제4차 산업혁명 시대에 이런 파편적인 지식을 배우는 것이 도대체 무슨 의미가 있을까?

그러나 그보다 중요한 것은 이 사태를 보는 입장이다. 많은 사람들이 언급한 것처럼 이 사태의 근본적인 원인은 우리나라의 국가교육과정과 입시제도에 있다고 본다. 그러나 과연 그럴까? 국가교육과정과 입시제도가 아니라 실패에 대해 반응하는 방법이 근본적인 문제는 아닐까? 엔소니 드 멜로 신부는 시험을 잘 못 보아 자살한 학생에 대해 "시험의 실패가 그를 죽인 것이 아니라 자신의 실패에 반응하는 그의 방식이 그를 죽인 것이다"라고 말하였다. 국가교육과정과 시험은 지말(枝末)이고, 공부와 시험에 실패한 학생들의 반응 방식이 근본(根本)이라는 것이다.

『대학』에서 공자는 "송사(訟事)를 다스림이 내 남과 같으나, 반드시 백성들로 하여금 송사함이 없게 하겠다"고 하여 근본과 지말의 관계를 말한 바 있다. 재판을 공정하게 하는 것은 지말에 불과하고, 재판이 일어나지 않도록 하는 것이 근본이라는 것이다. 국가교육과정과 입시제도가 아무리 좋은 방식으로 바뀐다고 하더라도 결국 실패하는 아이들은 나타나게 되어 있다. 그런 아이들은 시험이 끝나면 결국 아파트 옥상으로 올라갈 것이다.

어떤 실패든 실패는 고통스럽기 마련이다. 그렇지만 실패 없는 성장은 없다. 껍질이 찢어지는 고통을 겪지 않고 어떻게 아름다운 나비가될 수 있는가? 우리가 진정으로 교육을 통해 아이들에게 가르쳐야 할 것은 실패에 반응하는 방식이다. 아이들은 인류의 삶에 기여한 수많은 위인들은 모두 실패를 통해 단련되었고, 좌절을 통해 더 큰 도약을 이룬 사람들이었다는 것을 배워야 한다. 실패가 성공보다 인간의 성장에 더 큰 도움을 준다는 믿음을 배워야 한다.

주위를 돌아보라. 모든 단계마다 성공을 거둔 모범생들이 인류에 기여한 바가 있는가? 실패와 좌절을 겪지 않고 '나'라는 피부경계선을 넘어선 사람이 있는가? 그러니 실패야말로 진정한 공부이다. 실패를 자신의 성장으로 삼는 공부가 있다. 동양의 마음공부가 그것이다. 공부란 곧 자신의 삶과 가치관을 변화시키는 것이라는 유학의 위기지학 (爲己之學)과 마음공부가 바로 그것이다.

| 탈현대 국가 |

통치자와 배움

공자가 자로에게 물었다. "너는 6언 6폐를 아는가?" 대답하기를 "아직 모릅니다." "앉거라. 내 너에게 말해 주겠다. 어진 것을 좋아하면서 배움을 싫어하면 어리석어지고, 지혜를 좋아하면서 배우기를 싫어하면 허황해지며, 신의를 좋아하면서 배우기를 싫어하면 의로움을 해치게 되고, 정직함을 좋아하면서 배우기를 싫어하면 가혹해지며, 용기를 좋아하면서 배움을 싫어하면 난폭해지고, 강직함을 좋아하면서 배움을 싫어하면 무모해진다."

子曰 由也 女聞六言六蔽矣乎 對曰 未也 居 吾語女 好仁不好學 其蔽愚也 好知不好學 其蔽也蕩 好信不好學 其蔽也賊 好直不好學 其蔽也絞 好勇不好學 其蔽也亂 好剛不好學 其蔽也狂

이 단락은 공자가 자로에게 육언·육폐를 말하며 배움의 중요성을 역설한 것이다.

공자 문하에는 아성(亞聖)이라 불렸던 안연을 필두로 걸출한 제자들이 무수히 많았지만, 동네 건달 출신으로 공자에게 행패를 부리다 제자가 된 독특한 이력만큼 자로는 개성이 강한 인물이었다. 아마도 이 글은 공자 만년의 것으로, 가장 나이가 많았던 제자, 자로의 용감함, 강직함, 신의, 순수함 등을 염려하여 한 말일 것이다. 자로는 공자가 염려했던 것처럼 이미 패한 전쟁터에 뛰어 들어가 목숨을 잃었다. 그의 강직함, 그의 신의, 그의 순수함이 그의 목숨을 앗아 간 것이다.

육언은 여섯 가지 덕으로, 어짊(仁), 지혜로움(知), 신의(信), 정직함(直), 용기(勇), 강직함(剛)을 말하며, 특히 통치자에게는 반드시 필요한 덕목이다. 육폐는 여섯 가지 폐해로, 어리석음(愚), 허황됨(蕩), 해침(賊), 가혹함(絞), 난폭(亂), 무모함(狂)을 말하며, 특히 통치자가 경계해야 할 것이다.

그런데 여기서 흥미로운 것은 이 여섯 가지 덕과 여섯 가지 폐해가 동전의 양면처럼 짝을 이루고 있다는 점이다. 어짊과 어리석음, 지혜로움과 허황됨, 신의와 해침, 정직함과 가혹함, 용기와 난폭함, 강직과 무모함. 그런데 이것이 어떻게 서로 짝을 이룬다는 것일까?

공자는 말한다. 어진 마음이 어떻게 어리석은 마음이 되는가? 배우기를 좋아하지 않아서이다. 배우지 않으면 정에 이끌린 마음은 판단력을 잃고 어리석음을 저지르게 된다. 지혜로움이 어떻게 허황된 것이 되어 버리는가? 배우기를 좋아하지 않아서이다. 배우지 않으면 현실을 망각하여 공리공론에 빠지게 된다. 신의가 어떻게 사람을 해치게 되는가? 배우기를 좋아하지 않아서이다. 배우지 않으면 믿음은 편협한 아집이 되어 오히려 세상을 해치게 된다. 정직함이 어떻게 가혹함이 되는가? 배우기를 좋아하지 않아서이다. 배우지 않으면 획일적인 잣대로 사람들을 재단하여 가혹해질 수 있다. 용감함이 어떻게 난폭함이 되는가? 배우기를 좋아하지 않아서이다. 배우지 않으면 용감함은 방탕한 혈기에 휘둘려 세상을 어지럽힌다. 강직함이 어떻게 무모함이 되는가? 배우기를 좋아하지 않아서이다. 배우지 않으면 유연성을 잃어버려 무모해지기 쉽다.

어쩌면 공자 눈에 자로는 육언, 즉 어짊(仁), 지혜로움(知), 신의(信), 정직함(直), 용기(勇), 강직함(剛)을 두루 갖춘 것으로 보였을지도 모른다. 그러나 그런 덕조차도 '배움'이라는 행위를 멈추면 순식간에 육폐, 즉 어리석음(愚), 허황됨(蕩), 해침(賊), 가혹함(絞), 난폭(亂), 무모함(狂)으로 변질된다. 비록 제자 가운데 가장 나이가 많았지만 어린아이처럼 순수했던 자로에게 공자가 해 줄 수 있었던 것은 끊임없이 스스로를 경계하여 위험으로부터 자신을 지키게 하는 것이 아니었을까? 스스로를 경계하게 하는 것, 그것이 공자에게는 '배움'이었을 것이다.

훗날 주자는 이 배움을 삼강령, '명명덕(明明德), 친민(親民), 지어지선(止於至善)'으로 정의했다. 자신의 본성인 밝은 덕을 믿고 그 덕을 밝혀라. 그런 다음에는 스스로의 밝은 덕을 믿지 못하는 백성에게 자신의 밝은 덕을 믿도록 하라. 그러면 백성들은 날로 새로워질 것이다. 그리고 그 배움은 마음에 사욕이 완전히 사라져 천하와 내가 혼연일체가 될 때까지 계속하라. 그렇게 한다면 공자가 말한 육폐로부터 스스로를 보호하고 육언을 온전하게 보존할 수 있을 것이다.

역시 자로는 배움이 부족했던 것일까? 강직하고 용감하며 정의로웠던 자로가 무모하게 목숨을 잃었던 것은 전체를 꿰뚫는 지혜와 스스로를 제어할 수 있는 중용의 덕이 부족했기 때문일 것이다. 아니, 어쩌면 그 모든 것을 통찰했음에도 불구하고 자신의 마음속에서 솟구치는 열의를 도저히 억누를 수 없었던 것인지도 모른다. 자로를 부족하다고 하기에는 우리가 만나는 통치자들의 민낯이 지나치게 추하다.

우리에게도 스스로를 지혜롭다고 하고, 스스로를 정직하다고 자부했던 통치자들이 있었다. 그러나 그들은 현실을 망각하여 공리공론에 빠진 것도, 지나치게 정직하여 가혹해진 것도 아니었다. 지혜와 정직은 모두 위선이었을 뿐, 그들이 가진 것은 이기적인 탐욕뿐이었다. 그들에게는 스스로를 경계할 의지조차 없었으니, 설령 공자가 스승이라 해도 육폐를 면할 수는 없을 것이다.

말에 속지 말라

공자가 말했다. "나는 말을 하지 않으려고 한다." 자공이 말했다. "선생님께서 말씀을 하시지 않으면 저희들이 무엇을 전하겠습니까?" 공자가 말했다. "하늘이 무엇을 말하더냐? 네 계절이 운행되고 만물이 생겨나지만 하늘이 무엇을 말하더냐?"

子曰 予欲無言 子貢曰 子如不言 則小子何述焉 子曰 天何言哉 四時行焉 百物生焉 天何言哉

진리는 매 순간 너무나 분명하게 현존(現存)한다. 우리는 스스로가 알든 모르든 도(道)로부터 잠시도 벗어날 수 없다. 모든 것은 있어야 할 자리에 있고, 모든 일은 일어날 때에 일어난다. 삶은 아무런 문제가 없고, 특별할 것도 없으며, 또 전혀 심각한 것도 아니다.

이런 맥락에서 공자는 「술이편」에서 "나는 숨기는 것이 없다. 평소의 행위에서 (도를) 보여 주지 않은 것이 없다"라고 말하며, 제자에게 자신의 현존을 통해 매 순간 도를 유감없이 드러내 보였다. 그러나 제자들은 공자의 의도를 알지 못하고, 스승의 말을 앵무새처럼 따라하거나, 논리화하고 체계화하며, 이런저런 학설을 만드는 데 몰두했다. 도가 이런 것이니 저런 것이니 하면서 말을 잘하지 못할까를 염려했지만, 정작 본성 회복 공부는 소홀히 했다.

공자는 말로써만 이해하려는 제자들에게 말을 하지 않겠다고 하면서 도를 하늘에 빗대어 설명한다. 하늘은 텅 비어 있어, 어떤 조작함이나 헤아림이나 의도함이 없이 모든 것을 차별하지 않고 성장케 한다. 그리고 모든 것을 허용하기에 어떤 것이 오고 가고 머물더라도 받아들이며, 어떤 흔적도 남기지 않는다. 이처럼 하늘은 이런저런 말을 하지는 않지만 유감없이 도를 실현한다.

사실, 말을 하지 않겠다고 하면서 공자가 하늘을 예를 들어 설명한 것도 단지 '말'일 뿐이다. 그렇다면, 공자가 말을 하지 않겠다고까지 하면서 장황하게 말을 하는 이유는 무엇일까? 그것은 진리가 말에 있는 것처럼 여기며, 앵무새처럼 번지레하게 도에 관한 이런저런 말은 잘하면서도, 정작 도를 실천을 하지 않는 제자들을 꾸짖기 위한 것이다.

우리는 사랑이, 진리가, 평화가 말에 있는 것처럼 여기며, 그럴듯한 말을 찾고 책의 내용을 파헤친다. 그러나 말 속에는 인(仁)도 없고 의(義)도 없고 효(孝)도 없다. 우리 주변에는 사랑에 관한 개념과 깨달음에 이르는 수단과 평화를 실현하는 방법에 관한 수많은 말과 글이 있음에도 불구하고, 정작 우리에게는 사랑도 부족하고 깨달음도 드물며 평화도 없다.

많은 깨달음 공부의 전통에서는 항상 말에 집착하여 본질을 놓치는 잘못을 저지르는 일을 크게 경계해 왔다. '도를 도라고 하면 도가 아니고, 이름을 이름이라고 하면 이름이 아니다', '달을 가리키면 달을 봐야지 왜 손가락을 보는가?', '사자에게 흙덩이를 던지면 사자는 흙덩이를 던진 사람을 물고, 개에게 흙덩이를 던지면 개는 그 흙덩이를 쫓아간다' 등 말[방편]을 쫓다가 본질을 놓치는 것을 경계한 가르침은 헤아릴 수 없이 많다.

수많은 말들이 우리 주변에 있음에도 불구하고 우리는 더 많은 말과 글을 모으는 데 힘쓸 뿐, 말의 내용을 실천하려거나 말이 가리키는 바를 직접 보려고 하지 않는다. 사실, 깨달음 공부에서 '지금-여기를 살라!'는 가르침을 따르는 것만으로도 본성 회복 공부를 하기에 충분한데도 말이다.

우리가 도를 공부하면서 흔히 범하는 실수는 말을 통해 깨달음을 얻고, 도에 통달하고자 하는 것이다. 말은 곧 자신의 생각을 드러내는 것이기에, 말이 곧 생각이고 생각이 곧 말이다. 그러므로 자신이 하는 말은 자신의 관념, 신념, 신조, 교리 등과 다르지 않다.

우리가 늘 자유롭지 못한 이유는, 자신이 믿고 있는 관념, 신념, 교리 등을 기준으로 삼아 깨달음, 진리, 행복, 평화 등을 추구하기 때문이다. 자신에게 교리와 이념과 신념 등이 많든 적든, 그리고 그것이 옳든 그르든, 관념과 신념과 교리 등을 통해 삶을 해석하며 산다면, 자기 자신에게서나 다른 사람과의 관계에서 갈등은 반드시 생겨날 수밖에 없다.

우리가 스승의 말을 듣고 글을 읽는 까닭은 자신의 모든 관념과 신념이 절대적이지 않고 단지 생각일 뿐임을, 그래서 그것이 자기의 본성과 아무런 상관이 없음을 깨닫기 위한 것이다. 스승은 제자의 신념과 관념을 깨뜨리기 위해 임시로 세운 법(法), 즉 방편[말]을 통해 제자가 지닌 이념과 신념을 깨뜨려 본성이 드러나도록 해 주고자 하는 것이지, 제자에게 또 다른 교리나 신념을 가르치거나 전수하고자 하는 것이 아니다. 그러므로 제자는 말을 머리로 이해하고서 도를 안 것으로 오해해서는 안 된다. 이해를 통해 안 것[解悟]은, 그 깊이가 아무리

깊다고 하더라도 단지 이해일 뿐 '깨달음'이 아니다.

우리는 스승이 세운 방편과 자신의 관념과 신념과 교리 등을 모두 버려야 한다. 사실, 이 모두는 자신이 버리려고 해서 버려지는 것이 아니라, 깨닫고자 하는 강한 열망을 지닌 채 스승의 말을 해석 없이 듣다 보면 어느덧 본성을 가로막던 것들이 사라지면서 저절로 자신의 본성을 알게 된다.

필자도 지금까지 많은 말을 글로 전하고 있지만, 사실 이 글조차도 잔잔한 호수에 물결을 일으키는 행위일 뿐임을 잘 알고 있다. 그럼에도 불구하고 필자가 글을 통해 말을 하는 것은, 이 글을 읽는 사람이 도(道)에 대한 강한 열망을 키워, 이념과 신념 등이 단지 자신이 만든 망상(妄想)임을 알아, 자신의 본성을 자각하고 행복한 삶을 살아가기를 간절히 바라는 심정에서이다.

어느 제자가 스승에게 "개에게도 불성이 있습니까?"라고 질문하자, 스승은 "있다"라고 답했다. 다른 제자가 그 스승에게 똑같은 질문을 하자, 이번에는 "없다"고 답했다. 왜 스승은 똑같은 질문에 "있다"라고 답하기도 하고, 또 "없다"라고 답한 것일까? … 선가(禪家)에는 다음과 같은 말이 있다.

> 말에는 사건의 전개가 없으며, 또 상대방의 물음에 응답한 것도 아니다. 그러므로 말을 따르는 사람은 상할 것이요, 말에 걸리는 사람은 혼미할 것이다.

18. 「미자(微子)」

히피의 원조, 은자(隱者)

초(楚)나라 광인인 접여(接輿)가 공자 앞을 지나며 노래하였다. "봉이여, 봉이여! 어찌 덕이 쇠하였는가? 지나간 것은 간할 수 없거니와 오는 것은 오히려 따를 수 있으니, 그만둘지어다. 그만둘지어다!"
楚狂接輿歌而過孔子曰 鳳兮鳳兮 何德之衰 往者不可諫 來者猶可追 已而已而

춘추전국시대라는 수백 년간 지속된 무도한 사회 앞에서, 도의 회복을 열망하던 지자(智者)들은 절망감을 느꼈다. '도저히 불가능할 것 같은 희망' 앞에서 두 개의 상이한 선택이 이루어졌다. 유가와 도가가 그것이다.

공자를 지도자로 삼는 유가는 불굴의 의지로 절망적인 현실과 대결해 나갔다. '평화의 시대'라는 꿈을 이루기 위해 공자 학단은 두 번이나 천하를 주유했다. 어떤 군왕도 공자를 써 주지 않았고, 실의한 공자는 고향으로 돌아와 제자 양성에 전념했다.

공자 당대에는 꿈을 이룰 수 없었지만, 유가 사상의 지도 아래 향후 수천 년 동안 동아시아 사회는 지구상에서 유래를 찾을 수 없는 평화시대를 열었다. 그러나 이것은 왕정, 신분제도, 남녀 차별 등 전현대적인 사회제도나 관행과의 타협 속에서 이루어질 수밖에 없었고, 유가 사상도 공자 속에 보이는 탈현대 사상으로서의 특징이 많이 훼손되었다.

반면 노자를 지도자로 삼는 도가는 은둔의 길을 걸었다. 접여는 그들 중 한 사람이었을 것이다. 세상과 담을 쌓고, 도와 하나가 된 삶을 추구했고, 즐겼다. 유가와 비교할 때 이들의 선택은 한편으론 무책임했고, 현실 사회에 끼친 영향이 미약했다. 그러나 유학자들조차도 만년에는 도가적인 삶에 취했을 정도로 동아시아인들의 삶과 문화에 깊은 영향을 미쳤다. 적극적인 현실 참여가 없었기에 현실과의 타협 과정에서 본래 사상의 훼손도 적었다.

미래의 새로운 사회로서의 탈현대 사회를 열어 가는 데 가장 큰 영향을 끼친 문화운동을 꼽는다면, 나는 1960년대 히피운동이 그것이라고 말하겠다. 그들은 현대 사회가 그들에게 부과한 모든 인습을 거부했다. 베트남 전쟁 참여를 거부하고 평화를 희구했으며, 성공의 추구라는 현대적인 삶의 가치를 거부했다. 인종 차별도 남녀 차별도 모두 거부했다. 그들을 옥죄어 오는 현대에 답답함과 거부감을 느꼈고, 어디로 가야 할지에 대한 분명한 아이디어는 없었지만, 그들은 장발, 찢어진 청바지, 통기타로 절규했다.

지금으로부터 2,500년 전 히피의 원조가 출현했다. 노자가 바로 그 사람이었다. 끝없는 전란이 이어지는 절망의 땅에서 그는 평화를 열망했고, 강자가 약자의 아래에 위치하는 아름다운 세상을 꿈꾸었다. 그는 자신의 꿈을 이루기에는 현실이 너무 딱딱하다는 것을 자각할 만큼 현실적이었지만, 자신의 아름다운 꿈을 포기하기에는 너무 이상주의적이었다.

더욱 놀라운 것은 2,500년 전의 노자는 50년 전의 히피가 갖지 못했던 탈현대 사회에 대한 프로그램을 갖고 있었고, 그 프로그램을 실현할 수 있는 방안을 갖고 있었다는 점이다. 물론 노자 사상이 꽃을 피우기 위해서는 2,500년의 긴 기다림이 필요했다.

도가 사상이 새로운 사회사상으로 받아들여지고, 사회 개조의 실질적인 프로그램으로 수용되기까지는 긴 시간이 요구되었지만, 그 이전에도 도가 사상은 단절되지 않았다. 신분제도의 질곡 속에서 고통받는 사람들에게 희망을 주었고, 많은 화가나 시인들에게 아름다운 세상에 대한 영감을 전해 주었다. 선학의 발달에도 직접적인 영향을 주었다. 젊은 시절에는 유가 사상에 충실했던 관리나 임금들도 은퇴후에는 도가적인 삶을 희구했다.

동아시아는 유가와 도가 사상을 동시에 갖고 있어서 행복한 사회였고, 앞으로도 새로운 사회를 열어 갈 지역이 될 것이다. 이젠 울분과 답답함 속에서 고함을 질러 대는 히피가 아니라 평화로움 속에서 아름다운 미소를 짓는 업그레이드된 히피가 인류의 신문명을 열어 갈 것이다.

중용의 삶

제나라 사람이 미녀 가무단을 보내오자, 계환자(季桓子)가 그것을 받고 3일 동안 조회하지 않으니, 공자가 떠났다.

齊人 歸女樂 季桓子 受之 三日不朝 孔子 行

　　공자는 자신의 뜻을 알아주는 위정자를 만나서 뜻을 펼칠 수 있는 기회를 얻기 위해 천하를 주유한 사람이다. 그러한 공자의 이상을 이해하고 정치로 실현할 수 있는 기회를 준 사람, 즉 공자를 알아본 사람이 노나라의 계환자(季桓子)였다. 공자에게 있어서 자신을 알아본 계환자와의 만남은 값진 기회임에 틀림없었을 것이다. 그러나 계환자가 대부로서 중용의 도리를 잃어버리자 공자는 미련 없이 그를 떠났다.

　　중용의 도리를 잃는 것이 무엇을 의미하기에 공자가 조금의 망설임도 없이 손에 잡은 귀한 기회를 포기하면서 계환자와 결별을 선택했을까? 『한국민족문화대백과』에서 소개하고 있는 중용에 대한 주자의 설명은 다음과 같다.

　　중은 어느 한쪽으로 치우치거나 기대어 있지 않아 지나치거나 모자람이 없는 것으로서 인성이 지극히 중정(中正)하여 질서를 이룬 안정된 상태가 사물에 접하여 감이동(感而動)하기 이전의 인성본연(人性

本然)을 나타내는 말이며, 용은 일상생활에서 평상(平常)됨을 나타내
는 뜻이다.

중용이란 가운데나 중간을 잡는 것을 의미하는 것이 아니라 상황
과 조건에 따라서 적절한, 즉 어느 쪽에도 치우치지 않으면서 모자람
이 없고 늘 항상 하는 것을 말한다. 이 중용의 도를 실현하는 것은
이상적이고 고원한 이론의 차원에만 머무는 것이 아니라, 일상생활의
범주 안에 있다. 중용이란 산술적인 것이 아니고, 중용을 잡으려고 집
착하는 순간 중용의 도에서 멀어지기 때문에 실현하기가 쉽지 않다.
　그러나 중용이란 일상생활에서 우리가 삶의 매 순간을 도리에 따
르고 성실히 하는 것을 통해서 실현할 수 있는 매우 간명한 원리를
말하고 있다. 우리는 자신에게 다가온 일과 사람을 있는 그대로 성실
히 만나고 그 순간에 깨어서 존재함으로써 중용의 삶을 살 수 있다.
밥 먹을 때 밥맛을 깊이 느끼고, 공부할 때 배움의 즐거움을 발견하
며, 친구나 사랑하는 사람과 함께하는 순간에는 그들과 공감할 수 있
고, 대통령으로서 일을 할 때는 국민들의 아픔을 헤아린다면 중용의
삶을 사는 것이 아닐까?
　요즘 사람들은 밥 먹을 때 밥맛을 깊이 느끼기보다는 빨리 먹고 다
른 일을 하겠다는 욕심에 사로잡히고, 공부할 때는 이것 말고 다른
것을 하면 더 즐거울 것이라고 생각하여 해야 할 공부를 싫어하면서
불만만을 키우며, 친구나 사랑하는 사람과 함께하는 순간에도 휴대
폰을 만지작거리고 무슨 다른 재밌는 일이 없는지 서핑에 몰두하기도
한다. 이러한 삶은 모두 중용의 도를 잃어버린 것이다.
　중용이란 그 모양을 규정하여 설명하는 순간 사라진다. 손아귀에

모래를 가득 잡으려고 꼭 쥐는 순간 손가락 사이로 모래가 다 빠져 나가 버리는 것처럼 중용에 집착하면 할수록 도달할 수 없다. 그러나 중용의 도를 이해하고 실현하고자 하는 마음을 품지 않는다면 우리 의 삶은 한쪽으로 치우쳐 일그러지기 십상이다. 계환자가 미녀 악공 으로 인해 대부로서의 삶의 중용을 놓쳐 버린 것처럼 우리는 삶에서 수많은 미녀 악공과 같은 존재나 일과 만나게 된다.

미녀 악공을 좋아하고 마음이 끌리는 것은 자연스러운 현상일 수 있다. 중용 사상은 인간의 욕망과 본능을 인정하지만 욕망과 본능에 치우치는 것은 도와 어긋나는 것임을 말하고 있다. 미녀 악공이 주는 즐거움을 부정하는 것은 아니지만, 그것에 취해서 자신의 도리를 잃 어버리는 것은 중정한 질서를 파괴하는 것이다.

사람을 피하는 선비

자로가 돌아와서 아뢰니 공자가 무연히 있다가 말했다. "조수와 더불어 무리지어 살 수 없으니 내가 이 사람의 무리와 더불지 않고 누구와 더불 겠는가? 천하에 도가 있으면 내 더불어 변역시키려 하지 않을 것이다.

子路行 以告 夫子憮然曰 鳥獸 不可與同群 吾非斯人之徒與 而誰與 天下有道 丘不與易也

이 앞에 이어진 이야기는 다음과 같다. 장저(長沮)와 걸익(桀溺)이라는 두 은자가 밭을 갈고 있었다. 공자 일행이 지나가다가 공자가 자로를 시켜 두 사람에게 나루터를 묻게 하였다. 자로가 장저에게 나루터가 어딘지 묻자 장저는 자로에게 지시한 사람이 공자가 맞는지 확인하고, 공자는 나루터를 이미 알 것이라고 하며 가르쳐 주지 않았다. 자로가 다시 걸익에게 물으니 걸익 역시 나루터를 가르쳐 주지 않으면서, 천하가 온통 어지러울 때는 '사람을 피하는 선비[辟人之士]'를 따르는 것보다는 '세상을 피하는 선비[辟世之士]'를 따르는 것이 낫다고 말하였다.

『논어』에는 여러 명의 은자들이 나온다. 자로에게 공자를 '안 되는 줄 알면서도 행하려는 사람[知其不可而爲之者]'이라고 말하는 성문지기 신문(晨門), 공자를 봉황으로 칭하며 위태로운 세상을 경고한 초광접여(楚狂接輿), 공자를 오곡도 분간 못한다고 비판하면서도 자로를 하룻밤 재워 준 하조장인(荷蓧丈人) 등이 모두 은자들이다. 장저와 걸익도 그 한 부류이다. 공자는 이런 은자들에게 비판을 받으면서도 그들의 뜻에는 공감한다. 도가 행해지지 않는 불행한 시대에 태어났지만 그들을 자신이 지향하는 바와 같은 현자(賢者)로 보기 때문이다. 그래서 공자는 「헌문편」에서 "현자는 세상을 피하고[避世], 그다음은 장소를 피하고[避地], 그다음은 여색을 피하고[避色], 그다음은 나쁜 말을 피한다[辟言]"고 하였던 것이다. 그렇다면 걸익이 공자와 자신을 비교하여 '세상을 피하는 선비'와 '사람을 피하는 선비'라고 한 것은 무엇을 말하려는 것일까?

「자한편(子罕篇)」에는 자공(子貢)이 공자에게 "여기 아름다운 옥이 있다면 궤 속에 감추어 두시겠습니까, 아니면 좋은 상인을 구해서 파시겠습니까?"라고 묻는 대목이 나온다. 공자는 기다렸다는 듯이 "팔아야지! 팔아야지! 나는 값을 기다리는 사람이다"라고 대답했다. 이처럼 공자는 강렬하게 세상에 나아가 자신의 도를 펼치고 싶었던 사람이었다. 그럼에도 불구하고 공자는 자신에 대한 대접이 조금만 소홀하면 미련 없이 벼슬을 버리고 떠나곤 하였다. 이는 유하혜(柳下惠)가 작은 벼슬에서 여러 번 내침을 당해도 굴하지 않고 떠나지 않은 것과 대비된다. 즉 유하혜는 제자들이 면직을 세 번 당하고도 떠나지 않는 것은 치욕이라고 하자, "백성들이 힘들게 사는데 어찌 내가 떠날 수 있겠는가? 또 저들은 저들이고 나는 나요. 저들이 비록 백성을 괴롭히지만 어찌 나까지 더럽힐 수 있겠는가?" 하면서 떠나지 않았던 것이다. 아마 걸익은 이런 유하혜와 비교하여 공자를 '사람을 피하는 선비'라고 지칭했을 것이다.

한편 장자는 무광(務光)과 기타(紀他)라는 극단적인 은자 두 사람을 소개하고 있다. 무광은 은나라 탕왕(湯王) 때의 은자로 탕왕이 양위하려 하자 돌을 진 채 여수(廬水)에 투신자살한 사람이고, 기타는 무광이 탕왕의 양위를 거절했으므로 다음에는 자기 차례일 것이라고 지레 짐작하여 관수(窾水)에 몸을 던져 죽었다고 한다. 물론 다 장자가 지어낸 이야기일 테지만 두 사람의 일화는 공자의 처신과 극단적으로 대비된다.

장자는 사람이면 누구나 다 갖추고 있는 덕을 동덕(同德)이라고 하였다. 추우면 옷을 입고, 배고프면 먹고, 졸리면 자는 것과 같은 것이 바로 동덕이다. 장자는 지극한 덕이 이루어진 세상에서는 사람들이 '새나 짐승과 함께 살고[同與禽獸居]', '다 같이 무지하여 그 덕이 떠나지 않고[同乎無知 其德不離]', '다 같이 욕심이 없어[同乎無慾]' 이를 소박(素朴)함이라고 하였다. 이것이 바로 장저와 걸익이 추구하는 이상사회일 것이다. 이와 달리 장자는 유가가 지향하는 사회를 웅덩이가 말라 물고기가 서로의 거품으로 상대방을 적셔 주는 것과 같다고 보았다. 즉 유가에서 말하는 인(仁)이라고 하는 것이 좁은 웅덩이에서 '축축한 숨으로 적셔 주고[相呴以濕]', '거품으로 적셔 주는[相濡以沫]' 것과 같다고 하면서, 그보다는 넓은 강이나 호수에서 여유롭게 헤엄치며 서로를 잊고 지내는 것이 낫다고 하였던 것이다.

칼 포퍼는 『열린사회와 그 적들』에서 두 가지 사회공학(social engineering)을 제시하였다. 한 가지는 최상의 사회를 상정하고 그 사회를 이룩하기 위한 최선의 방법을 찾는 이른바 'MAX-MAX의 방법'이고, 또 한 가지는 최악의 사회를 상정하고 그 사회를 벗어나기 위한 최선의 방법을 강구하는 이른바 'MINI-MAX의 방법'이다. 포퍼는 전자의 사회공학으로 플라톤의 철인국가, 토마스 무어의 유토피아, 헤겔의 절대국가, 마르크스의 공산주의를 들었다. 그리고 자유민주주의는 후자의 사회공학이며, 비록 자유민주주의를 통해 이상적인 사회에 도달하는 속도는 늦더라도 그것이 자신이 직접 경험한 최악의 사회, 즉 나치즘과 파시즘, 그리고 볼세비즘을 극복할 수 있는 최선의 사회공학이라고 주장하였다.

유가의 가장 큰 장점은 그 출발점을 지금 우리가 발을 딛고 서 있는 현실에 둔다는 것이다. 도가나 불교는 포퍼의 MAX-MAX의 방법과 같이 가장 이상적인 사회를 그리고 그 사회를 실현하기 위한 최선의 방법을 강구하는 데 반해, 유가는 발은 서로 복닥거리고 살고 있는 이 현실에 두고 있지만, 머리는 그 현실에서 출발하여 이상적인 사회를 지향한다는 점에서 커다란 차이가 있다. 소위 '하학이상달(下學而上達)'이라는 것이 그것이다. 그리고 당연한 귀결로 교육을 가장 중요시하는 것도 바로 유가의 특징이다.

나아가고 물러남

공자가 한숨을 쉬며 말했다. "새나 짐승과 더불어 살 수는 없지 않은가? 내가 사람 무리와 어울리지 않으면 누구와 어울리겠는가? 세상에 도가 서 있다면 내가 굳이 바꾸려 하겠는가?"

夫子憮然曰 鳥獸不可與同群 吾非斯人之徒與而誰與 天下有道 丘不與易也

누가 위험한 땅에 발을 디디려 하고, 누가 어지러운 나라에 머물려 하겠는가? 공자도 말했다. "위험한 나라에는 들어가지 말고 어지러운 나라에는 머물지 말라. 천하에 도(道)가 있으면 모습을 드러내고, 천하에 도가 없으면 숨어라." 그럼에도 공자는 13년 동안 수많은 어려움을 물리치며 자신의 이상을 실현시켜 줄 제후를 찾아 천하를 주유하였다.

위 단락은 공자가 노나라를 떠나 천하를 주유한 지 10여 년이 되었을 즈음으로, 나루터를 찾던 자로에게 은자인 걸익이 한 말을 듣고 공자가 대답한 것이다. 이때 걸익은 천하를 진흙탕에 비유하며, 그 진흙탕에서 몸을 더럽히기보다는 차라리 자기와 함께 세상을 피하자고 충고하였다. 위험한 땅, 어지러운 나라에는 머물지 말라던 공자는 왜 스스로 그 탁류의 한가운데에 서려고 했던 것일까?

『장자』에는 천하를 거절한 허유(許由)의 이야기가 등장한다. 아들 단주(丹朱)가 나라를 맡길 재목이 못됨을 알아챈 요임금은 나라를 물려줄 은자를 찾아 헤매다 허유의 이야기를 전해 듣고 마침내 그에게 천하를 맡기려 했다. 그러나 일언지하에 요임금의 청을 거절한 허유는 밤새 기산(箕山)으로 거처를 옮겼고, 자신의 귀가 더러워졌다며 영수(潁水)에 귀를 씻었다.

공자인들 천하가 기꺼웠을까? 요임금이 잘 다스린 나라, 도둑도 없고, 굶주리는 이도 없으며, 임금이 누구인지도 모르는 세상. 그런 세상이라면 어쩌면 공자도 자연을 벗 삼아 숨어 살기를 원했을지도 모른다. 공자 스스로 말하지 않았던가? 나도 '봄에 벗들과 기수에 목욕하고 무우에 바람을 쏘이고 시를 읊으며 돌아오겠다'고 한 증점처럼 그렇게 살고 싶다고.

가진 자의 탐욕, 도탄에 빠진 백성, 진흙탕이 되어 버린 천하. 공자가 세상을 버리지 못한 것은 그 세상이 진흙탕이 되어 버렸기 때문이 아니었을까? 공자는 그 진흙탕에 몸을 던지는 것을 하늘이 제게 준 '명(命)'이라 생각하고 그 명에 순응하고자 했던 것이다. 공자가 걸익의 야유를 감내하며 지친 발길을 돌리지 않았던 것은 장자가 비웃듯이 명예를 탐해서가 아니라 고통받는 백성에 대한 사랑 때문이었을 것이다.

허유의 친구 소부(巢父)는 귀를 씻고 있는 허유를 나무랬다. 숨어 사는 은자의 이름이 천하에 알려졌으니 그것은 진정한 은자가 아니라는 것이었다. 허유 이후에도 중국에서는 수많은 은자들이 출현했다. 그러나 소부의 말처럼 그들이 진정한 은자였다면 오늘날 무수히 많은 은자들의 이야기는 전해지지 않았을 것이다.

세상에 이름을 남긴 은자들. 이 이율배반적인 현상의 배후에는 동아시아 세계에 존재하는 독특한 은일(隱逸) 사상이 있다. 무위자연(無爲自然)을 주장하며 스스로를 방외(方外)에 두었던 도가는 차치하더라도, 경세제민(經世濟民)을 지상의 과제로 삼았던 유가 또한 스스로 몸을 숨기지 않으면 안 되었다. 경세제민은 사람을 떠난 곳에서는 실현될 수 없다. 또 경세제민이라는 과업을 완수하기 위해서는 '관(官)'이라는 수단이 반드시 필요했다. 그러나 위대한 공자가 '관'을 얻지 못했듯이, 어지러운 세상은 간신에게는 '관'을 내리고 충신에게서는 '관'을 빼앗았다. 그러나 '관'을 잃었다고 품은 뜻을 버릴 수야 있겠는가? 그래서 백이와 숙제는 수양산에서 굶어 죽었고, 강태공은 위수에 몸을 숨긴 채 때를 기다렸다. 유가에서 은일이란 세상을 버리는 것이 아니라 세상에 나아가기 위함이었으니, 공자가 스스로의 말을 부정하며 어지러운 세상을 떠돌았던 것은 마지막까지 세상을 버릴 수 없었기 때문일 것이다.

오늘날에도 은자를 자처하는 사람들이 있다. 파벌싸움에서 패배한 사람들, 대선이든 총선이든 낙선한 사람들, 부정한 짓을 저질러 더 이상 자리를 보존할 수 없는 사람들, 그런 사람들이 '은자'를 자처하며 '은거'한다고 한다. 뜻을 펼치지 못하여 은거한다고 해서 모두 은자가 될 수 없음을 그들은 정녕 알지 못하는 것일까? 또다시 선거철이 되면 그들은 부르지도 않았는데 불렀다고 하며 정치판을 기웃거릴 것이고, 선(善)을 닦지도 않았으면서 많은 것을 깨달았다고 자평할 것이다.

유자에게는 물러나야 할 때와 나아가야 할 때가 있었다. 그러나 물러나든 나아가든 그것은 '명'에 순응하는 것이며, '나'를 위한 것이 아니라 우리를 위한 것이고, 세상을 위한 것이었다.

고통당하는 사람과 함께하겠다

공자가 크게 낙심하여 허탈해하며 말했다. "조수(鳥獸)와 더불어 무리지어 살 수 없으니, 내가 이 사람의 무리와 함께하지 않고 누구와 함께하겠는가? 천하에 도가 있다면 내 더불어 바꾸려 하지 않을 것이다."
夫子憮然曰 鳥獸不可與同群 吾非斯人之徒與而誰與 天下有道 丘不與易也

『논어』에는 공자와 은자(隱者)의 만남이 여러 차례 기록되어 있다. 「헌문편」에서 공자는 신문(晨門)에게 '안 되는 줄 알면서도 하는 자'라는 비난을 받았고, 다른 은자로부터는 자신의 욕망에 휩싸여 바꿀 수 없는 세상을 억지로 바꾸려고 시도하는 사람이라는 비난을 받았다.

또 초나라의 접여(接輿)로부터는 정사(政事)에 종사하는 사람들은 함께할 사람이 못 되니 그들과 함께 세상을 바꾸려는 쓸데없는 노력을 그만두라는 노래를 듣기까지 했다. 그리고 자로를 시켜 장저(長沮)에게 나루터가 어디인지를 묻게 했을 때, 그로부터 자기를 알아줄 사람을 찾아 그렇게 분주하게 세상을 주유(周遊)하면서 어떻게 나루터의 위치를 모를 수 있겠느냐며, '이분은 나루터를 알 것이다'라는 조롱 섞인 말을 듣기도 했다.

사실 공자가 자신을 써 주기를 바라며 찾아다닌 제후(諸侯)늘 대무

분은 춘추시대(春秋時代)라는 큰 혼란기 속에서 한평생 권력과 명예와 부를 축적하기 위해 노력해 온 사람들이다. 과연 이런 사람들에게 '본성을 회복하고 사랑의 정치를 실행하라!'는 공자의 가르침이 그들의 가슴 깊이 스며들 수 있었을까? 공자는 행여나 사람도 잃고 말도 잃어버린 것이 아닐까?

사마천의 『사기』에는 은자로 대표되는 노자(老子)가 공자에게 예(禮)에 관해 충고하는 기록이 있다.

> 당신이 말하는 성현들은 이미 뼈가 썩어 없어지고 오직 그들의 말만 남아 있을 뿐이오. 또 군자는 때를 만나면 관리가 되지만, 때를 만나지 못하면 쑥처럼 떠돌이 신세가 되오. 내가 듣건대 훌륭한 상인은 (물건을) 깊숙이 숨겨 아무것도 없는 것처럼 보이게 하고, 군자는 아름다운 덕을 지니고 있지만 모습은 어리석은 것처럼 보인다고 하였소. 그대의 교만과 지나친 욕망과 위선적인 모습과 끝없는 야심을 버리시오.

두 사람의 만남이 실제로 있었던 사건인지 아닌지에 상관없이 은자들의 눈에 비친 공자의 모습은 여러 제후들과 마찬가지로 권력의 자리를 탐하며 자신의 욕망을 채우기 위해 노력하는 자의 모습으로 보이기에 충분했을 것이다.

비록 공자가 교만과 위선과 야심 때문에 그렇게 했는지에 관한 것은 공자 자신만이 알 수 있는 일이기는 하지만, 은자들이 한결같이 공자를 그렇게 이해했다면 공자 자신에게도 잘못이 있다는 것은 부인할 수 없는 사실이다.

분명한 것은 교만과 위선과 야심은 도를 공부하는 사람뿐만 아니라, 시대를 막론하고 모든 사람들이 버려야 할 삶의 태도라는 점이다. 특히, 깨달음 공부에서 자신이 마음에 드는 방식으로 세상을 바꾸려는 야망, 자신은 특별한 일을 한다는 교만과 위선, 그리고 다른 존재를 부족하다고 여겨 더 나은 존재로 변화시키고자 하는 욕망 등은 도(道)를 깨닫지 못하게 하는 가장 강력한 장애물들이다.

삶에서 아이러니한 것은 우리가 어떤 것에 대해 강한 신념을 가지고 더 나은 존재가 되려고 노력하면 할수록 그 신념으로 인해 삶의 경험은 더욱더 제한되어 갈등과 문제 상황만을 야기한다는 점이다. 이것은 타인을 자신이 원하는 방식대로 변화시키려고 할 때도 똑같이 적용된다.

반대로, 우리가 자신이나 타인을 있는 그대로 사랑하여 더 나은 존재로 변화시키려는 노력을 그만두면 둘수록 삶은 허용적인 것이 되어 저절로 자신의 문제들이 한순간에 해결됨과 동시에, 질적으로 성장한 자신과 타인을 만나는 경험을 더욱 많이 하게 된다는 사실이다. 그래서 많은 깨달음 공부의 전통에서 있는 그대로의 삶을 수용함, 자신을 온전히 삶에 내맡김, 더 나은 존재가 되려는 노력을 하지 않음[無爲], 무조건적 헌신 등을 강조하는 것이다. 노자로 대표되는 은자들은 이런 삶의 태도를 견지한 대표적인 사람들이다.

당시 제후들이 공자를 기용하여 정치를 할 생각이 없었음에도 불구하고 공자는 춘추시대의 혼란기에 여러 나라를 주유했다. 그리고 은자로부터 엄청난 비난을 받았다. 비록 공자의 노력이 성공했다고 볼 수는 없지만, 그럼에도 불구하고 우리가 공자를 존경하고 사랑하는 이유는, 버려진 세상 사람들을 구제하기 위해 누구보나노 사신의 사랑을 실천하기 위해 노력했기 때문일 것이다. 공자의 이런 삶의 태도를 왕양명은 다음과 같이 말한다.

공자가 길에서 잃어버린 자식을 찾듯이 분주하게 사방을 떠돌아다니면서 앉은 자리를 데울 겨를도 없었던 것이 어찌 남이 나를 알아주고 나를 믿어 주기를 바라서였기 때문이겠습니까? 생각건대, 천지만물을 한 몸[天地萬物一體]으로 여기는 사랑이 (너무나) 절박하여 그만두고자 해도 저절로 그만둘 수 없었기 때문입니다. 그러므로 공자는 '내가 이 사람의 무리와 함께하지 않고 누구와 함께하겠는가?'라고 말했습니다. … 오호라! 참으로 천지만물을 한 몸으로 삼는 사람이 아니라면 누가 공자의 마음을 알 수 있겠습니까?

왕양명은 공자가 천지만물을 한 몸으로 여기는 사랑[仁]이 너무나 절박하여, '그만두고자 해도 저절로 그만둘 수 없었기 때문'에 그렇게 한 것이라고 말한다. 이 말은 유가(儒家)에서 다른 존재에 대한 무조건적인 사랑의 실천을 잘 표현한 말이다.

우리는 주변에서 세상을 바꾸고자 하는 사람들을 쉽게 찾아볼 수 있다. 만약 자신이 공자와 같이 세상을 바꾸고자 하는 원대한 뜻을 품은 사람이라면, 그 이전에 자신이 세상을 바꿀 준비가 제대로 되어 있는지를 스스로 질문해 보아야 한다. 물론 그 질문은 다른 존재와 자신을 둘로 차별하지 않는, '천지만물을 한 몸으로 여기는 삶을 사는가?' 하는 것이다. 만약 이 물음에 '그렇다!'라고 답할 수 없다면, 아직 자신에게 교만과 위선과 야심이 있음을 자각하고, 자신의 사랑을 회복하는 일에 더욱 정성을 기울여야 할 것이다.

우리가 부모나 배우자나 자식이 물에 빠졌을 때와 마찬가지 방식으로 주변의 사람들을 대할 수 있다면, 공자처럼 기꺼이 진흙탕에 뛰어들어 그들을 구하기 위해 노력할 것은 너무나 당연한 사실이다. 우리는 공자의 아름다운 말을 가슴 깊이 새겨야 한다.

"내가 이 사람의 무리와 함께하지 않고 누구와 함께하겠는가?"

19. 「자장(子張)」

| 탈현대 문명 |

새 시대 스승의 의무

"선생님을 따르지 못함은 마치 하늘을 사다리로 오르지 못하는 것과
같다."
夫子之不可及也 猶天之不可階而升也

이것은 진자금(陳子禽)이 "당신이 공손해서 그렇지, 공자가 어찌 그
대보다 낫겠는가?"라는 말에 대한 자공(子貢)의 대답이다. 자공은 명
지(明智)한 제자였다. 그는 이재(理財)에 밝아, 공자도 '자공이 억측하면
자주 맞았다'라고 말씀하셨다. 그는 언변에 능했고, 외교에서 능력을
발휘했다. 제자 중에서 안회(顏回)가 수제(修齊)에서 으뜸이었다면, 자
공은 치평(治平)에 뛰어났다. 「자장편」에서 진자금뿐만 아니라 숙손무
숙(叔孫武叔)도 '자공이 공자보다 현명하다'고 말할 정도로 뛰어난 사
람이었다.

그러나 자공의 생각은 달랐고, 위의 인용구 속에 그의 생각을 표현하고 있다. 이것은 겸사가 아니다. 수제자인 안회도 이렇게 탄식했다. "(선생님의 도는) 우러러볼수록 더욱 높고, 뚫을수록 더욱 견고하며, 바라봄에 앞에 있더니 홀연히 뒤에 계시네![仰之彌高 鑽之彌堅 瞻之在前 忽諐在後]"(『논어』「자한편」10장) 이렇듯 공자는 제자들의 존경을 한 몸에 받았다. 자공은 재기가 넘쳐 마음속으로 쉽게 승복하지 않는 사람이었다. 그러나 공자 사후, 제자들이 부모의 예로 3년 상을 치렀는데, 자공은 또 3년을 더해 6년 동안 시묘(侍墓)를 했다는 사실만 보더라도, 그가 얼마나 깊이 스승을 존경했는가를 가늠할 수 있다.

시대를 넘어 스승의 최고 의무는 무엇인가? 그것은 그의 존재와 삶을 통해 제자들이 마음을 다해 존경할 수 있는 대상이 되어 주는 것이다. 이것은 지난(至難)한 일이다. 인류의 역사 속에서 이런 스승의 의무를 최상으로 수행한 사람은 바로 공자일 것이다. 그 결과 공자의 문하에서 수많은 훌륭한 제자들이 배출되었다.

그러나 현대 교육에 이르러 스승이란 말은 선생님이란 말로 대치되었다. 동시에 스승에 대한 이런 사회적인 기대도 사라졌다. 선생님은 단지 학생들에게 지식을 전달하는 존재로 전락했다. 심지어는 학부형과 학생들이 선생님을 능멸하고, 조소하는 일조차 교육 현장에서 빈번히 발생하고 있다. 이것은 교육 붕괴이다. 선생님에 대한 깊은 존경심이 전제되지 않으면, 학생들은 선생님으로부터 배울 수 없기 때문이다.

현대 사회에선 왜 이런 어처구니없는 일이 벌어지고 있는 것일까? 그 근본 원인은 인간은 '분리된 개체(에고)'라고 생각하기 때문이다. 개별 에고로 나를 인식할 때, 가장 높은 자원에서의 나인 참나는 익입

된다. 그래서 에고로서의 나를 더 크게 만드는 것이 교육 목표가 된다. 지식교육을 통해 똑똑한 나를 만드는 것, 직업교육을 통해서 유능한 나를 만드는 것, 이것이 현대 교육의 내용이 된다. 이런 저급한 현대 교육에 스승의 자리는 없다.

한국 사회에선 왜 이런 어처구니없는 일이 더 극심한 것일까? 그 근본 원인은 '분리된 개체(에고)가 나'라고 하는 현대적인 관념이 신앙과도 같이 확고하게 뿌리내리고 있기 때문이다. 그 결과, 교육 영역에서만이 아니라 모든 삶의 영역에서 자아확장투쟁으로서의 삶이 팽배해 있다. 자아확장투쟁은 한국인의 삶과 사회를 피폐화하고 있다.

교육이 붕괴된 작금의 현실에서 공자는 우리에게 어떤 의미를 갖는가? 공자는 새로운 사회의 스승상과 교육의 의미를 알려 준다. 공자는 오래전의 사람이지만 풍부한 미래적인 의미를 갖고 있다.

그 의미를 부연한다면 다음과 같다. 공자는 스승이란 자신의 존재와 삶을 통해 제자들이 마음껏 존경할 수 있는 사람이어야 함을 우리들에게 보여 준다. 지식교육과 직업교육은 낡아서 새로운 시대에 부응할 수 없는 교육임과 동시에 인간 존재의 낮은 부분에 초점을 맞춘 저급한 교육임을 일깨워 준다. 새로운 교육은 공자의 교육과 마찬가지로 인간의 가장 높은 부분을 발현시켜 주는 것이어야 함을 일깨워 준다. 교육의 결과로 제자들이 사랑하고, 공감하고, 용서하고, 겸손하고, 너그러운 사람으로 성장했을 때, 비로소 참교육의 성과가 거두어진 것임을 일깨워 준다.

꾸밈없는 삶

자하가 말했다. "소인들은 허물이 있으면 반드시 실속은 없이 겉만 그럴
듯하게 꾸민다."
子夏曰 小人之過也 必文

사람이라면 누구나 허물이 있을 수 있다. 그러나 허물에 어떻게 대
처하느냐에 따라서 매우 다른 삶의 경지를 살 수 있다. 허물이라는
것을 알면서 고치려고 하지 않는 것, 허물의 원인을 내가 아닌 밖에
서 찾는 것, 허물을 합리화할 핑계를 찾느라 삶을 허비하는 것, 허물
을 숨기느라 전전긍긍하는 것, 자신은 허물을 벗어날 수 없다고 스스
로 포기하는 것 등은 허물을 이유로 자신을 망치는 방법이다.

우리가 염려하는 것보다 세상은 누군가의 허물에 대해서 그렇게 엄
격하지 않다. 진심으로 허물을 인정하고 솔직히 사과하면 대부분의
사람들은 이해하고 격려해 주는 쪽을 선택한다. 설령 상대의 허물을
비난하고 문제로 삼고자 하는 사람의 경우도 스스로 납득할 수 있도
록 마음을 다해서 설명하고 사과한다면 비난하는 마음이 옅어지게
할 수도 있다. 상대의 허물보다 더 화가 나는 경우는 그 허물을 인정
하지 않고 자기 밖의 것에서 변명을 찾고 허물을 고치려는 생각을 하
지 않을 때이다.

자하는 소인은 허물을 숨기기 위해서 그럴듯하게 꾸민다고 한다. 꾸민다는 것이 무엇을 뜻하는 것일까? 주자는 다음과 같이 설명하고 있다.

> 문(文)이란 문식(文飾)함이다. 소인은 잘못을 고치는 것을 꺼리고 스스로 속이는 것을 꺼리지 않는다. 그러므로 반드시 문식[실수나 잘못을 그럴듯하게 꾸며 댐]하여 잘못을 무겁게 만든다.

자하가 말한 소인의 허물은 꾸미는 것이다. 즉, 허물을 가리기 위해서 꾸미고, 꾸미다 보니 거짓이 더 커지고, 결국은 자신마저 속이게 되는 더 큰 허물을 만들게 되는 것이다. 사실 자신에게 허물이 있을 때 진심으로 솔직하게 말하는 것은 큰 용기이다. 그 허물로 인하여 상대방의 마음을 잃을 수도 있고, 자신이 어렵게 얻은 기회를 상실할 수도 있기 때문이다.

그러나 분명히 기억해야 할 것은 허물이란 숨기기 위해서 꾸미려고 하면 할수록 더 커질 뿐만 아니라, 자기 자신은 이미 자신의 허물을 알고 있다는 사실이다. 세상을 속이는 일도 불가능하지만, 만약 세상을 다 속일 수 있다고 하더라도 자기 자신을 속일 수는 없다. 이렇게 무모한 일을 하기 위해서 아까운 삶을 낭비해서는 안 되지 않을까? 어쩌면 용서받지 못할 허물은 없는 것일지도 모른다. 다만 허물이 없는 것처럼 자신을 꾸미고 속이려고 하지 않을 수만 있다면 크고 작은 허물은 오히려 삶의 윤활유가 될 것이다.

현직 판사의 생생한 경험담을 원작으로 하는 〈미스 함무라비〉에는 초엘리트 판사인 임바른이 등장한다. 해직 기자 출신이고 가족보다는 남을 위해 사는 아버지와 그런 아버지 때문에 친정에서 돈을 빌리려던 어머니가 냉대받는 것을 본 그는 마음으로 아버지를 원망하고 미워한다. 그는 '남에게 굽실거리기 싫어서' 법원에 온 개인주의 판사이다. 원리원칙을 앞세워서 냉철한 판단을 하는 것이 판사의 역할이라고 주장하지만, 그의 마음 깊은 곳에는 인간과 아버지에 대한 냉소가 깔려 있었다.

그런 그가 아버지처럼 무모하게 약자의 편에 서고 거대한 세상과 맞서서 정의로운 세상을 만들려는 박차오름 판사를 좋아하면서 인간과 아버지를 이해하게 된다. 아버지가 표현하지는 않았지만 아들과 아내에게 자신의 허물을 미안해하고 있다는 것도 알게 된다. 임바른의 아버지는 아내와 아들을 경제적으로 잘 부양하지 않았고, 남을 돕는 일에만 관심을 기울였다. 남편과 아버지로서 경제적인 면에서는 허물이 컸다. 그러나 그 허물을 꾸미기 위해서 가족과 자신을 속이지 않았다.

경제적인 면에서 아내와 아들을 힘들게 했지만, 임바른의 아버지는 가족을 사랑했고 좋은 세상을 만들고 싶었던 이상주의자였다. 그에게는 그런 남편의 허물을 이해하고 사랑하는 아내가 있었다. 그 사랑 덕분에 가족은 따뜻한 안식처가 되었고, 아들도 정의롭고 따뜻한 마음을 가진 판사가 될 수 있었다. 아버지가 자신의 허물을 없는 것처럼 꾸미는 거짓된 삶을 살았다면, 아내가 남편의 허물을 비난하기만 했다면, 아들이 아버지의 경제적인 무능함을 공격만 했다면, 그들이 나누는 따뜻한 미소와 사랑은 없었을 것이다.

허물이 없는 삶을 살기 위해서 삶을 두려워하거나 힘들어하기보다는 자신의 허물을 꾸미지 않고 솔직히 인정하고 허물을 고치려고 생각한다면, 그 자체가 완벽한 삶이 아닐까? 우리는 자신의 작고 큰 실수, 잘못, 흉을 숨기려고 삶을 꾸미지 않았는지? 어쩌면 실수, 잘못, 흉을 자각도 하지 못하고 반복하고 있는 것은 아닌지 스스로에게 질문해 보자.

공부의 선후

군자의 도에 어느 것을 먼저라 하여 전수하며, 어느 것을 뒤라 하여 게을리하겠는가? 초목에 비유하면 구역으로 구별되는 것과 같으니 군자의 도가 어찌 이처럼 속이겠는가?

君子之道孰先傳焉 孰後倦焉 譬諸草木 區以別矣 君子之道焉可誣也

위의 구절은 공자의 제자인 자하의 말이다. 앞서 자유가 "자하의 제자들은 물 뿌리고 청소하며, 응대하고 진퇴하는 예절을 당해서는 괜찮으나, 이는 지엽적인 일이요, 근본적인 것은 없으니 어찌하겠는가?"라고 했다는 말을 듣고 거꾸로 자유를 비판한 말이다. 자하는 군자의 도는 지엽적인 것을 먼저라 하여 전수하는 것도 아니고, 근본적인 것을 뒤라 하여 가르치기를 게을리하지 않는다고 하였다. 다만 배우는 자의 수준이 차이가 있으니 그것은 마치 초목에 크고 작음이 있어 그 종류가 구별되는 것과 같아, 이를 고려하지 않고 한결같이 높고 원대한 것만 가르친다면 이는 속이는 것일 뿐이라고 하였다.

자유와 자하는 공자가 말한 공문십철에서 문학이 뛰어난 제자로 거론된다. 이 시대의 문학이 뭘 의미하는지 분명하지는 않으나 '회사후소(繪事後素)'라는 일화를 생각하면 시경에 대한 이해를 뜻하는 것이 아닌가 생각된다. 회사후소는 공자와 자하 사이의 일화다. 자하가 물었다. "예쁜 웃음에 보조개가 예쁘며 아름다운 눈에 눈동자가 선명함이여! 흰 비단으로 채색을 한다.' 하였으니 무엇을 말한 것입니까?" 공자가 말했다. "그림 그리는 일은 흰 비단을 마련하는 것보다 뒤에 하는 것이다." 그러자 자하가 "예(禮)가 충신(忠信)보다 뒤이겠군요?"라고 하니 공자가 말했다. "나를 흥기시키는 자가 자하로구나. 비로소 함께 시를 말할 만하다." 회사후소와 같이 사람은 아름다운 자질이 있은 연후에 배움이 있으니 오직 충신한 사람만이 예를 배울 수 있다. 이 일화를 통해 시경의 의미를 즉각 삶에 적용할 수 있는 제자가 문학에 뛰어난 제자라고 생각해 볼 수도 있다.

자유는 제나라 사람이며 공자보다 45세나 젊다. 자유와 관련된 일화는 「양화편(陽貨篇)」에 나온다. 자유가 무성(武城)의 읍재(邑宰)로 일할 때 공자가 지나가다 고을 사람들이 현악(絃樂)에 맞추어 노래 부르는 것을 듣게 되었다. 공자가 빙그레 웃으면서 말했다. '닭을 잡는 데 어찌 소 잡는 칼을 쓰느냐?' 이에 자유가 말했다. "예전에 제가 선생님께 들었는데 군자가 도를 배우면 남을 사랑하게 되고(君子學道則愛人) 소인이 도를 배우면 부리기 쉽다(小人學道則易使)고 말씀하셨습니다." 자유의 말을 듣고 공자는 정색을 하고 "얘들아, 자유의 말이 옳다. 조금 전에 내가 한 말은 농담이었다"고 말했다.

자하와 자유를 비교할 수 있는 일화는 「위정편(爲政篇)」에도 나온다. 두 사람이 나란히 효를 물었을 때 공자는 자유에게는 "효라는 것은 물질적으로 잘 봉양하는 것이 아니다. 말과 개에게도 잘 먹일 수 있으니 공경하지 않으면 무엇으로 구별하겠느냐?"라고 했고, 자하에게는 "얼굴빛을 온화하게 하는 것이 어려우니 수고로운 일을 대신하고 음식을 봉양하는 것이 효라고 할 수 있겠는가?" 하고 말하였다. 즉 공자는 자유는 봉양은 잘하나 혹 세심하게 부모의 마음을 살펴 공경하는 마음이 부족할까 염려하였고, 자하는 작은 일에도 강직하고 의로워 온화한 빛이 부족할까 걱정하였던 것이다.

자유는 그 장소와 격에 맞지 않게 원칙을 강조하고 일을 크게 벌이는 성격이라면, 자하는 작고 소소한 일에 밝고 꼼꼼한 인물로 보인다. 그래서 공자는 자하에게 군자인 선비[君子儒]가 되고 소인인 선비[小人儒]는 되지 말라고 하였던 것이다. 이처럼 자유라는 인물에게는 세세한 기본생활 예법을 중시하는 자하의 가르침이 못마땅하게 비춰졌을 것이다.

자유와 자하의 논쟁은 수천 년이 흘러 조선시대 퇴계와 남명의 논쟁으로 재현된다. 남명은 퇴계가 물 뿌리고 청소하고, 응대하고 진퇴하는 절차도 모르면서 천리(天理)를 담론하고 허명(虛名)을 훔치는 제자들을 말리지 않는다고 비판하였고, 퇴계는 남명이 노장(老壯)에 물들었다고 비판하였다.

유학의 장점은 자질구레한 현실에 발을 딛고 있지만 눈은 멀리 하늘을 바라보는 것이다. 지금 내가 발을 딛고 있는 현실을 떠난 기하학적 이상세계는 존재하지 않는다고 보는 것이다. 그렇기 때문에 물 뿌리고 청소하고 응대하고 진퇴하는 절차는 매우 중요하다. 그러나 그러한 자질구레한 현실에만 안주하여 우리가 실현해야 하는 이상적 세계를 도외시한다면 그런 공부가 무슨 소용이 있겠는가? 본질은 외면하고 지엽 말단에 맴도는 교육이나, 실천과 유리된 원대한 관념의 주입은 둘 다 옳은 교육이라고 할 수 없다.

성군(聖君)의 모습

자하가 말하였다. "군자는 세 번 변모한다. 멀리서 보면 위엄이 있고, 가까이서 보면 온화하며, 그 말을 들어 보면 단호하다."

子夏曰 君子有三變 望之儼然 卽之也溫 聽其言也厲

"'아, 너 원자는 창성한 운세를 타고났으며 어린데도 총명한 자질이 빼어나다. 태어난 것은 공자가 탄생하던 해이니 하늘과 땅과 사람이 서로 준 것이며, 날짜는 자궁(慈宮, 혜경궁 홍씨)께서 탄신한 날이니 달과 날과 시간이 다 좋았다. 멀리서 바라보면 엄숙하고 가까이서 보면 온화하니 바로 제왕의 기량이고, 말에 규칙이 있고 행동에 법도가 있으니 학문을 통한 공부가 이미 나타났다'라고 사도세자가 말하였다.'

정조를 왕세손으로 책봉하는 책례(冊禮)에서 사도세자가 어린 아들에게 이른 말이다. '멀리서 바라보면 엄숙하고 가까이서 보면 온화한 것', 사도세자는 그것을 제왕의 기량이라 하며 정조에게 의탁한 기대를 드러낸 것이다.

그러나 정자는 이 구절을 두고 '보통 사람은 위엄이 있으면 온화하지 못하고, 온화하면 단호하지 못하다. 오직 공자만이 이를 온전히 하였다'고 주해하였다. 제왕의 기량으로서가 아니라 공자를 형용한 것, 즉 성인(聖人)의 모습을 형용한 것이라 보았던 것이다. 실제로 「술이

편」에서 공자는 '온화하면서도 엄숙하고, 위엄이 있으면서도 사납지 않으며, 공손하면서도 평안하였다'고 묘사되어 있다. 그렇다면 사도세자는 왜 성인의 모습을 빌어 제왕의 기량이라 하였는가? 공자는 제왕이 아니었으며, 오히려 그 제왕들에게 받아들여지지 않았던 인물이 아닌가?

공자의 어머니 안징재(安徵在)는 꿈에 기린이 나타나 '쇠약해진 주나라를 계승하여 소왕(素王)이 되리라'라는 글귀가 쓰인 옥척(玉尺)을 토하는 광경을 보고 공자를 낳았다고 한다. 소왕이란 '무관(無冠)의 왕', 즉 제왕의 지위에 오르지는 못했지만 제왕과 같은 영향력을 남긴 사람을 이르는 말이다.

약 300여 년 동안 52개국이 망하고 36명의 왕이 살해당했던 춘추시대, 수많은 영웅호걸이 패권을 차지하기 위해 싸웠던 이 혼란의 시대에 삼천 명에 이르는 제자를 배출하고, 『춘추』를 지어 사라져 가는 대의명분을 바로 세우고자 했던 공자는 실제로 제왕 이상의 제왕으로 동아시아 세계에 군림하였으며, 동아시아 사람들의 정신적 지주가 되었다. 후세 유가는 내성외왕(內聖外王)에서 외왕을 삭제하고 오직 내성만을 삶의 목표로 추구하였지만, 그것은 제왕의 자리가 주어지지 않았기 때문이었을 뿐 내성외왕의 출현을 포기한 것은 아니었다.

소왕과 제왕, 사도세자는 비록 제왕의 지위를 갖지 못했지만 제왕보다 더 강하고 더 위대했던 소왕의 덕을 기리며 자신의 어린 아들이 말 그대로 내성외왕의 성군(聖君)이 되기를 염원하였던 것이다.

어디 사도세자뿐이겠는가? 통치자를 백성이 선택할 수 있는 이 새로운 시대에 우리 또한 내성외왕의 통치자를 염원한다. '멀리서 보면 위엄이 있고, 가까이서 보면 온화하며, 그 말을 늘어 보면 난호한' ㄱ

런 통치자를 우리는 가질 수 없는 것일까?

벗을 대하거나 승도(僧徒)를 접할 때, 또는 한가로이 있을 때나 여럿이 함께할 때에 각각 어떤 모습을 지녀야 하는지를 묻는 제자에게 대산(大山) 이상정(李象靖, 1711~1781)은 『논어』「자장편」의 위의 구절 등을 언급하면서 '그러나 단지 하나의 경(敬)이 이 마음을 주재하여 일에 따라 체찰(體察)하고 때마다 존성(存省)하기를 차근차근 계속하여 가면, 어느 순간엔가 사물이 이르렀을 때 진심이 먼저 드러나 손 가는 대로 하여도 저절로 마땅함을 얻을 때가 온다'라고 하였다. 자신의 마음을 끊임없이 살피다 보면 어느 순간엔가 행위가 저절로 법도에 맞는 때가 온다는 것이다.

자신의 내면을 끊임없이 성찰하는 통치자, 위엄을 흉내 내지도 않고, 일부러 온화함을 가장하지도 않는, 저절로 위엄 있고 저절로 온화한 통치자, 그런 통치자를 우리는 만날 수 없는 것일까? 그러나 또 어떻게 만나기를 기대할 수 있겠는가? 백성에 대한 사랑을 말하기에 앞서 권력을 말하며, 대의를 말하기에 앞서 사사로운 이익을 말하는 이 시대에 어떻게 그런 통치자를 기대할 수 있겠는가? 설령 그런 통치자가 있다고 하여도 어떻게 사욕에 빠진 우리가 그를 선택할 수 있겠는가? 또 설령 선택하였다 하더라도 사욕에 빠진 우리가 어떻게 그를 지킬 수 있겠는가?

문(門)을 통해 직접 확인하라

숙손무숙이 조정에서 대부들에게 말했다. "자공이 중니보다 낫다." 하였다. 자복경백이 이것을 자공에게 말하자, 자공이 다음과 같이 말했다. "궁궐의 담장에 비유하면 나의 담장은 어깨에 미쳐 집안의 좋은 것들을 들여다볼 수 있거니와, 부자의 담장은 여러 길이어서 그 문을 얻어 들어가지 못하면 종묘의 아름다움과 백관의 부유함을 볼 수 없다."

叔孫武叔語大夫於朝 曰 子貢賢於仲尼 子服景伯以告子貢 子貢曰 譬之宮牆 賜之牆也及肩 窺見室家之好 夫子之牆數仞 不得其門而入 不見宗廟之美 百官之富

자공은 공자의 제자 중 논리적인 사고를 잘하고 해박한 지식을 지녔으며 누구보다도 언변(言辯)이 뛰어났다. 이에 비해 공자는 사사로운 뜻[意]과 기필함[必]과 고집하는 것[固]이 없었고, 무엇보다도 이기적인 자기[我]가 없었기에[四毋] 태조의 사당인 태묘에 들어갔을 때에도 일이 있을 때마다 사람들에게 예(禮)에 관해 묻곤 했다.

자공의 뛰어난 정치적 언변, 해박한 지식, 논리적인 사고, 경제적인 수완 등은 일반 사람들이 중시하는 능력이지만, 도(道)를 아는 일과는 아무런 상관이 없다. 사실 이런 것들을 추구하면 할수록 도와는 점점 거리가 멀어진다. 반면, 공자가 행한 사무(四毋)는 세속적인 가치를 중시하는 숙손무숙에게는 우유부단하고 세상 물정을 모르며 현실적인 능력이 없는 사람으로 비춰지기에 충분했을 것이다.

도의 행위를 알아볼 안목이 없는 숙손무숙이 두 사람의 모습을 보고 자공이 공자보다 더 뛰어나다고 말하는 것은 너무나 당연한 일이다. 자공은 숙손무숙이 자신을 공자보다 더 낫다고 말했을 때, 궁궐의 담장을 비유로 들며 자신의 능력은 논리적인 차원에서 쉽게 이해될 수 있는 것이지만, 공자의 경지는 그 문을 통해 들어가야지만 비로소 알 수 있는 것이라고 말했다.

자공은 공자가 돌아가셨을 때 6년 동안이나 무덤 곁을 지켰을 만큼 그를 존경하고 사랑했다. 그리고 공자는 자공이 도를 공부할 것을 늘 독려했다. 이처럼 두 사람의 사제 관계는 전혀 허물이 없었다.

자공이 공자에게 자신에 대한 평을 여쭈었을 때, 공자는 자공을 '호련(瑚璉)', 즉 제사를 지낼 때 사용하는 그릇[祭器]에 비유했다. 공자의 "군자는 그릇이 아니다[君子不器]"라는 말에 비추어 보면, 호련의 비유는 자공을 높이면서도 도(道)를 공부하여 할 군자로서의 자세를 길러야 함을 지적해 준 것이라고 볼 수 있다.

또, 자공은 공자에게 "너와 안회 중 누가 더 훌륭하냐?"는 질문을 받았을 때, "안회는 하나를 들으면 열을 알고, 저는 하나를 들으면 둘을 압니다"라고 답했다. 공자는 자신의 수준을 잘 파악하고 있는 자공을 인정했다. 공자가 '하나를 들으면 둘을 안다'는 자공의 말을 인정한 사실로 볼 때, 자공에게 논리적인 사고를 통해 도를 알려고 하지 말고 곧장 도의 공부를 실천해야 함을 가르쳐 준 것이라 볼 수 있다. 왜냐하면 '하나를 들으면 둘을 안다'는 말은 논리적인 사고를 통해 말의 의미를 이해한다는 의미이고, '하나를 들으면 열을 안다'는 말은 단순히 말의 의미를 잘 파악한다는 뜻이 아니라, 스승의 방편을 곧장 이해하고 즉각적으로 실천에 옮긴다는 뜻이기 때문이다. 이처럼 자공은 자신의 수준을 잘 알고 있었고, 공자도 자공이 도를 실천하는 공부를 해야 함을 적절하게 가르쳐 준 것이다.

우리는 머리로 이해한 것을 실제로 안 것이라고 여기는 경우가 많다. 특히 깨달음의 공부에서 지식과 이성을 통해 도를 알 수 있는 것이 아니라는 말을 수없이 들었음에도 불구하고, 우리는 끊임없이 깨달음을 머리로 이해하고 또 그것을 얻으려고 애쓴다. 자신과 다른 사람이 깨달았는지, 깨닫고 나면 어떤 일이 일어나는지, 그리고 깨달은 사람의 내면의 상태는 어떠한지 등 자신이 직접 본성을 회복하면 쉽게 알 수 있는 일들을 다른 사람의 말과 글을 통해 알고자 하면서 많은 시간을 허비한다. 그러면서도 정작 자신의 본성을 회복하기 위한 깨달음 공부에는 매진하지 않는다.

한때 학계(學界)에서는 지눌 스님의 돈오점수론(頓悟漸修論)과 성철 스님의 돈오돈수론(頓悟頓修論) 중 어느 것이 더 깨달음 이후의 타당한 공부인가에 대한 뜨거운 논쟁이 있었다. 그러나 방편의 말에 매달려 깨달음이 무엇인지를 탐구하고, 깨달음 이후에 어떤 공부를 해야 하는지, 깨달은 사람은 어떤 능력이 있는지 등을 머리로 천착(穿鑿)하며 시간을 허비하는 것은 진정한 구도자(求道者)의 자세가 아니다.

진정한 구도자(求道者)는 오로지 자신이 직접 깨닫기 위한 본성 회복 공부에 매진해야 한다. 석가모니 부처의 말처럼, 독화살에 맞았을 때 독화살의 성분이나 독화살을 뽑고 난 후에 우리에게 어떤 상황이 닥칠지 등에 관해 따지는 일은 진정으로 자신을 살리는 일이 아니다.

우리도 자공처럼 자신의 상태를 올바르게 파악해야 한다. 그리고 깨달음 공부에 곧장 마음을 내어야 한다. '나는 진실로 깨달음이 무엇인지를 아는지', '과연 나에게 깨닫고자 하는 열망은 있는지', 그리고 무엇보다도 '삶을 진실하게 만날 준비가 되어 있는지' 등을 철저하게 질문해 보아야 한다.

영적 스승인 아디야샨티는 도에 대한 진정한 관문은 몸과 마음에서 일어나고 있는 것이 무엇이든지 그것을 진지하고 정직하게 만나는 용기, 즉 '진실성'이라고 말했다.

우리는 진실한 자세로 과거의 모든 기억과 미래에 대한 일체의 두려움을 내려놓고, '지금-여기'에서 일어나는 일을 온전히 만날 수 있어야 한다. 그리고 이 일은 '자기를 있는 그대로 사랑하는 것'에서 출발해야 한다. 이것이 아름다운 세상으로 들어가는 문을 통과하는 가장 쉬운 방법이다.

20. 「요왈(堯曰)」

| 탈현대 문명 |

탈현대의 천명

 공자가 말했다. "명을 모르면 군자가 될 수 없다."

子曰 不知命 無以爲君子也

　군자의 첫 번째 조건은 천명을 자각하는 것이다. 공자가 수천 년 동안 성인으로 추앙받는 이유는 자신에게 주어진 천명을 분명히 자각했고, 천명을 이루기 위해 평생 고군분투하는 삶을 살았기 때문이다.

　유비(劉備)와 조조(曹操), 공명(孔明)과 중달(仲達)의 차이점은 무엇인가? 그 기량의 차이가 아니라 천명에 대한 자각 여부가 역사 속에서 이들의 평가를 차이 나게 하는 근본 요인이다. 조조는 지략가로서 유비를 훨씬 능가한다. 그러나 '치세의 능신, 난세의 간웅'이라는 점술가의 평가에 만족할 만큼, 그의 최종 목표는 권력 찬탈일 뿐이었다. 반면에 유비에게 권력은 백성들의 삶을 안정시키고, 평화의 시대를 어는 수단이었다.

중달은 공명과 대등하게 자웅을 겨룰 수 있었던 유일한 전략가였다. 하지만 천하의 안정은 그의 관심 밖이었다. 실제로 중달은 정변을 일으켜 위(魏)의 권력을 장악했다. 그의 손자 사마염(司馬炎)은 위를 멸망시키고 서진(西晉)을 세웠으며, 이는 중국의 가장 극심한 혼란기인 오호십육국 시대를 여는 시초가 되었다.

눈을 현재로 돌리면, '천명의 자각' 여부는 엄청 중요하다. 왜냐하면 현재는 현대 문명으로부터 탈현대 문명으로의 대전환기이기 때문이다. '무엇이 옳은 것이며, 무엇이 그른 것인가?', '어떻게 사는 것이 잘 사는 것인가?', '삶의 궁극적인 목적은 무엇인가?' 등의 궁극적인 질문에 대한 대답이 관점에 따라 전면적으로 달라진다.

전환기를 살아가는 현 인류에게 부여된 천명은 무엇인가? 탈현대라는 새로운 시대에 대한 자각 속에서 새 시대를 열어 가는 데 기여하는 삶을 살아가는 것이다. 역천(逆天)은 무엇인가? 현대라는 낡은 시대의 끄트머리를 꽉 붙잡고 새 시대의 도래를 가로막는 삶을 살아가는 것이다.

새 시대가 현 인류 앞에 열리고 있지만, 지금도 많은 사람들은 낡은 시대의 덫에 걸려 있다. 그들은 자신을 하찮게 여기고, 하찮음을 벗어나 대단한 존재가 되기 위해 필사적인 노력을 기울인다. 서울대 입학, 고시 합격, 멋진 외모, 부자의 꿈 등은 그런 노력의 다양한 양상이다. 전환기인 현시점에서는 이런 노력은 보답 받지 못한다. 그들은 행복을 위해 분투하지만, 결국 그들이 끌어안는 것은 불행일 따름이다. 그들은 스스로 불행할 뿐만 아니라 자신이 사랑하는 사람들마저 불행하게 만든다. 결국 그들의 삶은 시대가 그들에게 부여한 소임에 반하는 것이 되고 만다.

이렇게 필사적인 노력을 기울여서 자신도 주변의 사람들도 불행하게 만들며 새 시대의 도래를 가로막는다면, 이것은 그야말로 어처구니가 없는 삶이다. 그리고 많은 현대인들은 이런 어처구니가 없는 삶을 살아가고 있다. 극단적인 소외에 빠져 있는 것이다.

새 시대는 우리가 어떤 존재가 되기를 바라는 것일까? 새 시대의 요구는 결코 남들보다 더 높은 곳에 올라가거나 더 힘센 존재가 되는 것이 아니다. 예수나 석가모니, 노자 같은 분들은 이미 수천 년 전에 탈현대의 천명을 자각했다. 이들은 더 낮은 곳으로 내려감으로써만 더 높은 곳에 도달할 수 있음을 발견했다. 이들은 더 부드러워짐으로써만 더 단단해질 수 있음을 발견했다. 이들은 더 약해짐으로써만 더 강해질 수 있음을 발견했다.

외부 세계의 정복과 쟁탈을 통해서가 아니라 내면에 잠자고 있는 아름다운 존재를 깨어나게 함으로써, 인간다운 인간이 될 수 있는 참된 길을 발견했다. 이들은 한겨울에 핀 꽃과 같은 존재였다. 그래서 이들의 발견은 왜곡되었고, 진리는 묻혔다. 그러나 이제 인류문명의 봄날이 다가오고 있다.

새 시대는 진정으로 겸손한 사람, 넓은 아량으로 품어 줄 수 있는 사람, 마음이 따뜻한 사람, 아름답게 미소 지을 수 있는 사람을 필요로 한다. 이것을 자각하는 것이 이 시대의 천명을 자각하는 것이며, 천명에 대한 자각 속에서 힘써 이런 존재에 이르는 것이 우리 시대의 군자가 되는 길이다.

명(命)을 아는 삶

 공자가 말했다. "명을 모르면 군자가 될 수 없다."
子曰 不知命 無以爲君子也

공자는 명을 알지 못하면 군자가 될 수 없다고 말한다. 공자가 말한 명이란 무엇을 말하는 것일까? 정자(程子)는 이를 다음과 같이 설명하고 있다.

명(命)을 안다는 것은 명이 있음을 알고서 믿는 것이다. 명을 알지 못하면, 해를 보면 반드시 피하고 이익을 보면 반드시 따를 것이니, 어떻게 군자라 하겠는가?

정자는 명을 알지 못하면 사사로운 이익에 휘둘릴 수밖에 없어서 군자가 될 수 없다고 한다. 오늘날 사람들은 손해가 될 일이면 피하고 이익을 볼 일이면 따르는 것을 당연히 여긴다. 그러나 손해가 될 일은 피하고 이익만을 따르는 것은 명을 알지 못하는 것이며, 그런 사람은 군자가 될 수 없다. 이익에 따라 움직이는 삶이 소인의 삶이라는 것을 누구나 알고 있다. 그렇다. 자신의 명을 모르면 소인이 되기 십상이다.

명을 아는 것이란 명이 있음을 알고 믿는 것이라고 정자는 말한다.

명이란 '모든 일은 미리 정해진 필연적인 법칙에 따라 일어나므로 인간의 의지로는 바꿀 수 없다'는 운명론이 아니다. 명을 아는 삶이란 다른 무엇보다도 우리가 이 세상에 온 까닭과 자기 삶의 소명을 스스로 찾는 삶이다. 그것이 바로 군자의 삶이다.

가슴에 군자라는 이상적인 삶의 모델을 품고 그 이상에 다가가는 삶을 사는 것이 자신의 명이라고 생각하는 사람은 사사로운 이익이나 욕망에 흔들려서 삶을 망가뜨리거나 나태함과 무관심으로 소중한 자신의 삶을 방기하지는 않을 것이다. 우리는 자신에게 다가오는 일과 삶을 맞이하면서 명을 생각하면서 살고 있을까? 손해가 되는 일은 피하고 이익이 되면 좇아가는 삶을 당연시 하지는 않았을까? 오늘을 살고 있는 우리의 자화상은 어떨까? 현대인의 삶은 자신 있게 명을 자각하고 있다고 답하기 어려운 경향이 강하고, 손해와 이익을 따지는 삶에 젖어 있다고 해도 과언이 아니다.

요즘 사람들은 아이들에게 '장차 하고자 하는 일이나 직업에 대한 희망'을 말하는 소위 장래희망을 찾으라고 한다. 하지만 우리가 왜 이 세상에 왔는지, 자기 삶의 소명은 무엇인지를 스스로 찾는 데는 관심을 많이 가지지 않는다. 우리가 이 세상에 온 이유가 고작 어떤 직업을 가지고, 어떤 지위를 얻고, 어떤 권력을 가지기 위해서라고 할 수는 없다.

우리가 이 세상에 온 소명은 무엇일까? 사랑의 존재로서 군자의 삶을 살기 위해서 이 세상에 온 것이 아닐까? 공자가 명을 알지 못하면 군자가 될 수 없다고 한 이유가 바로 여기에 있다. 자신의 명을 아는 사람의 삶은 눈부시고 삶 자체가 감동적이다. 최근에 '극한직업 대통령'이라는 말이 회자되었다. 문재인 대통령의 활약을 지켜보는 국민들이 대통령의 건강을 염려하고 노고를 격려하는 사랑을 그렇게 표현하고 있다.

극한직업 문재인 대통령은 '국민의 나라, 정의로운 대한민국을 만드는' 대통령으로서의 사명에 충실하고 있다. 그는 사회적 약자의 위치에 자신의 몸을 낮추어서 그들을 품어 주고 그들의 말에 귀를 기울이는 대통령이다. 문재인 대통령이 대통령으로서 명을 자각하지 않았다면, 그는 권력을 추구하고 자신의 정치적 생명을 연장하는 데만 관심을 기울였을 것이다. 그렇게 했다면 대통령을 극한직업이라고 염려하고 사랑해 줄 국민은 없을 것이다. 대통령으로서 명을 깊이 자각한 매 순간의 삶이 눈부시고 감동 그 자체이다.

말을 안다[知言]는 것

 공자가 말했다. "말을 알지 못하면 사람을 알 수 없다."

子曰 不知言 無以知人也

이 구절에 대해 주자는 "말의 득실에 따라 사람의 간사함과 올바름[人之邪正]을 알 수 있다"고 해설하였다. 이때 말의 득실이란 그 말이 사실에 부합하는지 여부를 말하는 것일 것이다. 사실에 부합하는 말을 하는 사람은 올바른 사람이고, 부합하지 않는 말을 하는 사람은 간사한 사람이라는 해석이다. 그러나 공자가 단순히 이런 뜻으로 '말을 안다[知言]'는 말을 하였을까?

맹자는 제자인 공손추(公孫丑)와의 대화에서 '말을 안다'는 것의 의미를 다음과 같이 말하였다.

편벽된 말[詖辭]에 그 가린 바를 알며, 방탕한 말[淫辭]에 그 빠져 있는 바를 알며, 사악한 말[邪辭]에 그 괴리된 바를 알며, 숨기는 말[遁辭]에 그 궁함을 알 수 있으니, 마음에서 생겨나 정사에 해를 끼치며, 정사에 발로되어 일에 해를 끼치나니, 성인이 다시 나오셔도 반드시 내 말을 따르실 것이다.

맹자가 말하는 '말을 안다'는 것의 의미는 편벽되고[詖], 방탕하고[淫], 사악하고[邪], 숨기는[遁] 말을 하는 사람들이 구체적으로 무엇을 가리고[蔽], 무엇에 빠져 있고[陷], 무엇과 괴리되고[離], 어떤 궁함[窮]에 빠져 있는지를 안다는 뜻이다. 그렇기 때문에 이런 말을 잘 알지 못하면 정사와 일에 크게 해를 끼치게 될 것이라는 것이다. 맹자는 말을 아는 것에 대한 자신의 설명에 자신만만해서 공자가 자신의 이 말을 들으면 반드시 찬성할 것이라고 말하고 있다. 그러나 과연 그럴까?

우리가 상대방을 알 수 있는 것은 그 사람의 말과 행동을 통해서이다. 공자는 재여(宰予)라는 제자를 통해 "(재여로 인해) 처음에는 내가 사람을 대할 때 그의 말만 듣고 행동까지 믿었더니, 이제는 사람을 대할 때 그의 말을 듣고 난 뒤 행동까지 살피게 되었다"고 말한 바 있다. 그러나 우리가 사람을 판단하는 것은 주로 그의 말을 통해서이다. 이때의 말은 맹자가 이야기하는 것과 같이 반드시 부정적인 것만은 아니다. 또한 '교언영색(巧言令色)'이라는 말도 있듯이 말을 잘하는 것이 좋은 것도 아니다. 그렇다면 말을 안다는 것은 도대체 무엇을 말하는 것일까?

노자는 『도덕경』 마지막 장에서 "믿음직한 말[信言]은 아름답지 않고, 아름다운 말[美言]은 믿음직하지 않다. 착한 사람은 말을 잘 못하고, 말을 잘하는 사람은 착하지 않다. 아는 사람은 박식하지 않고[不博], 박식한 자는 알지 못한다[不知]"고 하였다. 즉 앎이 알지 못함에 이르러야[至于無知] 비로소 이것이 앎이다. 그래서 착한 사람은 말을 잘할 수 없다. 또 간소함[約]이 내 마음에서 떨어지지 않으면 이것이 많이 알지 아니함[不博]이니, 그래서 많이 아는 사람은 잘 알지 못하는 것이다. 그러므로 배우는 사람들이 아름다움과 말 잘하는 것과 지식을 쌓는 것으로써 배움을 구하면 진정한 앎을 잃고 만다.

어떤 공부를 하든지 간에 공부가 어느 경지에 이르면 그 공부에 대한 자신감이 생기게 된다. 예컨대 식물에 관심을 가지고 그 식물의 이름과 모양과 개화(開花) 시기, 그 밖의 특징들을 공부하다 보면 어느 순간에 주변에 있는 모든 식물들을 알고 있다는 자만심에 빠져들게 된다. 그러나 모든 공부의 대상이 다 그렇지만 식물의 세계도 무궁무진하다. 좁은 공간이라고 하더라도 끊임없이 모르는 식물들이 돋아나오고 꽃을 피운다. 그리고 교잡을 통해 끊임없이 새로운 종류의 식물이 출현한다.

결국 모든 공부의 끝은 나는 모른다는 자각이다. 하나님이 만든 세계를 내가 다 이해할 수 있고 또 이해한다고 생각했던 자신의 어리석은 자만심을 깨닫는 것이다. 이것이 알지 못함에 이르는 앎이다. 공자가 말을 안다고 이야기했던 것도 바로 이런 알지 못하는 앎이 아니었을까?

| 탈현대 국가 |

'이름'과 '명(命)'

 공자가 말했다. "명을 모르면 군자가 될 수 없다."
子曰 不知命 無以爲君子也

'배우고 때로 익히면 또한 기쁘지 아니한가? 벗이 있어 멀리서 찾아오니 또한 즐겁지 아니한가? 남이 나를 알아주지 않아도 노여워하지 않으면 또한 군자가 아닌가?' 배움의 기쁨을 찬양하는 구절로 시작된 『논어』 첫 장은 자족(自足)하는 군자의 풍모를 노래하는 구절로 마무리된다.

유교의 경전 가운데 하나인 『효경』에는 '양명(揚名)', 즉 세상에 널리 이름을 떨치는 것을 최고의 효도라 하였고, 오대십국시대 후량의 용장이었던 왕언장(王彦章)은 '범은 죽어서 가죽을 남기고 사람은 죽어서 이름을 남긴다[豹死留皮 人死留名]'는 말을 좌우명으로 삼아 간신들의 숱한 모함을 받으면서도 혁혁한 공을 세웠으며, 마침내 마지막 전투에서는 후당의 회유를 뿌리치고 처형되었다. '이름'이란 유가를 넘어 동아시아 사람들에게는 목숨보다 더 소중한 그 무엇이었던 것이다.

공자가 '나를 알아주지 않아도'라고 했을 때, 그 '알아주지 않는 것'은 바로 '이름'이다. 남이 내 '이름'을 어떻게 기억하든, 왜곡하든, 비웃든, 멸시하든 개의치 않겠다는 것은 그 '이름'을 버리는 것이며, 그것은 목숨을 버리는 것만큼이나 가혹한 일이다. 그렇다면 공자는 어떻게 그 '이름'을 버릴 수 있었을까? 아니, 그보다 왜 그 '이름'을 버릴 수 있어야 군자라 하였을까?

조선 후기 실학자인 존재(存齋) 위백규(魏伯珪, 1727~1798)는 위의 구절을 주해하여 '군자의 덕은 천명을 아는 것이다. 천명을 알기에 마음을 극진히 다하여 성(性)을 알게 된다. 생사에 의심하지 않고, 부귀에 마음이 흔들리지 않으며, 빈천에 그 절개를 바꾸지 않고, 위무(威武)에 그 지조를 굽히지 않으므로 자신의 덕을 완성한다. 천명을 모르면 이런 일은 모두 허사가 되니, 어떻게 군자가 되겠는가?'라고 하였고, 또 '이것이 바로『논어』의 마지막 내용이 첫 장의 내용과 서로 호응하여 부합되는 이유이다'라고 하였다. 즉, 남이 내 '이름'을 어떻게 기억하든 노여워하지 않는 것은 내게 주어진 '명(命)'을 알았기 때문이다. 죽어야 한다면 죽어야 하고, 천(賤)해야 한다면 천해야 하며, 가난해야 한다면 감내해야 한다. 그것이 '명'이기 때문이다. '명'이라는 것은 내가 어찌할 수 없는 것, 내가 선택할 수 있는 것이 아니므로 오직 따라야 하고 순응해야 하는 것일 뿐이다.

그러나 생사를 맡기고 빈천을 감내하면서 비로소 나는 내게 주어진 또 하나의 '명', 즉 '성'을 자각한다. 내 '성'은 세상의 그 무엇과도 바꿀 수 없는 귀하고 아름다운 것이니, 내 '성'을 회복하는 공부가 기쁘고도 즐거운 것이다. 그렇기 때문에 '명'을 알아야만 '이름'을 버릴 수 있고, 이름을 버릴 수 있어야 '덕'을 완성할 수 있다. '이름'으로 시작한『논어』는 '명'으로 '이름'을 극복하며, 군자의 덕이 완성되는 것을 보여 준 것이다.

짧은 현대 정치사에서 낡은 정치가들은 역사를 들먹였고, 역사이

심판을 운운했다. 후대가 내 '이름'을 알아줄 것이라고 그들은 자신한 것이다. 그 무슨 자신감이었을까? 수많은 정치가들이 역사를 말하고 '이름'을 말하였지만, '이름'을 말한 사람 가운데 역사에 남은 사람은 없다. '이름'이란 남기려고 해서 남겨지는 것도, 지우려고 해서 지워지는 것도 아니다. 헛된 욕망에 사로잡혀 입신양명을 추구하고, 명철보신(明哲保身)이라는 미명 아래 일신의 안위만을 꾀한 무리들이 운운한 '이름'이란 처음부터 허명(虛名)이며, 결국 오명(汚名)이 될 수밖에 없다.

　정치가가 깨달아야 하는 것은 '이름'이 아니다. 그 '이름'을 말하기 전에 먼저 자신에게 주어진 '명'을 자각해야 한다. 위백규가 말했듯이, '명'을 자각하여야 비로소 허명이나 오명이 아닌 진정한 '이름'을 얻을 수 있는 것이다. 우리나라의 수많은 정치가들 가운데 과연 '명'을 자각한 정치가가 한 명이라도 있는가? 사람들이 자신을 비웃든, 왜곡하든, 오직 주어진 '명'에 순응하며 나라를 위한 길을 가려는 정치가가 있는가? 만약 그런 정치가가 단 한 명이라도 있다면, 이 나라의 절망은 절망이 아니며, 고난은 고난이 아닐 것이다.

| 마음공부 |

중(中)을 잡아라

요임금이 말했다. "아! 너 순아, 하늘의 역수가 너의 몸에 있으니 진실로 그 중을 잡아라."

堯曰 咨 爾舜 天之曆數在爾躬 允執其中

「요왈편」은 모두 3장으로 구성되어 다른 편에 비해 무척 짧지만, '중을 잡아라'는 유학의 심법(心法)이 제시되어 있다.

심법의 목적은 스스로가 성인이 되어 모든 사람들이 평화로운 삶을 살아갈 수 있도록 도와주는[內聖外王] 것이다. 다시 말해, 자신의 본성을 회복하고 이를 통해 생겨난 사랑을 다른 존재에게 나누어 주어, 자타(自他)의 차별이 없이 모두가 행복한 삶을 살아가는[大同] 사회를 건설하는 것이다.

유학이 대동 사회의 건설을 말하면서 그 변화의 출발을 항상 자기 자신의 변화에 두는 이유는, 자기에게 없는 사랑, 행복, 평화를 다른 사람에게 나누어 주거나 가르친다는 것은 불가능한 일이기 때문이다. 그러므로 가족, 사회, 국가, 세계를 변화시키기 위해서는 먼저 자신이 본성 회복을 통한 사랑의 존재가 되어야 한다. 가족, 사회 등을 구성하는 것은 개인이기에, 개인이 변화할 때 온 세상은 저절로 곤궁하지 않게 되어 모두가 함께 행복을 누릴 수 있는 곳이 될 것이라는 것은 분명한 사실이다. 선유(先儒)의 말처럼 난(蘭)이 깊은 산속에서 스스로 꽃을 피우면, 저절로 멀리까지 그 향기가 퍼져 나가는 것과 같다.

우리는 평화와 행복을 얻기 위해 항상 자기 밖의 일이나 제도, 그리고 다른 사람들을 바꾸고자 노력한다. 그러나 우리는 자기 마음에 들지 않는 주변 사람의 조그마한 습관 하나조차도 쉽게 바꿀 수 없다는 것을 경험을 통해 잘 알고 있다. 그럼에도 불구하고 자기 밖의 모든 것을 바꾸어 세상을 평화롭게 만들고자 하는 것은, 어느 영적 스승의 말처럼 세상의 모든 길이 가시밭길이라고 가정할 때, 세상의 모든 가시를 제거하고 난 이후에 편안하게 걷고자 하는 것과 같이 어리석은 일이다. 가시를 제거하기에 앞서 자기가 좋은 신발을 신는다면 아무리 험난한 가시밭길이라도 아무런 문제없이 편하게 걸을 수 있는데도 말이다. 그러므로 먼저 자신을 변화시키는 것이 곧 세상을 변화시키는 근본이다. '중을 잡는 일'은 우리가 좋은 신발 한 켤레를 신는 일과 같다.

순임금은 요임금의 "중을 잡아라"는 말을 우임금에게 "사람의 마음은 위태롭고 도의 마음은 은미하니 정밀하고 한결같게 해서 진실로 그 중을 잡아라[人心惟危 道心惟微 惟精惟一 允執厥中]"는 십육 자의 말로 설명했다. 그리고 후대 유학자들은 이 말을 마음공부[心法]의 핵심으로 삼으며 자기 수양에 전념했다.

'사람의 마음은 위태롭다'는 말은 자신의 본성을 알지 못하면 사사로운 욕심에 휘둘려 이기적으로 행위를 하기가 쉽다는 뜻이다. 그리고 '도의 마음은 은미하다'는 말은 마음공부를 하지 않으면 생각이나 감정에 휘둘려 자신의 본성이 잘 드러나지 않는다는 뜻이다. 그러므로 자기의 본성을 회복하여 선(善)을 실현하기 위해서는, 정밀하고[精]

한결같게 하여[一] 진실로 그 중(中)을 잡아야 한다.

'중을 잡아라'라고 해서 무엇인가를 인위적으로 잡으려고 하거나, 깨어 있고자 하는 등의 노력을 기울이는 것은 모두가 조작과 계탁과 의도일 뿐 중을 잡는 올바른 방법이 아니다. 또, 간택하거나 거부하는 삶을 사는 것도 중을 잡는 일이 아니다. 그렇다면 중을 잡는다는 말은 어떤 의미일까?

『중용』에서 말하는 것처럼 중은 과불급(過不及)이 없는 상태, 다시 말해 자신은 인을 실현할 능력이 없다고 여겨 스스로 포기[自暴自棄]하는 일[不及]이나, 성인이 말하는 도가 쉽게 이해될 리가 없다고 여겨 자기의 생각을 덧붙여 어렵게 만드는 일[過] 등을 하지 않는 것이다. 또, 중은 희로애락(喜怒哀樂)이 드러나기 이전[未發]의 상태를 말한다. 그러므로 '중을 잡는다'는 것은 생각과 감정이 생겨나기 이전의 순수한 상태를 유지하는 일이다. 다시 말해, 물에 빠지려는 어린아이를 보는 순간 즉각적으로 구하듯이, 구체적인 일상에서 생각과 감정과의 동일시 없이 즉각적으로 자신의 본성인 사랑[善]을 실현하는 일이다. 물론, 이 일은 소인(小人)이나 대인(大人) 할 것 없이 사사로움과 욕심에 휘둘리지 않으면 누구나 쉽게 행할 수 있다. 그러므로 하늘의 역수(曆數)는 순임금에게만 있는 것이 아니라, 사실 우리 모두에게 있다.

중을 잡는 것은 과거와 미래의 개입 없이 '지금-여기'의 삶을 진실하게 사는 일이다. 그리고 진실하게 사는 일은 있는 그대로의 자신을 깊이 받아들이는 일이다. 사실, 자신을 있는 그대로 받아들이고 사랑하는 일은 모든 중을 잡는 것의 근본이다. 왜냐하면 우리가 자신을 있는 그대로 받아들일 때, '더 나은 나[ego]'를 찾아 헤매는 일을 끝마칠 수 있고, 과거나 미래에 대한 생각에 휘둘리지 않을 수 있으며, '시금-여기'의 삶을 목적 그 자체로 살아 지극한 사랑[至善]이 실현되는 탈현대[大同] 사회를 건설할 수 있기 때문이다.

삶의 행복을 꿈꾸는 교육은 어디에서 오는가?

미래 100년을 향한 새로운 교육 혁신교육을 실천하는 교사들의 필독서

▶ 교육혁명을 앞당기는 배움책 이야기
혁신교육의 철학과 잉걸진 미래를 만나다!

한국교육연구네트워크 총서

01 핀란드 교육혁명
한국교육연구네트워크 엮음 | 320쪽 | 값 15,000원

02 일제고사를 넘어서
한국교육연구네트워크 엮음 | 284쪽 | 값 13,000원

03 새로운 사회를 여는 교육혁명
한국교육연구네트워크 엮음 | 380쪽 | 값 17,000원

04 교장제도 혁명
한국교육연구네트워크 엮음 | 268쪽 | 값 14,000원

05 새로운 사회를 여는 교육자치 혁명
한국교육연구네트워크 엮음 | 312쪽 | 값 15,000원

06 혁신학교에 대한 교육학적 성찰
한국교육연구네트워크 엮음 | 308쪽 | 값 15,000원

07 진보주의 교육의 세계적 동향
한국교육연구네트워크 엮음 | 324쪽 | 값 17,000원
2018 세종도서 학술부문

08 더 나은 세상을 위한 학교혁명
한국교육연구네트워크 엮음 | 404쪽 | 값 21,000원
2018 세종도서 교양부문

09 비판적 실천을 위한 교육학
이윤미 외 지음 | 448쪽 | 값 23,000원

**10 마을교육공동체운동:
세계적 동향과 전망**
심성보 외 지음 | 376쪽 | 값 18,000원

혁신학교
성열관 · 이순철 지음 | 224쪽 | 값 12,000원

행복한 혁신학교 만들기
초등교육과정연구모임 지음 | 264쪽 | 값 13,000원

서울형 혁신학교 이야기
이부영 지음 | 320쪽 | 값 15,000원

혁신교육, 철학을 만나다
브렌트 데이비스 · 데니스 수마라 지음
현인철 · 서용선 옮김 | 304쪽 | 값 15,000원

한국교육연구네트워크 번역 총서

01 프레이리와 교육
존 엘리아스 지음 | 한국교육연구네트워크 옮김
276쪽 | 값 14,000원

02 교육은 사회를 바꿀 수 있을까?
마이클 애플 지음 | 강희룡 · 김선우 · 박원순 · 이형빈 옮김
356쪽 | 값 16,000원

**03 비판적 페다고지는
세상을 변화시킬 수 있는가?**
Seewha Cho 지음 | 심성보 · 조시화 옮김 | 280쪽 | 값 14,000원

04 마이클 애플의 민주학교
마이클 애플 제임스 빈 엮음 | 강희룡 옮김 | 276쪽 | 값 14,000원

05 21세기 교육과 민주주의
넬 나딩스 지음 | 심성보 옮김 | 392쪽 | 값 18,000원

**06 세계교육개혁:
민영화 우선인가 공적 투자 강화인가?**
린다 달링-해먼드 외 지음 | 심성보 외 옮김 | 408쪽 | 값 21,000원

07 콩도르세, 공교육에 관한 다섯 논문
니콜라 드 콩도르세 지음 | 이주환 옮김 | 300쪽 | 값 16,000원

대한민국 교사, 어떻게 가르칠 것인가?
윤성관 지음 | 320쪽 | 값 15,000원

아이들을 어떻게 가르칠 것인가
사토 마나부 지음 | 박찬영 옮김 | 232쪽 | 값 13,000원

모두를 위한 국제이해교육
한국국제이해교육학회 지음 | 364쪽 | 값 16,000원

경쟁을 넘어 발달 교육으로
현광일 지음 | 288쪽 | 값 14,000원

혁신교육 존 듀이에게 묻다
서용선 지음 | 292쪽 | 값 14,000원

 독일 교육, 왜 강한가?
박성희 지음 | 324쪽 | 값 15,000원

 다시 읽는 조선 교육사
이만규 지음 | 750쪽 | 값 33,000원

 핀란드 교육의 기적
한넬레 니에미 외 엮음 | 장수명 외 옮김 | 456쪽 | 값 23,000원

 대한민국 교육혁명
교육혁명공동행동 연구위원회 지음 | 224쪽 | 값 12,000원

 한국 교육의 현실과 전망
심성보 지음 | 724쪽 | 값 35,000원

▶ 비고츠키 선집 시리즈
발달과 협력의 교육학 어떻게 읽을 것인가?

 생각과 말
레프 세묘노비치 비고츠키 지음
배희철·김용호·D. 켈로그 옮김 | 690쪽 | 값 33,000원

 성장과 분화
L.S. 비고츠키 지음 | 비고츠키 연구회 옮김
308쪽 | 값 15,000원

 도구와 기호
비고츠키·루리야 지음 | 비고츠키 연구회 옮김
336쪽 | 값 16,000원

 연령과 위기
L.S. 비고츠키 지음 | 비고츠키 연구회 옮김
336쪽 | 값 17,000원

 어린이 자기행동숙달의 역사와 발달 I
L.S. 비고츠키 지음 | 비고츠키 연구회 옮김
564쪽 | 값 28,000원

 의식과 숙달
L.S 비고츠키 | 비고츠키 연구회 옮김
348쪽 | 값 17,000원

 어린이 자기행동숙달의 역사와 발달 II
L.S. 비고츠키 지음 | 비고츠키 연구회 옮김
552쪽 | 값 28,000원

 분열과 사랑
L.S. 비고츠키 지음 | 비고츠키 연구회 옮김
260쪽 | 값 16,000원

 어린이의 상상과 창조
L.S. 비고츠키 지음 | 비고츠키 연구회 옮김
280쪽 | 값 15,000원

 성애와 갈등
L.S. 비고츠키 지음 | 비고츠키 연구회 옮김
268쪽 | 값 17,000원

 비고츠키와 인지 발달의 비밀
A.R. 루리야 지음 | 배희철 옮김 | 280쪽 | 값 15,000원

 관계의 교육학, 비고츠키
진보교육연구소 비고츠키교육학실천연구모임 지음
300쪽 | 값 15,000원

 수업과 수업 사이
비고츠키 연구회 지음 | 196쪽 | 값 12,000원

 비고츠키 생각과 말 쉽게 읽기
진보교육연구소 비고츠키교육학실천연구모임 지음
316쪽 | 값 15,000원

 비고츠키의 발달교육이란 무엇인가?
비고츠키교육학실천연구모임 지음 | 412쪽 | 값 21,000원

 교사와 부모를 위한 비고츠키 교육학
카르포프 지음 | 실천교사번역팀 옮김 | 308쪽 | 값 15,000원

 비고츠키 철학으로 본 핀란드 교육과정
배희철 지음 | 456쪽 | 값 23,000원

▶ 살림터 참교육 문예 시리즈
영혼이 있는 삶을 가르치는 온 선생님을 만나다!

 꽃보다 귀한 우리 아이는
조재도 지음 | 244쪽 | 값 12,000원

 선생님이 먼저 때렸는데요
강병철 지음 | 248쪽 | 값 12,000원

 성깔 있는 나무들
최은숙 지음 | 244쪽 | 값 12,000원

 서울 여자, 시골 선생님 되다
조경선 지음 | 252쪽 | 값 12,000원

아이들에게 세상을 배웠네
명혜정 지음 | 240쪽 | 값 12,000원

 행복한 창의 교육
최창의 지음 | 328쪽 | 값 15,000원

 밥상에서 세상으로
김흥숙 지음 | 280쪽 | 값 13,000원

 북유럽 교육 기행
정애경 외 14인 지음 | 288쪽 | 값 14,000원

 우물쭈물하다 끝난 교사 이야기
유기창 지음 | 380쪽 | 값 17,000원

▶ 4·16, 질문이 있는 교실 마주이야기
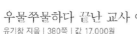
통합수업으로 혁신교육과정을 재구성하다!

 통하는 공부
김태호·김형우·이경석·심우근·허진만 지음
324쪽 | 값 15,000원

 미래교육의 열쇠, 창의적 문화교육
심광현·노명우·강정석 지음 | 368쪽 | 값 16,000원

 내일 수업 어떻게 하지?
아이함께 지음 | 300쪽 | 값 15,000원
2015 세종도서 교양부문

 주제통합수업, 아이들을 수업의 주인공으로!
이윤미 외 지음 | 392쪽 | 값 17,000원

 인간 회복의 교육
성래운 지음 | 260쪽 | 값 13,000원

 수업과 교육의 지평을 확장하는 수업 비평
윤양수 지음 | 316쪽 | 값 15,000원
2014 문화체육관광부 우수교양도서

 교과서 너머 교육과정 마주하기
이윤미 외 지음 | 368쪽 | 값 17,000원

 교사, 선생이 되다
김태은 외 지음 | 260쪽 | 값 13,000원

 수업 고수들 수업·교육과정·평가를 말하다
박현숙 외 지음 | 368쪽 | 값 17,000원

 교사의 전문성, 어떻게 만들어지나
국제교원노조연맹 보고서 | 김석규 옮김 392쪽 | 값 17,000원

 도덕 수업, 책으로 묻고 윤리로 답하다
울산도덕교사모임 지음 | 320쪽 | 값 15,000원

 수업의 정치
윤양수·원종회·장군 지음 | 280쪽 | 값 14,000원

 체육 교사, 수업을 말하다
전용진 지음 | 304쪽 | 값 15,000원

 학교협동조합,
현장체험학습과 마을교육공동체를 잇다
주수원 외 지음 | 296쪽 | 값 15,000원

 교실을 위한 프레이리
아이러 쇼어 엮음 | 사람대사람 옮김 | 412쪽 | 값 18,000원

 거꾸로 교실,
잠자는 아이들을 깨우는 수업의 비밀
이민경 지음 | 280쪽 | 값 14,000원

 마을교육공동체란 무엇인가?
서용선 외 지음 | 360쪽 | 값 17,000원

 교사는 무엇으로 사는가
정은균 지음 | 292쪽 | 값 15,000원

 교사, 학교를 바꾸다
정진화 지음 | 372쪽 | 값 17,000원

 마음의 힘을 기르는 감성수업
조선미 외 지음 | 300쪽 | 값 15,000원

 함께 배움
학생 주도 배움 중심 수업 이렇게 한다
니시카와 준 지음 | 백경석 옮김 | 280쪽 | 값 15,000원

 작은 학교 아이들
지경준 엮음 | 376쪽 | 값 17,000원

 공교육은 왜?
홍섭근 지음 | 352쪽 | 값 16,000원

 아이들의 배움은 어떻게 깊어지는가
이시이 준지 지음 | 방지현·이창희 옮김 | 200쪽 | 값 11,000원

 자기혁신과 공동의 성장을 위한
교사들의 필리버스터
윤양수·원종회·장군·조경상 지음 | 280쪽 | 값 14,000원

 대한민국 입시혁명
참교육연구소 입시연구팀 지음 | 220쪽 | 값 12,000원

함께 배움 이렇게 시작한다
니시카와 준 지음 | 백경석 옮김 | 196쪽 | 값 12,000원

함께 배움 교사의 말하기
니시카와 준 지음 | 백경석 옮김 | 188쪽 | 값 12,000원

교육과정 통합, 어떻게 할 것인가?
성열관 외 지음 | 192쪽 | 값 13,000원

학교 혁신의 길, 아이들에게 묻다
남궁상운 외 지음 | 272쪽 | 값 15,000원

프레이리의 사상과 실천
사람대사람 지음 | 352쪽 | 값 18,000원
2018 세종도서 학술부문

혁신학교, 한국 교육의 미래를 열다
송순재 외 지음 | 608쪽 | 값 30,000원

페다고지를 위하여
프레네의 『페다고지 불변요소』 읽기
박찬영 지음 | 296쪽 | 값 15,000원

노자와 탈현대 문명
홍승표 지음 | 284쪽 | 값 15,000원

선생님, 민주시민교육이 뭐예요?
염경미 지음 | 244쪽 | 값 15,000원

어쩌다 혁신학교
유우석 외 지음 | 380쪽 | 값 17,000원

미래, 교육을 묻다
정광필 지음 | 232쪽 | 값 15,000원

대학, 협동조합으로 교육하라
박주희 외 지음 | 252쪽 | 값 15,000원

입시, 어떻게 바꿀 것인가?
노기원 지음 | 306쪽 | 값 15,000원

촛불시대, 혁신교육을 말하다
이용관 지음 | 240쪽 | 값 15,000원

라운드 스터디
이시이 데루마사 외 엮음 | 224쪽 | 값 15,000원

미래교육을 디자인하는 학교교육과정
박승열 외 지음 | 348쪽 | 값 18,000원

흥미진진한 아일랜드 전환학년 이야기
제리 제퍼스 지음 | 최상덕·김호원 옮김 | 508쪽 | 값 27,000원

교사를 세우는 교육과정
박승열 지음 | 312쪽 | 값 15,000원

전국 17명 교육감들과 나눈
교육 대담
최창의 대담·기록 | 272쪽 | 값 15,000원

들뢰즈와 가타리를 통해
유아교육 읽기
리세롯 마리엣 올슨 지음 | 이연선 외 옮김 | 328쪽 | 값 17,000원

학교 민주주의의 불한당들
정은균 지음 | 276쪽 | 값 14,000원

교육과정, 수업, 평가의 일체화
리사 카터 지음 | 박승열 외 옮김 | 196쪽 | 값 13,000원

학교를 개선하는 교장
지속가능한 학교 혁신을 위한 실천 전략
마이클 풀란 지음 | 서동연·정효준 옮김 | 216쪽 | 값 13,000원

공자뎐, 논어는 이것이다
유문상 지음 | 392쪽 | 값 18,000원

교사와 부모를 위한
발달교육이란 무엇인가?
현광일 지음 | 380쪽 | 값 18,000원

교사, 이오덕에게 길을 묻다
이무완 지음 | 328쪽 | 값 15,000원

낙오자 없는 스웨덴 교육
레이프 스트란드베리 지음 | 변광수 옮김 | 208쪽 | 값 13,000원

끝나지 않은 마지막 수업
장석웅 지음 | 328쪽 | 값 20,000원

경기꿈의학교
진흥섭 외 지음 | 360쪽 | 값 17,000원

학교를 말한다
이성우 지음 | 292쪽 | 값 15,000원

행복도시 세종, 혁신교육으로 디자인하다
곽순일 외 지음 | 392쪽 | 값 18,000원

나는 거꾸로 교실 거꾸로 교사
류광모·임정훈 지음 | 212쪽 | 값 13,000원

교실 속으로 간 이해중심 교육과정
온정덕 외 지음 | 224쪽 | 값 13,000원

교실, 평화를 말하다
따돌림사회연구모임 초등우정팀 지음 | 268쪽 | 값 15,000원

폭력 교실에 맞서는 용기
따돌림사회연구모임 학급운영팀 지음 | 272쪽 | 값 15,000원

 학교자율운영 2.0
김용 지음 | 240쪽 | 값 15,000원

 그래도 혁신학교
박은혜 외 지음 | 248쪽 | 값 15,000원

 학교자치를 부탁해
유우석 외 지음 | 252쪽 | 값 15,000원

 학교는 어떤 공동체인가?
성열관 외 지음 | 228쪽 | 값 15,000원

 국제이해교육 페다고지
강순원 외 지음 | 256쪽 | 값 15,000원

 교사 전쟁
다나 골드스타인 지음 | 유성상 외 옮김 | 468쪽 | 값 23,000원

미래교육, 어떻게 만들어갈 것인가?
송기상 · 김성천 지음 | 300쪽 | 값 16,000원

 인공지능 시대의 사회학적 상상력
홍승표 지음 | 260쪽 | 값 15,000원

 선생님, 페미니즘이 뭐예요?
염경미 지음 | 280쪽 | 값 15,000원

 시민, 학교에 가다
최형규 지음 | 260쪽 | 값 15,000원

 혁신교육지구와 마을교육공동체는 어떻게 만들어지는가?
김태정 지음 | 376쪽 | 값 18,000원

▶ 교과서 밖에서 만나는 역사 교실
상식이 통하는 살아 있는 역사를 만나다

 전봉준과 동학농민혁명
조광환 지음 | 336쪽 | 값 15,000원

 교과서 밖에서 배우는 역사 공부
정은교 지음 | 292쪽 | 값 14,000원

 남도의 기억을 걷다
노성태 지음 | 344쪽 | 값 14,000원

 팔만대장경도 모르면 빨래판이다
전병철 지음 | 360쪽 | 값 16,000원

 응답하라 한국사 1·2
김은석 지음 | 356쪽·368쪽 | 각권 값 15,000원

 빨래판도 잘 보면 팔만대장경이다
전병철 지음 | 360쪽 | 값 16,000원

 즐거운 국사수업 32강
김남선 지음 | 280쪽 | 값 11,000원

 영화는 역사다
강성률 지음 | 288쪽 | 값 13,000원

 즐거운 세계사 수업
김은석 지음 | 328쪽 | 값 13,000원

 친일 영화의 해부학
강성률 지음 | 264쪽 | 값 15,000원

강화도의 기억을 걷다
최보길 지음 | 276쪽 | 값 14,000원

 한국 고대사의 비밀
김은석 지음 | 304쪽 | 값 13,000원

광주의 기억을 걷다
노성태 지음 | 348쪽 | 값 15,000원

 조선족 근현대 교육사
정미량 지음 | 320쪽 | 값 15,000원

선생님도 궁금해하는
한국사의 비밀 20가지
김은석 지음 | 312쪽 | 값 15,000원

다시 읽는 조선근대 교육의 사상과 운동
윤건차 지음 | 이명실·심성보 옮김 | 516쪽 | 값 25,000원

 걸림돌
키르스텐 세룹-빌펠트 지음 | 문봉애 옮김
248쪽 | 값 13,000원

 음악과 함께 떠나는 세계의 혁명 이야기
조광환 지음 | 292쪽 | 값 15,000원

 역사수업을 부탁해
열 사람의 한 걸음 지음 | 388쪽 | 값 18,000원

 논쟁으로 보는 일본 근대 교육의 역사
이명실 지음 | 324쪽 | 값 17,000원

 진실과 거짓, 인물 한국사
하성환 지음 | 400쪽 | 값 18,000원

 다시, 독립의 기억을 걷다
노성태 지음 | 320쪽 | 값 16,000원

 우리 역사에서 사라진 근현대 인물 한국사
하성환 지음 | 296쪽 | 값 18,000원

 한국사 리뷰
김은석 지음 | 244쪽 | 값 15,000원

꼬물꼬물 거꾸로 역사수업
역모자들 지음 | 436쪽 | 값 23,000원

 경남의 기억을 걷다
류형진 외 지음 | 564쪽 | 값 28,000원

▶ 더불어 사는 정의로운 세상을 여는 인문사회과학
사람의 존엄과 평등의 가치를 배운다

 밥상혁명
강양구·강이현 지음 | 298쪽 | 값 13,800원

 좌우지간 인권이다
안경환 지음 | 288쪽 | 값 13,000원

 도덕 교과서 무엇이 문제인가?
김대용 지음 | 272쪽 | 값 14,000원

민주시민교육
심성보 지음 | 544쪽 | 값 25,000원

 자율주의와 진보교육
조엘 스프링 지음 | 심성보 옮김 | 320쪽 | 값 15,000원

민주시민을 위한 도덕교육
심성보 지음 | 500쪽 | 값 25,000원
2015 세종도서 학술부문

 민주화 이후의 공동체 교육
심성보 지음 | 392쪽 | 값 15,000원
2009 문화체육관광부 우수학술도서

 교과서 밖에서 배우는 인문학 공부
정은교 지음 | 280쪽 | 값 13,000원

 갈등을 넘어 협력 사회로
이창언·오수길·유문종·신윤관 지음 | 280쪽 | 값 15,000원

 오래된 미래교육
정재걸 지음 | 392쪽 | 값 18,000원

 동양사상과 마음교육
정재걸 외 지음 | 356쪽 | 값 16,000원
2015 세종도서 학술부문

 대한민국 의료혁명
전국보건의료산업노동조합 엮음 | 548쪽 | 값 25,000원

 교과서 밖에서 배우는 철학 공부
정은교 지음 | 280쪽 | 값 14,000원

 교과서 밖에서 배우는 고전 공부
정은교 지음 | 288쪽 | 값 14,000원

 교과서 밖에서 배우는 사회 공부
정은교 지음 | 304쪽 | 값 15,000원

 전체 안의 전체 사고 속의 사고
김우창의 인문학을 읽다
현광일 지음 | 320쪽 | 값 15,000원

 교과서 밖에서 배우는 윤리 공부
정은교 지음 | 292쪽 | 값 15,000원

 카스트로, 종교를 말하다
피델 카스트로·프레이 베토 대담 | 조세종 옮김
420쪽 | 값 21,000원

 한글 혁명
김슬옹 지음 | 388쪽 | 값 18,000원

 일제강점기 한국철학
이태우 지음 | 448쪽 | 값 25,000원

 우리 안의 미래교육
정재걸 지음 | 484쪽 | 값 25,000원

 한국 교육 제4의 길을 찾다
이길상 지음 | 400쪽 | 값 21,000원

 왜 그는 한국으로 돌아왔는가?
황선준 지음 | 364쪽 | 값 17,000원

 마을교육공동체 생태적 의미와 실천
김용련 지음 | 256쪽 | 값 15,000원

 동양사상에게 인공지능 시대를 묻다
홍승표 외 지음 | 260쪽 | 값 15,000원

 동양사상에게 인공지능 시대의 가족을 묻다
홍승표 외 지음 | 248쪽 | 값 15,000원

▶ 평화샘 프로젝트 매뉴얼 시리즈
학교폭력에 대한 근본적인 예방과 대책을 찾는다

 학교폭력 어떻게 만들어지는가
문재현 외 지음 | 300쪽 | 값 14,000원

 아이들을 살리는 동네
문재현·신동명·김수동 지음 | 204쪽 | 값 10,000원

 학교폭력, 멈춰!
문재현 외 지음 | 348쪽 | 값 15,000원

 평화! 행복한 학교의 시작
문재현 외 지음 | 252쪽 | 값 12,000원

 왕따, 이렇게 해결할 수 있다
문재현 지음 | 236쪽 | 값 12,000원

 마을에 배움의 길이 있다
문재현 지음 | 208쪽 | 값 10,000원

 젊은 부모를 위한 백만 년의 육아 슬기
문재현 지음 | 248쪽 | 값 13,000원

 별자리, 인류의 이야기 주머니
문재현·문한뫼 지음 | 444쪽 | 값 20,000원

 우리는 마을에 산다
유양우·신동명·김수동·문재현 지음 | 312쪽 | 값 15,000원

 동생아, 우리 뭐 하고 놀까?
문재현 외 지음 | 280쪽 | 값 15,000원

 누가, 학교폭력 해결을 가로막는가?
문재현 외 지음 | 312쪽 | 값 15,000원

▶ 남북이 하나 되는 두물머리 평화교육
분단 극복을 위한 치열한 배움과 실천을 만나다

 10년 후 통일
정동영·지승호 지음 | 328쪽 | 값 15,000원

 선생님, 통일이 뭐예요?
정경호 지음 | 252쪽 | 값 13,000원

 분단시대의 통일교육
성래운 지음 | 428쪽 | 값 18,000원

 김창환 교수의 DMZ 지리 이야기
김창환 지음 | 264쪽 | 값 15,000원

 한반도 평화교육 어떻게 할 것인가
이기범 외 지음 | 252쪽 | 값 15,000원

▶ 창의적인 협력 수업을 지향하는 삶이 있는 국어 교실
우리말 글을 배우며 세상을 배운다

 중학교 국어 수업 어떻게 할 것인가?
김미경 지음 | 340쪽 | 값 15,000원

 토론의 숲에서 나를 만나다
명혜정 엮음 | 312쪽 | 값 15,000원

 토닥토닥 토론해요
명혜정·이명선·조선미 엮음 | 288쪽 | 값 15,000원

 인문학의 숲을 거니는 토론 수업
순천국어교사모임 엮음 | 308쪽 | 값 15,000원

 어린이와 시
오인태 지음 | 192쪽 | 값 12,000원

 수업, 슬로리딩과 함께
박경숙 외 지음 | 268쪽 | 값 15,000원

 언어던
정은균 지음 | 268쪽 | 값 15,000원

 민촌 이기영 평전
이성렬 지음 | 508쪽 | 값 20,000원

참된 삶과 교육에 관한
생각 줍기